존 비비어의 **존중**

# HONOR'S REWARD : The Essential Virtue for Receiving God's Blessings
## by John Bevere

Copyright ⓒ 2007 by John Bevere
Korean Translation Copyright ⓒ 2009 by Duranno Press
95 Seobinggo-Dong, Yongsan-Gu, Seoul, Korea
This edition published by arrangement with FaithWords,
New York, New York, USA.
through Imprima Korea Agency.
All rights reserved.

# 존 비비어의 존중

지은이 | 존 비비어
옮긴이 | 윤종석
초판 발행 | 2009. 1. 12
52쇄 발행 | 2023. 12. 26
등록번호 | 제 3-203호
등록된 곳 | 서울시 용산구 서빙고동 95번지
발행처 | 사단법인 두란노서원
영업부 | 2078-3333  FAX | 080-749-3705
출판부 | 2078-3444

▌책값은 뒤표지에 있습니다.
ISBN 978-89-531-1109-7  03230

▌독자의 의견을 기다립니다.
tpress@duranno.com  http://www.duranno.com

두란노서원은 바울 사도가 3차 전도 여행 때 에베소에서 성령 받은 제자들을 따로 세워 하나
님의 말씀으로 양육하던 장소입니다. 사도행전19장 8-20절의 정신에 따라 첫째 목회자를 돕
는 사역과 평신도를 훈련시키는 사역, 둘째 세계선교(TIM)와 문서선교(단행본·잡지)사역, 셋
째 예수문화 및 경배와 찬양 사역, 그리고 가정·상담 사역 등을 감당하고 있습니다. 1980년
12월 22일에 창립된 두란노서원은 주님 오실 때까지 이 사역들을 계속할 것입니다.

# 존 비비어의 **존중**

존 비비어 지음 | 윤종석 옮김

두란노

\* 이 책에 실린 본문 성구는 다음의 성경 번역본을 사용했습니다(알파벳순).

· AMP= *The Amplified Bible* (The Lockman Foundation 발행)
· CEV= *Contemporary English Version* (American Bible Society 발행)
· MSG= *The Message* (Eugene H. Peterson 발행)
· NASB= *New American Standard Bible* (The Lockman Foundation 발행)
· NCV= *New Century Version* (Word Publishing 발행)
· NKJV= *New King James Version* (Thomas Nelson Publishers 발행)
· NLT= *New Living Bible Translation* (Tyndale House Publishers 발행)
· TEV= *Today' s English Version* (American Bible Society 발행)
· 개역개정판 (별도 표기가 없는 경우)

남을 나보다 낫게 여기는 것
그것이 존중이다.

# 차례

존중하는 인생이 형통하다

 존중하면 예수님을 닮는다

맺는 말

*Honor's*
*Reward*

# 1부

# 존중하는 사람이
# 형통하다

## 1장

# 존중, 형통한 인생의 비밀

하나님의 권고를 존중하는 경건한 습관을 기르라. 이것이 인생의 결정적 순간을 대비하는 최선의 방법이다.

　존중. 이 세대에 거의 사라져 버린 덕목이다. 하지만 그 개념에는 여전히 우리를 움직이는 능력이 있다. 용기와 희생의 모습으로 영화에 등장하는 존중을 보고 많은 사람들이 눈물을 흘린다. 역대 최고 인기작들의 줄거리에는 늘 존중이 엮여 있다. 하지만 일상생활에서는 존중을 찾아보기가 어렵다. 언제부턴가 일상 속에 나타나는 존중의 삶은 매우 낯선 개념이 되어 버린 것이다.

　존중은 하나님께 복을 받는 중요한 열쇠다. 바로 그래서 우리 영혼의 원수가 존중의 참 힘을 없애 버리다시피 한 것이다. 존중에는 큰 보상이 따르고, 하나님은 바로 당신이 그 보상을 얻기 원하신다. 당신의 삶을 크게 향상시키는 힘! 바로 그 힘이 존중에 있다.

　나는 하나님의 자녀들이 존중하는 삶을 회복하는 것을 보고 싶다. 지금부터 우리는 모든 존중할 만한 것의 처음이신 하나님의 마음에 더 가까워지는 여정에 오를 것이다. 그 계시적인 진리들이 당신의 삶에 깊고 실제적인 영향을 주기를 기도한다.

인생 막바지에 이르도록 이런 교훈을 배우지 못한 사람들도 많다. 그래서 사도 요한은 다음과 같이 말했다.

> 너희는 스스로 삼가 우리가 일한 것을 잃지 말고 오직 온전한 상을 받으라(요이 1:8).

이 글을 쓸 때 요한은 지나온 한 세기 가까운 삶을 되돌아보는 노인이었다(「클라크 주해(Clark's commentary-Accordance 6.6)」 참조). 그는 어렵게 얻은 깨달음을 오늘의 우리를 위해 내놓았다. 지금 요한은 인생을 오래, 그리고 잘 살아온 이들이 도달하는 고지에 올라 있다. 그곳은 삶의 소명을 충실히 다할 때에야 비로소 이를 수 있는 곳이다. 확신과 힘을 주는 자리다. 할아버지나 할머니만의 기름부음이라 할 수 있다. 지혜로운 자들은 그들의 말에 귀를 기울인다.

나는 지난 25년 동안 그런 남녀들을 만나는 기쁨을 누렸다. 그들은 잘 늙어 지혜로운 시작으로 삶을 되돌아보는 단계에 들어선 대사(大使)들이다. 이런 노련한 베테랑들에게는 몇 가지 공통된 속성이 있다. 먼저 그들은 문제의 핵심을 직감적으로 짚어 낸다. 그들은 변죽을 울리거나 사소한 것에 시간을 낭비하지 않는다. 둘째, 그들은 몇 마디 짧은 말 안에 아주 많은 것을 담아낸다. 셋째, 그들이 고르는 말에는 무게가 있다. 그들은 말수가 적은 편이지만, 인생길을 잘 또는 오래 걷지 못한 사람이 똑같은 말을 할 때보다 더 묵직하다. 나는 그들에게서 들은 한두 마디 말을 몇 달씩이나 묵상했는지 모른다.

이런 논리에 비추어 볼 때, 사도 요한도 지금 많은 것을 말하고 있다

할 수 있다. 나는 성령의 감동으로 된 이 말씀을 몇 년씩 묵상했는데, 그 안에 담긴 계시는 지금도 계속 확장 중이다. 그의 권고를 한 소절씩 차례로 살펴보자.

## | 경건한 습관 기르기

요한은 이렇게 시작한다. "너희는 스스로 삼가."

우리 각자에게 주의하라, 살피라, 자신을 경계하라고 권하는 것이다. 그 말에는 긴박성이 들어 있다. 그러므로 그가 하려는 말을 가벼이 여기지 말고 심사숙고해야 한다.

자신이 수고한 것을 잃지 않도록 조심해야 한다. 살다 보면 오랫동안 수고해 얻은 것을 잃는 황망한 일을 당할 수 있다. 힘들여 땅을 개간하는 농부를 상상해 보라. 그는 하루 종일 땡볕을 머리에 이고 땅에 박힌 큰 돌과 나무 뿌리를 골라낸다. 개간이 끝나면 파종을 위해 밭갈이를 한다. 파종한 후에는 비료와 물을 주고, 잡풀을 남김 없이 뽑아 작물이 잘 자랄 수 있도록 정성 들여 보살핀다.

싹이 나도 일은 계속된다. 여러 해충을 막고 시시때때로 덮쳐 오는 자연재해로부터 작물들을 지키느라 쉴 새가 없다. 그런데 수확을 몇 주 앞두고는 이젠 지쳤다며 포기해 버린다면? 그야말로 말짱 헛수고가 되고 만다. 예를 들어 폭풍이 다가온다는 경보를 보고도 될 대로 되라며 그냥 내버려 둔다고 해보자. 한 번의 태만으로 다 자란 작물을 잃고 마는 것이다. 정작 결실의 순간에 주저앉다니 이 무슨 시간, 돈, 수고, 자원 낭비인가.

몇 년씩 수고하여 일군 회사인데, 몇 가지 잘못된 결정을 내려 한순간에 무너지고 마는 사업가는 어떤가? 역시 비극이다.

두 경우 모두 오랜 고생의 유익을 엉뚱한 선택들 때문에 한순간에 잃는다. 그래서 성경은 끝이 좋아야 한다고 거듭 권고한다.

"끝까지 견디는 자는"(마 10:22, 24:13, 막 13:13).

"우리가 시작할 때에 확신한 것을 끝까지 견고히 잡고 있으면 그리스도와 함께 참여한 자가 되리라"(히 3:14).

"이기는 자와 끝까지 내 일을 지키는 그에게"(계 2:26).

그 밖에도 얼마든지 많다. 인생은 단거리 경주가 아니라 지구력을 요하는 마라톤이다. 그러므로 어떻게 시작하느냐보다 어떻게 마치느냐가 중요하다. 끝에 어떻게 되느냐는 무엇을 선택하느냐에 달려 있다. 그리고 그 선택들은 살면서 어떤 습관을 몸에 들이느냐에 좌우될 때가 많다.

전에 우리 아이 하나가 내가 달갑게 여기지 않는 일을 하려 했다. 하지만 그 아이가 스스로 결정할 나이가 되었다 싶어 내 생각을 분명히 밝힌 다음 최종 결정은 그 아이에게 맡겼다. 그런데 나중에 보니 아이는 내 조언을 무시하고 자기가 원하는 쪽을 선택해 진행하고 있었다. 그래서 하루 날을 잡아 아이와 함께 그 선택에 대해 이야기를 나누었다.

♕
인생은 지구력을 요하는 마라톤이다. 어떻게 시작하느냐보다 어떻게 마치느냐가 중요하다. 끝에 어떻게 되느냐는 무엇을 선택하느냐에 달려 있다. 그리고 그 선택들은 우리가 살면서 어떤 습관을 몸에 들이느냐에 좌우된다.

"선택은 분명 네 몫이란다. 하지만 이번 일을 보고 생각나는 이야기가 있어 너에게 들려주고 싶구나. 르호보암이라는 젊은 왕이 있었단다. 그가 왕위에 오르고 얼마 안 돼 신하들이 이런 말을 했어. '당신 아버지는 우리 삶을 고달프게 하며 잔뜩 부려먹었습니다. 당신이 짐을 가볍게 해 주시면 우리는 즐거이 당신을 섬기겠습니다.'

젊은 왕은 며칠 생각할 시간을 달라면서 신하들을 돌려보냈단다. 아버지의 조언자들은 그에게 다음과 같이 말했단다. "당신이 이 백성의 종이 되시려면, 그들의 필요를 잘 배려하여 긍휼을 베푸십시오. 그들과 잘 풀어 나가십시오. 그러면 그들은 결국 당신을 위하여 무슨 일이든 할 것입니다"(왕상 12:7, MSG).

선하고 지혜로운 조언이었지. 그런데 젊은 왕 르호보암은 그들의 충고를 무시하고 자기 또래들을 찾아갔어. 그들은 목소리를 높였단다. "아버지 때보다 짐을 가볍게 해 달라고 불평하는 자들에게 아주 따끔하게 말해. '내 새끼손가락이 내 아버지의 허리보다 굵다. 내 아버지 밑의 삶이 힘들었다고 생각한다면 너희는 아직 맛도 보지 못한 것이다. 내 아버지는 채찍으로 너희를 때렸지만 나는 너희를 피투성이가 되도록 사슬로 후려칠 것이다!'"(왕하 12:10-11, MSG)

르호보암은 친구들의 충고를 따랐고, 그 결과 아버지 솔로몬이 세운 나라가 갈라져 이스라엘 열두 지파 가운데 열 지파가 영영 떨어져 나갔다. 나라의 6분의 5가 그의 다스림에서 벗어난 거야. 한 번의 잘못된 선택으로 그는 남은 평생 혹독한 대가를 치렀단다.

그럼 우리 좀 더 거슬러 올라가 볼까? 아마 어린 르호보암과 그 친구들은 평소 아버지 솔로몬이나 어른들의 조언을 업신여겼을 것이다. 어쩌면 그들은 포도주 잔을 들고 히죽거리며, 자기들 보기에 어리석은 구닥다리 조언에 왕실 몰래 고개를 내둘렀을 수도 있어. 그렇게 성장한 르호보암의 머릿속에는 이런 허황한 생각이 그득했을 것이다. '내가 왕자인 동안은 조용히 지내지만, 왕이 되면 저 미련한 노인들 말은 듣지 않는다.' 어른들의 지혜를 무시하고 경시하기로 결정해도 왕자 시절에는 별 피해가 없었지. 그는 몰랐지만 주사위는 이미 던져졌던 거야. 스스로 지혜로운 줄 알았던 그의 미련함이 어느 날 만천하에 드러난 것이지. 인생의 결정적 순간이 왔을 때 그에게는 건전한 판단을 내리는 데 필요한 습관이 없었던 거야.

애야, 누구나 사노라면 인생의 결정적 순간들을 맞이한단다. 그것은 마치 책을 펴놓고 봐도 되는 시험과 같지. 하지만 시험이 끝날 때까지 자신이 테스트 받고 있음을 모른단다. 애야, 너는 이번 일에서 내 조언을 듣지 않았더구나. 그리고 이번에는 그 대가가 아무것도 없었고. 그러나 어느 날엔가 인생의 결정적 순간이 찾아올 거란다. 지혜로운 조언을 귀담아 듣는 습관을 이미 길러 두었다면, 너는 자연히 그 습관에 따르겠지. 그리고 덕분에 큰 보상을 얻을 테고 말야."

아이는 이번에는 내 조언을 아주 귀담아 들었다.

이스라엘 자손은 하나님 말씀을 귀담아 듣는 습관을 기르지 않았다. 그분은 그들을 노예 생활에서 구해 주셨으나 그들은 자꾸 원망하고 불순종했다. 하지만 불순종에 따라오는 대가는 그리 크지 않았다. 어떤 때는 아예 아무런 영향도 없는 듯했다. 그러나 그러는 사이 원망과 불순종이 습관으로 굳어지고 있었다.

그러던 어느 날 그들에게도 인생의 결정적 순간이 왔다. 정탐꾼 열두 명을 보내 가나안 땅을 탐지했다. 가나안 땅은 하나님이 그들의 것으로 구별하신 땅이었다. 그런데 정탐꾼들은 투덜대며 부정적인 보고를 했고, 그러자 회중도 덩달아 원망의 목소리를 높였다. 그러나 이번에는 대가가 혹독했다. 그들은 약속의 땅에 끝내 들어가지 못한 채 남은 생을 방황해야 했다. 얻기 위해 그토록 수고한 모든 것을 한순간에 잃은 것이다. 그들은 그 땅을 볼 수는 있었지만 끝내 손에 넣지는 못했다. 르호보암이 남은 평생 동안 그리고 대대손손 열 지파를 잃어버린 것과 같았다.

여기 우리 모두가 배워야 할 중요한 교훈이 있다. 우리는 하나님께 순종하는 데 그쳐서는 안 된다. 그분의 마음을 알아야 한다. 그렇게 할 때 그분의 지시를 그저 법으로 보는 게 아니라, 그 지시의 밑바탕에 깔린 지혜를 볼 수 있다. 젊은 왕자 르호보암은 자기 아버지나 어른들의 마음을 알지 못했다. 또 출애굽 첫 세대는 하나님이 하고 계신 일이나 자신들을 향한 그분의 선하신 마음을 보지 못했다. 그래서 그들은 모든 것을 잃었다.

이번에는 동전의 이면을 보자. 사람들이 하나님의 마음을 엿보고 지혜로운 결정의 모범을 보인 예들이 성경 도처에 나온다. 예기치 못한 인생의 결정적 순간이 왔을 때 그들은 제대로 반응하여 큰 보상을 받았다.

자신이 바라는 것을 얻기 위해 들인 수고를 잃지 않는 가장 간단한 길은 하나님의 권고를 일관되게 존중하는 습관을 기르는 것이다. 우리는 하루하루 순간순간 선택의 기로에 놓인다. 지금 당장은 잘 깨닫지 못한다. 그러다 어느 날 생을 되돌아보며 언제가 실제로 인생의 결정적 순간이었는지 알게 될 것이다.

경건한 습관들을 길러 두라. 그러면 계속 그 습관에 따를 것이고, 큰 보상을 누릴 것이다.


## | 좋은 것을 주시는 하나님

거기서 요한의 두 번째 요지가 나온다.

"너희는 스스로 삼가 우리가 일한 것을 잃지 말고 오직 온전한 (보)상을 받으라."

하나님은 보상하시는 분이다(히 11:6 참조). 이는 우리 마음 깊이 새겨 두어야 할 진리다. 그분은 보상해 주시기를 아주 좋아하신다. 그분은 아브라함에게 자신을 다음과 같이 소개하셨다. "이후에 여호와의 말씀이 환상 중에 아브람에게 임하여 이르시되 아브람아 두려워하지 말라 나는 네 방패요 너의 지극히 큰 상급(보상)이니라"(창 15:1).

그분은 "나는 너의 지극히 큰 보상이니라"고 하셨다. 얼마나 놀라운 자기소개인가? 시편 19편 9-11절도 여기에 화답한다. "여호와의 법도 진실하여 다 의로우니 … 이것을 지킴으로 (보)상이 크니이다." 시편 57편 2절에는 "내가 지존하신 하나님께 부르짖으리니 그분은 나를 위하여 행하시어 내게 보상해 주시는 분(나를 위한 그분의 목적을 이루고 반드시 완수하시는 분)이로다!"(AMP)

하나님은 보상하시는 분이며 그분의 자녀들에게 보상해 주시기를 아주 좋아하신다! 나도 네 아들의 아버지로서 이런 기쁨을 조금은 안다. 아이들이 현명한 선택의 결과와 보상을 누리며 만족해하고 그 눈빛이 감사로 생글거리는 모습을 보면 그렇게 좋을 수 없다. 그러나 잘못된 행동에 보상하는 것이 얼마나 지혜롭지 못한 일인지도 배웠다. 보상받을 자격이 없는 사람들에게 무언가를 보상해 주면 상의 위력을 망치게 된다.

보상이란 좋은 것이다. 우리 아이들은 내가 자기들을 사랑한다는 걸 알지만, 나이가 들고 자라면서 내 사랑과 즐거움을 분간할 줄 알게 되었다. 하나님은 우리 각자를 깊이 사랑하시며 그분의 사랑은 온전하다. 그러나 그분이 우리의 행동이나 선택을 유독 즐거워하시는 때가 있다. 하나님은 그분이 즐거워하시는 자들, 곧 그분의 권고를 귀담아 듣는 자들에게 상을 주신다.

요한의 말을 잘 보라. "오직 온전한 보상을 받으라." 묵상 중에 온전하다는 단어가 내 눈을 사로잡았다. '온전한 보상이 있다면 부분적 보상도 있고 아예 보상이 없을 수도 있겠구나' 하는 생각이 들었다. 더 묵상하다가 요한이 두 가지 적용을 언급하고 있음을 깨달았다. 첫째는 그리스도의 심판대다.

바울은 말한다. "우리가 담대하여 원하는 바는 차라리 몸을 떠나 주와 함께 있는 그것이라"(고후 5:8).

바울은 지금 인류 전체를 두고 하는 말이 아니다. 불신자는 몸을 떠나는 즉시 그들은 주와 함께 있지 않기 때문이다. 그들은 지옥에 있다. 가혹하게 들릴지 모르지만 사실이다. 예수님은 이 세상을 정죄하러 오신 게 아니라 구원하러 오셨다. 세상은 우리를 영원한 죽음으로 팔아넘긴 아담 때문에 이미 정죄 받았다(요삼:17-18 참조). 예수 그리스도를 믿고 그분께 자신의 삶을 온전히 바친 사람들만이 물리적 몸을 떠날 때 주와 함께 있게 된다. 바울은 계속해서 신자들에 대해서 이렇게 말한다.

> 그런즉 우리는 몸으로 있든지 떠나든지 주를 기쁘시게 하는 자가 되기를 힘쓰노라 이는 우리가 다 반드시 그리스도의 심판대 앞에 나타나게 되어 각각 선악 간에 그 몸으로 행한 것을 따라 받으려 함이라(고후 5:9-10).

각 신자는 그리스도의 심판대 앞에 선다. 그날 우리는 이 땅의 짧은 시간 동안 각자 행한 대로 받게 된다. TEV에는 "우리 각자는 당연히 받을 것을 받게 된다"고 했다. 우리가 범한 죄에 대한 심판은 없다. 죄로 인한 영원한 심판을 예수님의 피가 없앴기 때문이다. 그러나 신자로서 행한 일에 대해서는 칭찬(보상)을 받거나 꾸지람을 들을 것이다. 우리의 행위와 말, 생각, 동기까지도 그분 말씀에 비추어 검사를 받게 된다. 한시적인 것들을 우선시하며 지었다면 그것은 다 삼켜지고, 영원한 것들은 정화되어 영원한 보상으로 변한다(고전 3:14-15 참조).

손실에서 보상까지의 범위는, 우리 행위가 전부 불타고 남은 가운데서 겨우 하나 건지는 것처럼 구원만 받는 데서부터 예수 그리스도와 함께 영원무궁토록 다스리는 경지에 이르기까지 아주 다양하다(고전 3:15, 계 3:21 참조). 전자는 '보상이 없는' 상황에 대한 예가 되겠고, 후자는 '온전한 보상'을 받는 예가 되겠다. 그리고 그 중간 어딘가에 부분적 보상이 들어간다.

심판대의 이러한 결정을 '영원한 심판'이라고 하는데(히 6:1-2 참조), 이 판결에는 어떤 개정이나 수정이나 변경도 없다는 뜻이다. 그러므로 이런 결론이 가능하다. 영원을 어디서 보낼지는 우리가 그리스도의 십자가에 어떻게 반응하느냐로 결정되고, 영원을 어떻게 보낼지는 이후에 신자로서 어떻게 사느냐로 결정된다.

그러므로 영원한 심판과 보상에 관한 성경말씀을 부지런히 살펴보는 것은 지혜로운 일이다. 이 지식은 '그리스도의 도의 초보' 곧 초등 교육 수준이라 할 수 있다. 초등학교에서는 읽기, 쓰기, 산수 같은 모든 벽돌로 교육의 기초를 쌓는다. 읽기, 쓰기, 덧셈, 뺄셈도 모르면서 고등학교나 대학 교육을 받는 것은

> 영원을 어디서 보낼지는 우리가 그리스도의 십자가에 어떻게 반응하느냐로 결정되고, 영원을 어떻게 보낼지는 이후에 신자로서 어떻게 사느냐로 결정된다.

불가능하다. 그런데도 예수님의 가르침의 이런 초보 지식 없이 그리스도인의 삶을 세우려는 신자들이 너무도 많다. 「구원(*Driven by Eternity*), 두란노 역간」은 이런 긴박한 딜레마에서 쓴 책이다. 이 주제를 상세히 다룬 그 책을 이 메시지와 병행하여 읽으면 좋을 것이다.

앞서 말한 대로 경건한 습관에는 심판대의 보상이 약속되어 있다. 그러나 그 축복은 이생에서도 우리에게 임한다. 성경에 "경건은 범사에 유익하니 금생과 내생에 약속이 있느니라"(딤전 4:8)고 했다.

우리가 그분의 권고를 귀담아 들으면 하늘 아버지께서는 그때뿐 아니라 지금도 우리에게 보상해 주시기 원하신다. 성경은 또 "의인이라도

이 세상에서 보응(보상)을 받겠거든"(잠 11:31)이라고 했다. 천국에서만 아니라 이생에서도 그렇다. "선한 보응(보상)은 의인에게 이르느니라"(잠 13:21)는 말씀도 있다. 야고보는 이렇게 강조한다. "내 사랑하는 형제들아 속지 말라 온갖 좋은 은사와 온전한 선물이 다 위로부터 빛들의 아버지께로부터 내려오나니 그는 변함도 없으시고 회전하는 그림자도 없으시니라"(약 1:16-17).

좋은 것은 하나님한테서 온다. 나쁘고 해로운 것을 하나님 탓으로 돌리지 말라. 그분은 좋은 것을 주시는 분이다. 하나님의 갈망은 지금 여기서 그분의 혜택들로 당신에게 보상하시는 것이다. 그분의 보상에는 함정이 없다. 성경은 "여호와께서 주시는 복은 사람을 부하게 하고 근심을 겸하여 주지 아니하시느니라"(잠 10:22)고 말한다. 또 "충성된 자는 복(보상)이 많아도"(잠 28:20)라고 했다. 보상이 많다는 것은 곧 온전한 보상을 뜻한다.

사도 요한의 말씀을 계속 묵상하면서 이런 생각이 들었다. '우리 미래에 온전한 보상과 부분적 보상이 있고 또 상이 없을 수도 있다면, 그것이 이 현세의 삶에도 적용됨은 당연한 일이다.'

예수님의 삶을 돌아보니 그 점이 분명해졌다. 그분이 이 땅에 계시는 동안 사람들과 만나실 때 부분적 보상을 받은 사람들도 있고, 아무것도 받지 못한 사람들도 있고, 온전한 보상을 받은 사람들도 있다. 지금부터 각각의 예를 보면서 거기서 나타나는 틀을 살펴보자. 그분이 우리 각자에게 어떤 길을 원하시는지 알 수 있을 것이다.

하나님은 그분의 권고를 귀담아 듣는 이에게 반드시 상주신다.

2장

# 온전한 보상을 약속하신 하나님

모든 참된 존중은 마음에서 비롯된다.

나사렛은 약속된 메시아의 출현을 초조하게 기다리
고 있었다. 그분이 오실 철이 되었기에 그들은 예의 주시하고 있었다.
이 시대 그리스도인과 다를 바 없다. 우리도 그분의 재림이 다가오고
있음을 알고 있다. 예수님은 우리가 그날이나 시간은 모르지만 철이나
세대는 알 수 있다고 하셨다. 그러니 이스라엘 사람들이 그분의 초림의
철을 알고 있었음을 이상하게 볼 이유가 없다. 다니엘이 자기 글에 시
기를 밝혔고(단 9:24-26 참조), 율법 전문가들은 박사들에게 아기 예수를
찾을 곳을 일러주었다(마 2:4 참조). 그러나 정작 메시아가 그들 가운데 나
타나시자 그들은 황당한 반응을 보였다.

> 거기서는 아무 권능도 행하실 수 없어 다만 소수의 병자에게 안수하여 고치실
>
> 뿐이었고(막 6:5).

몇 년 전에 이 본문을 읽다가 깜짝 놀랐다. 이런 생각이 들어서였다. '잠깐. 아무 권능도 행하시지 않았다고 하지 않고 거기서는 아무 권능도 행하실 수 없었다고 되어 있잖아?' 만약 전자였다면 나는 두 번 생각하지 않았을 것이다. 그건 예수님의 의지의 문제니까 말이다. 그러나 "행하실 수 없었다" 함은 누군가에게 제지당하셨다는 뜻이다. "그분은 능히 하실 수 없었다"(AMP)처럼, 다른 역본들에 그 점이 분명히 강조되어 있다.

여기서 이런 의문이 든다. 예수님은 왜 나사렛에서 아무 권능도 행하실 수 없었을까? 무엇이 그분을 제지했을까? 다른 고을에서는 큰 기적을 행하셨다. 눈먼 자들이 눈을 떴고, 귀머거리들의 귀가 열렸고, 앉은 뱅이들이 일어나 걸었고, 죽은 자들이 살아났다. 게다가 그것은 전체 기록의 일부에 지나지 않는다. 복음서에 보면 그분이 각종 질병을 고쳐 주셨다는 기록이 자주 나온다. 무엇이 달랐을까? 왜 그 고을에서는 소수의 병자들만 고침을 받았을까? 그 앞 구절에 나오는 나사렛 사람들의 말 속에 답이 있다.

> 이 사람이 어디서 이런 것을 얻었느냐 이 사람이 받은 지혜와 그 손으로 이루어지는 이런 권능이 어찌됨이냐 이 사람이 마리아의 아들 목수가 아니냐 야고보와 요셉과 유다와 시몬의 형제가 아니냐 그 누이들이 우리와 함께 여기 있지 아니하냐 하고 예수를 배척한지라 예수께서 그들에게 이르시되 선지자가 자기 고향과 자기 친척과 자기 집 외에서는 존경(존중)을 받지 못함이 없느니라 하시며(막 6:2-4).

예수님은 그분이 자라신 고을에 돌아오셔서 안식일에 모인 하나님의 백성과 함께하셨다. 온 고을 사람들이 회당에 모였다. 그때 갑자기 예수님이 일어나셔서 이런 본문을 낭독하신다. "주의 성령이 내게 임하셨으니 이는 … 내게 기름을 부으시고"(눅 4:18).

무리는 그 다음 내용을 알았다. 매우 익숙한 말씀이었고, 이 이사야서 말씀을 수없이 들었다. 그것은 메시아의 강림을 말한 주요 선지서들 가운데 하나였다.

예수님의 말씀이 이어진다. "이는 가난한 자에게 복음을 전하게 하시려고 … 포로 된 자에게 자유를 눈 먼 자에게 다시 보게 함을 전파하며 눌린 자를 자유롭게 하고 주의 은혜의 해를 전파하게 하려 하심이라"(눅 4:18-19).

여기서 밝혀야 할 것은, 주민들 생각에 딱 하나였다. 그들의 노련한 랍비 대신 이 젊고 미숙한 동네 사람이 성경을 낭독한 이유가 무엇인가 하는 것이었다. 그때 갑자기 폭탄선언이 나온다. 예수님이 두루마리를 말아 올리시며 이렇게 선포하신 것이다. "이 글이 오늘 너희 귀에 응하였느니라"(눅 4:21). 이어 그분은 다른 고을에서 행하신 큰 권능에 대해 들려주신 다음 강력한 예언의 메시지를 마치신다.

뭐라고? 저 말이 진짜야? 우리가 제대로 들은 거 맞아? 이사야가 예언한 사람이 정말 저 사람이라고? 터무니가 없어도 유분수지! 제정신이 아니로군! 사람들은 도저히 믿어지지 않아 수군거리기 시작한다. "이 사람은 예수다! 도대체 뭐하는 건가? 무슨 말을 하려는 건가?"

한 어머니가 했을 말이 상상이 된다. "말도 안 되지! 내 아들과 같은 반에서 토라를 배운 사람인데!"

다른 사람은 더 근래 일이 떠올랐을 수 있다. "우리가 저녁마다 앉아서 먹는 식탁을 그가 만들었는데! 우리 의자도 만들고! 목수 아들이야. 그런데 '주의 성령이 내게 임하셨' 니 무슨 말이야? 대체 자기가 누구라는 거야?"

그들의 생각 속에는 구약성경의 지식을 바탕으로 메시아가 어떻게 오시리라는 이미지가 굳어져 있었다. 다음은 이사야서의 또 다른 익숙한 본문이다.

> 이는 한 아기가 우리에게 났고 한 아들을 우리에게 주신 바 되었는데 그의 어깨에는 정사를 메었고 … 그 정사와 평강의 더함이 무궁하며 또 다윗의 왕좌와 그의 나라에 군림하여 … 지금 이후로 영원히(사 9:6-7).

주민들은 위대한 왕, 초자연적 지혜를 겸비한 강력한 정복자를 기다리고 있었다. 그분은 그들을 당장 로마의 압제에서 구하여 독보적인 나라로 세우실 분이었다. 다윗의 왕좌를 회복하여 영원히 통치하실 분이었다. 그런데 예수님이 자기들 중의 한 사람으로 오셔서, 자기네 학교에서 자라고, 자기네 길에서 웃고, 가구를 만들고, 세리와 창녀들에 둘러싸여 지내시자 그들은 허를 찔렸다. 그래서 부르짖었다. "잠깐, 우리가 아는 메시아는 이런 식으로 오지 않는다!"

"한 아들을 우리에게 주신 바" 된 때로부터 "그 정사와 평강의 더함이 무궁"한 상태가 완전히 실현되어 물리적으로 나타나기까지는 수천 년의 간격이 있음을 동네 사람들은 몰랐다.

성경 도처의 다른 사건들과 아울러 이 사건 속에는 이해하기 어려운 한 가지 진리가 계시되어 있다. 하나님은 우리에게 필요한 것을 우리가 원치 않는 꾸러미에 담아 보내실 때가 많다. 그분이 하나님이시며, 또한 우리가 그분을 넘겨짚을 수 없다는 것을 우리에게 알려 주시기 위해서다. 우리 머리만으로는 답을 찾을 수 없다. 우리는 마음으로 그분과 그분의 공급하심을 구해야 한다. 우리 인간의 유한한 사고와 이해로는 성경을 해석할 수 없다. 성령의 입김이 있어야 한다. 그분만이 지혜로운 권고와 바른 적용을 주신다.

예를 하나 더 들어 보자. 바리새인들도 메시아, 곧 하나님의 백성을 로마의 압제에서 구할 영웅을 기다리고 있었다. 이 지도자들은 그분이 오시기를 초조하게 기다렸고, 예루살렘에 세워질 새 나라에서 자기네가 관원이 될 줄로 믿었다. 그래서 막

하나님은 우리에게 필요한 것을 우리가 원치 않는 꾸러미에 담아 보내실 때가 많다. 그분이 하나님이심과 우리가 그분을 넘겨짚을 수 없음을 우리에게 알려 주시기 위해서다. 우리는 성령의 입김을 구해야 한다.

상 예수님이 갈릴리 출신의 훈련받지 못한 인간으로 등장하시자 그들은 그분을 조롱했다. 그들의 메시아 상에도 그분은 맞지 않았다.

그들은 예수님을 여러 번 심문했는데 그 가운데 이런 기록이 있다. "바리새인들이 하나님의 나라가 어느 때에 임하나이까 묻거늘 예수께서 대답하여 이르시되 하나님의 나라는 볼 수 있게 임하는 것이 아니요 또 여기 있다 저기 있다고도 못하리니 하나님의 나라는 너희 안에 있느니라"(눅 17:20-21).

이번에도 바리새인들은 이사야가 예언한 메시아의 지상 나라를 두고 말했다. 그들 역시 성령의 인도하심에 의지하기보다는 자기네 머릿속의 성경 해석을 바탕으로 메시아를 찾고 있었다. 그들은 하나님을 마음으로 안 게 아니라 자기네 논리로 알았다.

이와는 대조적으로, 역시 메시아를 기다리고 있던 또 다른 사람을 살펴보자. 그의 이름은 시므온으로, 그는 이런 사람이다.

의롭고 경건하여 이스라엘의 위로를 기다리는 자라 성령이 그 위에 계시더라 그가 주의 그리스도를 보기 전에는 죽지 아니하리라 하는 성령의 지시를 받았더니 성령의 감동으로 성전에 들어가매 마침 부모가 율법의 관례대로 행하고자 하여 그 아기 예수를 데리고 오는지라 시므온이 아기를 안고 하나님을 찬송하여

이르되(눅 2:25-28).

예수님에 대한 시므온의 말을 압축하면, 생후 30일 된 이 아기가 곧 메시아라는 선포였다. 그는 생후 1개월밖에 안 된 그분을 메시아로 알아보았다. 그런데 나사렛 사람들은 어떤가? 그분이 30세가 넘어 여태까지 어떤 인간도 행한 적이 없는 기적과 이적을 보이셨는데도 그분을 알아보지 못하고 바리새인들은 그분을 조롱한다. 왜 그랬을까? 역시 하나님은 성령이시며, 그분과 그분의 길을 아는 자들은 진리를 계시해 주시는 성령을 통해서 알아야 하기 때문이다. 시므온과 다른 사람들 사이에 결정적 차이가 있다. 지금부터 우리는 그 진리를 살펴보고자 한다. 이 계시를 이해하면, 하나님께 온전한 유업을 받지 못하는 사람들이 왜 그토록 많은지 까닭을 알게 된다.

| 존중의 의미

우선 예수님의 사역에 대한 고향 사람들의 반응을 보고 그분이 하신 말씀부터 보자. 그분은 "선지자가 자기 고향과 자기 친척과 자기 집 외에서는 존경(존중)을 받지 못함이 없느니라"(막 6:4)고 하셨다.

여기 핵심 단어는 존중이다. 그들은 그분을 존중하지 않았다.

존중을 뜻하는 그리스어는 티미(time)다. 나는 이 단어와 그와 관련된 단어들을 많이 연구했다. 많은 그리스어 사전, 주석, 기타 그리스어 원어 연구가 나오는 책들을 보았다. 또 그리스어를 유창하게 하는 두 사람과 깊이 있는 대화도 나누었다. 한 사람은 그리스에 살고 있는데 4대째 사역자 집안이고, 또 한 사람은 영국에 사는 사역자다. 지금부터 내가 제시하려는 정의는 이런 출처에서 받은 모든 피드백을 종합한 것이다.

티미(존중)의 가장 단순한 문자적 정의는 '중요시함'이다. 그리스 사람한테 티미라고 말하면 그들은 '금처럼 귀중하고 중요한 것'을 떠올린다. 금은 그 값어치에 맞게 귀한 자리에 둔다. 존중의 또 다른 정의로는 '진가를 인정함, 중시, 우호적 대우, 존경' 등이 있다.

단어를 더 잘 이해하려면 때로 반대말을 보면 된다. 존중의 반대말은 경멸로, 그리스어로는 아티미아(atimia)다. 아티미아에는 '존경하거나 중요시하지 않다, 흔하거나 평범하거나 천하게 취급하다'는 뜻이 있다. 그리스 사람한테 경멸이라고 말하면 그들은 '수중기처럼 흔하고 가볍고 금방 없어지는 것'을 떠올린다. 경멸을 더 강한 형태로 쓰면 수치나 심지어 모욕을 당한다는 뜻이 된다.

그리스어 사전들과 주석들을 공부하면서 깨달은 것이 있다. 존중은 행동과 말은 물론 생각으로도 나타날 수 있다. 그러나 모든 참된 존중은 마음에서 비롯된다. 그래서 하나님은 말씀하신다. "이 백성이 입으로는 나를 가까이 하며 입술로는 나를 공경(존중)하나 그들의 마음은 내게서 멀리 떠났나니 그들이 나를 경외함은 사람의 계명으로 가르침을 받았을 뿐이라"(사 29:13).

"그들이 나를 경외함은"이라는 하나님의 표현을 잘 보라. 참된 존중은 하나님을 경외하는 마음에서 흘러나온다.

예수님의 말씀처럼 나사렛 사람들은 그분에게서 존중을 거두었다. 이들 고향 사람들은 그분을 귀하고 중하신 분으로 여기지 않았다. 예수님은 하나님의 뜻을 이루도록 하나님의 보내심을 받으신 분이었건만 그들은 알아보지 못했다. 예수님은 결국 제지당하셨고 아무 권능도 행하실 수 없었다. 아마 몇 명의 두통, 혹 관절염, 허리 아픈 사람 두엇이 고침 받았을 것이다.

예수님은 병자들과 마귀에 억눌린 모든 자들을 고치시도록 보냄 받으셨다. 그분은 하나님의 아들이시며 성령이 한량없이 충만하신 인자(人子)셨다. 그런데 그분이 그 사명을 다하실 수 없었다. 그 고을 모든 사람들의 병이 낫는 것을 하나님이 원하지 않으셨기 때문이 아니라, 그들이 존중을 거둠으로써 그분을 제지했기 때문이다. 그들은 그분을 흔한 동네 사람으로 취급했다. 그래서 그들은 지극히 작은 부분적 보상만 받았다(소수의 병자들만 고침을 받았다).

복음서에 보면 예수님이 어떤 집에서 수많은 성경 교사들과 전문가들을 가르치시는 또 다른 사건이 나온다. 이들 사역자들은 그분 말씀을 들으려고 갈릴리와 유다 모든 고을에서 왔다. 성경에 보니 "(그들의) 병을 고치는 주의 능력이 예수와 함께하더라"(눅 5:17)고 했다.

여기서 '그들'이란 그 자리에 참석한 사람들을 가리킨다. 한 가지 분명한 사실은 하나님은 아무것도 낭비하지 않으신다는 것이다. 예수님이 4천 명과 또 5천 명을 먹이신 때를 생각해 보라. 두 경우 다 그분은 하나도 버리는 게 없도록 남은 음식을 다 모으라고 엄히 명하셨다. 우리 같으면 버렸거나 쓰레기통에 넣었을 것을 그분은 모으셨다. 성경 도처의 하나님 방식에서 동일한 원리를 볼 수 있다. 그분은 아무것도 낭비하지 않으신다.

그러니 바리새인들과 율법 교사들의 병을 고치는 능력이 주님께 있었다면, 그 가운데 치유가 필요한 자들이 적어도 하나나 아마도 몇 명은 있었다는 말이다. 내 경험으로 보아도 그렇다. 현재로 돌아와 보자. 한 방에 사람이 수백 명 모였으면, 그들 속에는 이래저래 아픈 사람들이 반드시 여남은 명, 많게는 그 이상 있게 마련이다. 그들 모두를 고칠 수 있는 하나님의 능력이 그 자리에 있었으나 그들 가운데 아무도 치유를 얻지 못했다.

나중에 어떤 사람들이 중풍에 걸린 친구를 들것에 싣고 왔다. 집 안에

발 디딜 틈이 없어 앞문으로 들어갈 수가 없자 그들은 다른 방도를 시도했다. 지붕으로 올라가 기왓장을 뜯어내고 중풍병자를 예수님께로 달아 내린 것이다. 그 다음은 이렇게 되어 있다. "예수께서 그들의 믿음을 보시고 이르시되 이 사람아 네 죄 사함을 받았느니라 하시니 서기관과 바리새인들이 생각하여 이르되 이 신성 모독 하는 자가 누구냐 오직 하나님 외에 누가 능히 죄를 사하겠느냐"(눅 5:20-21).

바리새인들이 "생각하여 이르되"라고 한 누가의 표현을 잘 보라. 이 지도자들은 옆에 앉은 동지들에게 귓속말을 했을까? 삼삼오오 모여 예수님의 발언을 놓고 의논했을까? 마태의 기록을 보면 더 정확히 알 수 있다. 그는 그들이 "속으로 이르되"(마 9:3)라고 썼다. 그러니까 이 교사들은 생각으로만 예수님을 경멸했다. 마가도 그들이 "마음에 생각하기를"(막 2:6)이라고 썼다. 그들의 생각에 대한 예수님의 반응을 들어 보라.

> 그들이 속으로 이렇게 생각하는 줄을 예수께서 곧 중심에 아시고 이르시되 어찌하여 이것을 마음에 생각하느냐 중풍병자에게 네 죄 사함을 받았느니라 하는 말과 일어나 네 상을 가지고 걸어가라 하는 말 중에서 어느 것이 쉽겠느냐 그러나 인자가 땅에서 죄를 사하는 권세가 있는 줄을 너희로 알게 하려 하노라 하시고 중풍병자에게 말씀하시되 내가 네게 이르노니 일어나 네 상을 가지고 집으로 가라 하시니(막 2:8-11).

중풍병자는 즉시 일어나 침상을 들고, 모든 사역자들이 훤히 보는 가운데 걸어서 집 밖으로 나갔다. 성경에 보니 이 설교자들과 교사들은 "다 놀라 하나님께 영광을 돌리며 이르되 우리가 이런 일을 도무지 보지 못하였다 하더라"(막 2:12)고 했다.

그들은 다 놀랐으나 고침 받은 사람은 하나도 없었다. 생각만으로라도 예수님을 경멸했기에 그들은 보상을 하나도 받지 못했던 것이다.

이들 바리새인들, 율법 교사들, 서기관들 가운데 다수에게는 이미 예수님을 경멸하는 습관이 있었다. 그들은 그분을 조롱하고 멸시했고, 많은 경우 공개적으로 망신시키려 했다. 성경에 "서기관과 바리새인들이 예수를 고발할 증거를 찾으려 하여 … 엿보니"(눅 6:7)라고 기록되어 있다. 또 "이에 그들이 엿보다가 … 정탐들을 보내어 그들로 스스로 의인인 체하며 예수의 말을 책잡게 하니"(눅 20:20)라는 말씀도 있다. 이것은 많은 기사 가운데 일부일 뿐이다.

잊지 말라. 존중이나 경멸은 행동, 말, 생각으로 나타날 수 있으나 모든 참된 존중은 마음에서 비롯된다.


| 예수님도 인정하신 믿음의 사람들

사역 초기에 예수님은 가버나움에 들어가셨다가 곧바로 어떤 로마 장교를 만나셨다. 사실 그는 백부장이었는데, 중풍에 걸려 몹시 괴로워하는 자기 하인을 고쳐 달라고 그분께 간청했다. 예수님은 그러마고 하셨다. "내가 가서 고쳐 주리라"(마 8:7).

그러자 백부장은 이렇게 대답했다. "주여 내 집에 들어오심을 나는 감당하지 못하겠사오니"(마 8:8).

감당하지 못하겠다니? 로마는 지금 이스라엘 나라를 점령한 상태다. 그런데 왜 정복자인 로마 장교가 피정복자인 유대인 목수에게 "내 집에 들어오심을 나는 감당하지 못하겠사오니"라고 말한단 말인가? 이 사람이 예수님을 얼마나 존중하는지 알겠는가? 로마 장교는 이 목수가 누구인지 알고 있다. 그는 예수님을 아주 중요한 분으로 대하며, 그에 합당한 존경심을 보인다. 장교는 계속해서 이렇게 설명한다. "다만 말씀으

로만 하옵소서 그러면 내 하인이 낫겠사옵나이다 나도 남의 수하에 있
는 사람이요 내 아래에도 군사가 있으니 이더러 가라 하면 가고 저더러
오라 하면 오고 내 종더러 이것을 하라 하면 하나이다"(마 8:8-9).

이 장교의 지위나 계급을 살펴보자. 로마의 한 군단에는 병사 6천이
있고 군단 전체에 지휘관 하나가 있었다. 6천 명 군단 안에 그 지휘관
휘하의 백부장 60명이 있고 각 백부장 밑에 군사 100명이 있었다.

그는 지금 자신의 간청이 어떻게, 왜 이루어질 것인지 예수님께 설명
하고 있다. 그가 자기 지휘관을 존중하고 그 권위에 복종하기 때문에,
휘하 병사들은 그를 존경하고 따른다. 그는 상관 장교의 지원을 받고,
상관 장교는 다시 로마 권세의 지원을 받는다. 간단히 이렇게 말할 수
있다. "제가 권위 있는 이유는 제가 고국과 상관들을 존중하고 그들의
권위를 존경하기 때문입니다. 그래서 제가 말만 하면 제 밑의 사람들이
즉각 제 지시에 따릅니다."

그는 예수님께 있는 하나님의 권위를 알아보았고, 자기가 군대 세계
에서 권위를 휘두르는 것처럼 예수님도 보이지 않는 영의 세계에서 권
위를 행사하고 계심을 알았다. 그래서 그는 예수님의 간단한 명령 한마
디면 병이 순종하리라는 것을 알았다. 그의 생각에 그것은 자기 권위
밑의 사람들이 자신의 명령에 즉각 순종하는 것과 하나도 다를 바 없었
다. 예수님의 반응을 보라.

> 예수께서 들으시고 놀랍게 여겨 따르는 자들에게 이르시되 내가 진실로 너희
> 에게 이르노니 이스라엘 중 아무에게서도 이만한 믿음을 보지 못하였노라(마
> 8:10).

예수님은 이 로마 장교가 세례 요한보다 믿음이 크다고 공포하신다. 좀 더 들어가 보면 이 장교의 믿음이 예수님의 어머니 마리아보다 크다. 예수님은 자신이 30년 넘게 이스라엘에서 만나 본 중에서 그의 믿음이 가장 크다고 선포하시지 않았는가? 예수님은 절대로 과장하지 않으시는 분이다.

나는 믿음의 사람이다. 당신도 그렇기를 바란다. 믿음이 없이는 하나님을 기쁘시게 할 수 없기 때문이다(히 11:6 참조). 성경에 기록된 대로 "믿음은 들음에서 나며 들음은 그리스도의 말씀"(롬 10:17)에서 난다. 장담하건대 세례 요한이 이 로마 장교보다 성경을 훨씬 더 많이 들었을 것이다. 그런데 이 장교의 믿음이 더 컸다. 또 아마도 예수님의 어머니 마리아, 열두 제자, 기타 예수께서 만나신 많은 이스라엘 사람들도 이 로마 장교보다 하나님의 말씀을 훨씬 많이 들었을 것이다. 그런데 그의 믿음이 그들 가운데 누구보다 컸다.

그의 믿음은 어째서 그렇게 컸을까? 예수님께 보인 그의 존중 그리고 권위에 대한 그의 이해가 서로 맞물려서 그렇게 되었다. 누가복음 17장 5-10절에 보면, 믿음은 하나님의 말씀을 듣기만 한다고 나는 게 아니라 권위를 존중하고 순종함이 보완되어야 한다.

로마 장교는 권위를 알고 존중했기 때문에 온전한 보상을 받았다. 그의 마음에 있던 존경심의 기초는 권위를 중시하는 자세였다. 이렇듯 그의 근본 동기는 존중이었다.

또 마가복음 7장에는 예수께 와서 도움을 청하는 수로보니게 태생의 한 그리스 여인이 나온다. 성경에 보니 여인은 자기 딸을 귀신한테서 구해 달라고 그분께 계속 졸랐다. 이로 미루어 예수님은 그녀가 해 온 여러 번의 간청을 들어주지 않으신 듯하다. 그런데도 여인은 계속 구했다. 마침내 여인은 반응을 얻어 낸다. "예수께서 이르시되 자녀로 먼저 배불리 먹게 할지니 자녀의 떡을 취하여 개들에게 던짐이 마땅치 아니하니라"(27절).

예수님은 그 여인을 개라고 부르셨다. 그녀는 이렇게 퍼부어 댈 수도 있었다. "뭐라고? 나더러 개라고? 그러고도 당신이 사역자야? 어떻게 감히 나를 이렇게 모욕해? 기껏 도와 달라고 왔다가 이런 대우나 받다니! 딸 때문에 부르짖는 절박한 어미를 측근들하고 같이 앉아 무시해? 당신이 설교하는 그 사랑은 어디로 갔지? 이 위선자 같으니라고! 가면 될 거 아냐."

하지만 이 여인은 그렇게 행동하지 않았다. 대신 그분의 논리에 맞추어 보상받을 자리로 나아갔다. "주여 옳소이다마는 상 아래 개들도 아이들이 먹던 부스러기를 먹나이다 예수께서 이르시되 이 말을 하였으니 돌아가라 귀신이 네 딸에게서 나갔느니라 하시매"(28-29절).

예수님이 한 이방 여인의 믿음에 감탄하시면서 미소 띤 얼굴로 고개를 내두르시는 모습이 눈에 선하다. 그런 그녀를 어떻게 물리칠 수 있겠는가? 그분은 딸을 괴롭히던 귀신이 나갔다고 하셨고, 집에 가 보니 딸은 나아 있었다.

이 여인이 소극적이었거나 예수님의 말에 금방 기분이 상했다면, 어떤 보상도 없었을 것이다. 하지만 그녀는 예수님이 누구인지 알았고 끝까지 그분을 존중했다. 그래서 처음에는 끈질기게 청했고, 나중에는 자기가 모욕이나 경멸을 당하는 듯싶을 때조차도 도로 욕하거나 그만두지 않았다. 그 초지일관 덕분에 그녀는 온전한 보상을 받았다.

흥미롭게도 이들 놀라운 믿음의 모범은 둘 다 아브라함의 언약 밖에 있던 이방인들이었다. 백부장과 그리스 여인의 믿음을 보고 예수님은 놀라셨다. 그들은 오늘날 좀처럼 찾아보기 힘든 한 원리를 알았다. 그들의 절박함 속에 존중심이 흘렀고, 그래서 둘 다 온전한 보상을 받았다.


## | 존중의 원리

복음서를 훑어보면 부분적 보상을 받은 사람들, 온전한 보상을 받은 사람들, 보상을 전혀 받지 못한 사람들이 그 밖에도 많이 있다. 각 경우마다 존중의 청지기로서 제각기 독특한 면이 있다. 어떤 사람들은 마땅한 존중심이 턱없이 부족하다. 어떤 사람들은 풍성한 존중심이 진심에서 우러난다. 어떤 사람들은 노골적인 경멸의 태도로 예수님께 다가간다. 존중이 본문에 직접 나타나지 않는 경우라도 그 틀이나 원리는 그대로 남아 있다. 이것은 영적인 법칙이다. 그래서 하나님은 말씀하신다.

나를 존중히 여기는 자를 내가 존중히 여기고 나를 멸시하는 자를 내가 경멸하리라(삼상 2:30).

하나님을 존중하는 자들은 존중을 받는다. 그게 순리다. 예수님을 존중한 사람들은 자기가 존중을 보인 정도만큼 하나님께 받았다. 하인 한 사람과 딸 하나가 고침 받은 정도가 아니라, 지금까지도 우리는 그 백부장과 여인의 선택과 믿음을 칭송하고 있지 않은가!

이 원리는 특히 예수님의 수난 직전에 부각된다. 예수님은 베다니에서 나환자 시몬의 집에 계셨다. 그분이 식탁에 앉아 계시는데 어떤 여인이 설화석고 병에 든 값비싼 감송(甘松) 기름을 가지고 그분께 다가온다. 이 향유의 값은 평범한 노동자의 1년치 노임에 해당되었다. 여인은 눈물로 예수님의 발을 씻기고 자기 머리털로 닦더니 향유 병을 깨뜨려 예수님의 머리에 부었다.

여인은 예수께 아낌없이 기름을 부어 그분을 존중했으나 그 자리에 있던 사람 전부가 그 일을 기뻐하지는 않았다. "어떤 사람들이 화를 내어 서로 말하되 어찌하여 이 향유를 허비하는가 이 향유를 삼백 데나리온 이상에 팔아 가난한 자들에게 줄 수 있었겠도다 하며 그 여자를 책망하는지라"(막 14:4-5).

상황과 떼어 놓고 보면, 그들의 말은 꽤 합리적이고 사려 깊은 말처럼 들린다. 그리스도인이라면 마땅히 가난한 자들을 생각해야 하지 않던가. 그러나 그들은 큰 그림을 놓쳤다. 그 순간에 벌어진 일을 놓쳤다. 아들이신 예수님을 존중함으로써 하늘과 땅의 하나님을 존중할 수 있는 기회가 눈앞에 있었는데, 그것을 깨닫지 못한 것이다. 주님의 따끔한 책망을 들어 보라.

> 가만 두라 너희가 어찌하여 그를 괴롭게 하느냐 그가 내게 좋은 일을 하였느니라 가난한 자들은 항상 너희와 함께 있으니 아무 때라도 원하는 대로 도울 수 있거니와 나는 너희와 항상 함께 있지 아니하리라 그는 힘을 다하여 내 몸에 향유를 부어 내 장례를 미리 준비하였느니라 내가 진실로 너희에게 이르노니 온 천하에 어디서든지 복음이 전파되는 곳에는 이 여자가 행한 일도 말하여 그를 기억하리라(막14:6-9).

예수님 시대에 큰일을 한 사람들이 많았지만, 이런 식으로 또는 이 정도까지 존중받은 사람은 없었다. 예수님은 예언하시기를, 복음이 이르는 곳이면 어디서나 그녀의 선하고 아름다운 존중 행위가 칭송을 받으리라 하셨다. 그것도 그 시대에만 아니라 대대로 영원히 말이다.

그녀의 갈망은 주님을 존중하는 것이었는데, 그렇게 아낌없이 기름을 붓다가 자신이 주님의 존중을 받게 되었다. 존중의 원리는 언제나 적용되며 언제나 유효하다. 하나님은 말씀하신다. "나를 존중히 여기는 자를 내가 존중히 여기고 나를 멸시하는 자를 내가 경멸하리라"(삼상 2:30). 그분을 존중하지 않는 자들은 경시를 당한다. 여기 쓰인 경멸하다는 단어는 "상대방이 나의 배려나 존중을 받을 자격이 없다는 느낌"으로 정의할 수 있다. 하나님은 그분을 경멸하는 자들에게는 눈길조차 줄 것 없다고 여기신다. 그들의 필요와 기도가 무시된다는 뜻이다.

예수님이 하시는 말씀을 들어 보라. "나를 영접하는 자는 나를 보내신 이를 영접하는 것이니라"(요 13:20). 누군가를 영접한다는 것은 곧 그를 존중하는 것이다. 그러니까 예수님의 이 말씀은 사실상 이런 것이다. "나를 존중하는 자는 나를 보내신 아버지를 존중하는 것이다." 그래서 그분은 "아들을 공경(존중)하지 아니하는 자는 그를 보내신 아버지도 공경(존중)하지 아니하느니라"(요 5:23)고 명백히 말씀하신다.

예수님을 존중한 사람들은 자연스럽게 아버지를 존중했다. 예수님은 말씀하셨다. "나는 사람에게서 영광(존중)을 취하지 아니하노라"(요 5:41). 예수님은 온 마음을 다해 아버지를 존중했다. 그분은 아직 영광을 받으시기 전이었다. 일단 그분이 영광을 받으신 뒤에는 아버지께서 아들에게 "하나님의 모든 천사들은 그에게 경배할지어다"(히 1:6)라든지 "하나님이여 주의 보좌는 영영하며 주의 나라의 규는 공평한 규이니이다"(히 1:8, 빌 2:8-10 참조)라고 선포하셨다. 일단 영광을 받으신 후에는 그분도 아버지께서 경배 받으시는 것처럼 경배를 받으셨다.

그러나 이 땅을 걸으시는 동안에는 예수님은 인자(사람의 아들)로 사시고 사역하셨다. "그는 근본 하나님의 본체시나 … 오히려 자기를(모든 특권과 정당한 품위를) 비워 종(노예)의 형체를 가지사 사람들과 같이 되셨고 사람의 모양으로 나타나사"(빌 2:6-7).

이렇듯 한 인간으로서 그분은 자기가 받는 모든 존중을 아버지께 돌려 드렸다. 그분이 사람들을 치유해 주신 후에 늘 다음과 같이 말씀하신 것도 그 때문이다. "삼가 아무에게도 이르지 말고 다만 가서 제사장에게 네 몸을 보이고 모세가 명한 예물을 드려 그들에게 입증하라"(마 8:4). 또 "예수께서 엄히 경고하시되 삼가 아무에게도 알리지 말라 하셨으나"(마 9:30)라는 말씀도 있다. 비슷한 말씀이 복음서 도처에 나온다.

이 땅에 계시는 동안 예수님은 아버지와의 연결점이셨다. 그러므로 아버지를 존중하는 가시적인 방법은 그 아들을 존중하는 것이었다. 값비싼 향유로 아들 예수님을 존중한 여인이 책망을 듣지 않은 것도 그래서다. 예수님은 자신을 존중하는 자들을 책망하신 적이 없고, 오히려 자신을 아버지와 연결시켜 준 그들을 칭찬하셨다. 예수님은 자신이 존중받기를 구하지 않으셨다. 오히려 그분은 자신이 보냄 받아 찾아오신 이들에게 존중의 원리를 본을 보이셨다.

십자가에 달리시던 그 주에 예수님은, 자신이 떠나신 뒤에도 자신의 사역이 어떻게 지속될 것인가에 대하여 다음과 같은 의미심장한 말씀을 남기셨다.

> 예수님은 자신이 존중받기를 구하지 않으셨다. 오히려 그분은 자신이 보냄 받아 찾아오신 이들에게 존중의 원리를 본을 보이셨다.

너희에게 이르노니 너희가 주의 이름으로 오시는 이를 찬송하리로다 할 때까지는 나를 보지 못하리라 하시니라(눅 13:35).

다시 말하면 다음과 같다. "내가 보내는 자들을 너희가 알아보고 '주의 이름으로 오는 자는 복이 있도다'라고 선포할 때까지는 나를 다시 보지 못하리라." 표현을 바꿔 보면, "내가 내 이름으로 보내는 자들을 너희가 존중할 때까지 다시 나를 보거나 감지하지 못하리라."

예수님은 그분이 보내시는 자들을 우리가 축복 내지 존중할 때 자신을 나타내시겠다고 하신다. 왜 그러실까? 예수님은 성경 다른 부분들을 통해 이에 대한 답을 주신다. 그 가운데 이런 말씀이 있다. "내가 진실로 진실로 너희에게 이르노니 내가 보낸 자를 영접(존중)하는 자는 나를 영접(존중)하는 것이요 나를 영접(존중)하는 자는 나를 보내신 이를 영접(존중)하는 것이니라"(요 13:20).

여기에 비추어, 존중의 원리를 일상생활에 적용하는 것에 대해 예수께서 더 하시는 말씀을 들어 보라.

> 너희를 영접하는 자는 나를 영접하는 것이요 나를 영접하는 자는 나를 보내신 이를 영접하는 것이니라 선지자의 이름으로 선지자를 영접하는 자는 선지자의 (보)상을 받을 것이요 의인의 이름으로 의인을 영접하는 자는 의인의 (보)상을 받을 것이요 또 누구든지 제자의 이름으로 이 작은 자 중 하나에게 냉수 한 그릇이라도 주는 자는 내가 진실로 너희에게 이르노니 그 사람이 결단코 (보)상을 잃지 아니하리라(마10:40-42).

위 말씀에서 '영접하다'와 '주다'는 단어를 모두 '존중하다'라는 단어로 바꾸어도 의미는 달라지지 않는다.

이 말씀의 문맥을 제대로 이해하기 위해 짚고 넘어갈 두 가지 중요한 요지가 있다. 첫째, 하나님 나라에는 아버지로부터 시작되어 예수님께로 흘러 내려온 권위 체계가 있다. 아버지는 예수님을 보내셨고 모든 권세를 주셨다. 부활하신 후에 예수님은 선포하셨다. "하늘과 땅의 모든 권세를 내게 주셨으니"(마 28:18).

그분은 교회의 머리이시다. 날이 이르러 모든 저항이 그분 발아래 평정되면, 그분은 나라를 다시 아버지께 바치실 것이다(고전 15:24-26 참조).

하나님 나라의 권위 질서에서 다음은 '선지자' 다. 여기서 유의할 것이 있다. 예수님은 지금 신약성경이 없는 사람들에게 말씀하고 계신다. 그들은 우리의 용어와 방식을 몰랐고, 그래서 그분은 그들에게 익숙한 용어로 말씀하신 것이다.

구약의 선지자들은 하나님의 대변인 역할을 했다(출 4:16, 7:1 참조). 히브리서 1장 1-2절이 그 점을 더 확실하게 보여 준다. "옛적에 선지자들을 통하여 여러 부분과 여러 모양으로 우리 조상들에게 말씀하신 하나님이 이 모든 날 마지막에는 아들을 통하여 우리에게 말씀하셨으니."

신약성경에 이것이 되풀이되어 나타난다. 예수님은 죽은 자 가운데서 부활하여 높이 오르신 후에 친히 "어떤 사람은 사도로 어떤 사람은 선지자로 어떤 사람은 복음 전하는 자로 어떤 사람은 목사와 교사로 삼으셨"(엡 4:11)다.

만약 예수님이 오늘 우리에게 말씀하신다면 이렇게 말씀하실지 모른다. "사도의 이름으로 사도를 존중하는 자는 사도의 보상을 받을 것이고, 목사의 이름으로 목사를 존중하는 자는 목사의 보상을 받을 것이다." 선지자, 전도자, 교사의 경우도 마찬가지다.

마태복음 10장에 예수님은 선지자(즉 지도자 자리에 있는 이들)를 존중하는 데서 의인으로 넘어가셨다가 끝으로 "작은 자"를 존중하는 것으로 말씀을 마치신다. 권위 체계에 있어 신자들이 접하는 모든 부류를 망라하신 셈이다. 즉, 우리 위의 권위 있는 사람들, 우리 수준의 사람들, 끝으로 우리의 보호 내지 위임받은 권위 아래 있는 사람들이다. 우리가 만나는 모든 인간은 이 세 범주 가운데 하나에 해당된다.

여기서 두 번째 중요한 요지가 나온다. 우리는 위에 있는 사람들을 존중해도 보상을 받는다. 내 수준의 사람들(동료들)을 존중해도 보상을 받는다. 끝으로 내 보호나 권위 아래 있는 사람들을 존중해도 보상을 받는다. 앞에서 풀어 쓴 말을 잊지 말라. "내가 내 이름으로 보내는 자들을 너희가 존중할 때까지 다시 나를 보지 못하리라."

이 말씀과 마태복음 말씀을 결합하면, 이러한 세 경우에 각각 천국의 놀라운 보상이 따른다는 사실이 분명해진다. 또한 이러한 보상에는 예수님의 실체를 통찰할 수 있는 더 큰 계시가 항상 수반된다.

참된 존중은 하나님을 경외하는 마음에서 흘러나온다.

3장

# 권위에 순종하는 삶

존중과 예배는 다르다. 우리는 영원토록 우리 주요 왕이신 하나님 한분만 예
배해야 한다. 그리고 또한 마땅히 존중할 자들을 존중해야 한다.

 

나는 전 세계를 다니며 복음을 전하는 사역자들과
직접적인 친분이 있다. 맨 먼저 떠오르는 사람은 T. L.과 데이지 오스본
이라는 부부다. 지난 1980년대 중반, 아내와 나는 여러 차례 그들을 섬
기는 특권을 누렸다. 당시 나는 교인이 8천 명 정도 되는 교회에서 모든
외부 강사들을 접대하는 일을 맡아 했다. 오스본 부부는 여러 번 와서
우리는 꽤 많은 시간을 함께 보냈고, 덕분에 꽤 가까워져 자주 편지도
쓰고 전화 통화도 했다. T. L.은 내 믿음의 영웅들 가운데 하나였고 지
금도 그렇다.

당시 T. L.과 데이지는 이미 수백만의 영혼을 구원으로 인도했다. 텔
레비전을 통해 한 일이 아니라 전 세계 옥외 전도대회에서 이룬 일이었
다. 그 가운데 대부분의 집회는 아프리카 대륙에서 이루어졌다. 그들의
집회에는 매번 5만 명에서 25만 명 사이의 사람들이 참석했다. 집회 때

마다 올 때는 앞이 완전히 안 보였던 사람들이 떠날 때는 시력을 되찾았다. 수백 명의 청각장애인들이 듣게 되었다. 많은 불치병 환자들이 고침을 받았다. 들것에 실려 전도대회에 온 수많은 지체장애인들이 들것을 들고 걸어서 돌아갔다. 그들은 특히 아프리카의 옥외 집회에서 벌어진 놀라운 치유의 기적들을 여러 권의 저서에 소개한 바 있다.

그들에게 들은 이야기 가운데 내가 가장 감동한 사연이다. 아프리카 어느 전도대회에서 집회 중간에 한 여자가 데이지를 찾아왔다. 그녀는 죽은 아기를 안고 있었다. 아기는 머리까지 완전히 포대기에 둘둘 감겨 있었다.

어머니는 아기를 데이지에게 건네면서 아이가 살아나도록 기도해 달라고 통역관을 통해 부탁했다. 데이지는 포대기에 싼 시신을 받아 안고 기도를 시작했다. 조금 지나자 움직임이 느껴지면서 포대기 속에서 기침 소리가 났다. 데이지가 포대기를 풀자 아기가 그녀를 말똥말똥 쳐다보고 있었다.

데이지는 다시 아기를 꼭 싸서 어머니에게 안겨 주었다. 어머니는 포대기를 들추어 아들의 얼굴을 보더니 그제야 감격의 환성을 터뜨렸다.

데이지는 어리둥절해졌다. 자기 품에서 아기 기침 소리가 날 때는 왜 어머니가 아무런 반응이 없었을까? 포대기를 들추어 아기 얼굴을 보고 나서야 기뻐서 어쩔 줄 몰라 한 이유가 무엇일까? 그래서 데이지는 통역관을 통해 어머니에게 물었다.

어머니의 대답은 이랬다. "우리 아기는 태어날 때부터 눈이 하나밖에 없었어요. 다른 쪽 눈의 자리는 그냥 움푹 파여 있었지요. 그런데 지금 보니 우리 아기가 예쁜 두 눈으로 나를 쳐다보고 있잖아요!"

그들을 통해 이루어진 권능에 얽힌 놀라운 사연은 그 밖에도 아주 많다. 모두가 부활하신 우리 주 예수 그리스도의 이름으로 된 일이다.

또 다른 친구는 아프리카, 특히 에티오피아와 수단에서 전도대회를 자주 열고 있다. 참석자 수는 5만 명에서 20만 명에 이른다. 그 집회 중에 수백 명의 사람들이 앞을 보고 소리를 듣고 있다. 지체장애인들이 걷고, 수많은 병들이 치유되고, 종양이 줄어들어 없어지는 일이 일어나고 있다.

몇 년 전, 그가 아주 뭉클한 이야기를 들려주었다. 그가 전도대회를 열고 있던 아프리카 지역에 '원숭이 인간'으로 알려진 사람이 있었다. 그는 아주 심하게 귀신 들려 아무도 그를 통제할 수 없었다. 그는 벌거벗은 몸으로 숲 속에 살았고, 두 손 두 발로 기어 다녔다.

걱정스런 동네 사람들 몇이 그를 붙들어 집회로 데려왔다. 친구가 내게 말했다. "존, 난 그냥 큰 무리에게 말씀을 전하고 있었는데 갑자기 어떤 사람이 공중으로 휙 솟았다가 갑자기 바닥에 뚝 떨어지지 않겠나. 한 3미터는 됐을걸세. 그런데 그러고는 움직이지 않았네. 난 그 사람이 죽은 줄 알았지. 이튿날 그는 옷을 잘 갖춰 입고 연단에 올라와 하나님이 어떻게 자기를 구하셨는지 간증했네. '원숭이 인간'이었다네."

이어 그는 '원숭이 인간'이 워낙 그 지역의 유명인사인지라 무리가 수만에서 수십만으로 불었다고 말했다. 군중들은 귀신 세력의 포로였던 그를 해방시키신 하나님의 말씀을 듣기 원했던 것이다.

특히 아프리카에서 이런 권능을 보고 있는 남녀 사역자들의 사연을 수없이 들려줄 수 있다. 그러나 요지는 바로 그 사역자들이 미국이나 다른 서구 국가들에도 온다는 것이다. 사람도 똑같고, 메시지도 똑같고, 기름부음도 똑같고, 사역 방법도 똑같다. 그러나 서구 집회에서는 몇 명의 두통, 허리 아픈 것, 소수의 관절염만 고침 받을 뿐이다.

왜 그럴까?

핵심은 존중이다.

## | 사역자를 대접하는 자세

나도 케냐, 짐바브웨, 앙골라 등 아프리카 여러 나라에서 몇 차례 사역한 적이 있다. 대개 나는 그들의 접대가 거의 불편할 지경이다. 그들이 잘못해서가 아니라 내 마음이 편치 않아서다. 그들은 나를 왕처럼 대한다. 대부분의 주최자들은 나를 최고급 호텔에 묵게 하는데, 그들의 재정 상황으로는 무척 무리를 한다는 걸 나는 안다. 그들은 내게 짐 하나, 심지어 내 성경책도 들지 못하게 한다. 음식도 최고로 대접하고, 최고의 사람들이 나를 섬긴다.

한번은 수천 명 앞에서 설교를 끝낸 뒤에 에어컨이 나오는 방으로 안내를 받았다. 하지만 그 집회에 온 사람들 가운데 에어컨을 한 번이라도 경험해 본 사람은 거의 없었다. 그 방에는 여러 여성도들이 섬기러 와 있었다. 한 여성이 다가와 내 앞에 무릎 꿇고 고개를 숙인 채 큰 대야를 앞으로 내밀었다. 그러자 다른 여성이 물병을 들고 내 손을 씻어 주었다. 손을 다 씻자 다른 여성이 들고 있던 수건으로 내 손을 닦아 주었다. 그들은 나를 존중해 내게 최고의 섬김을 베풀었다.

하지만 무릎 꿇고 내 손을 씻는 동안 나는 불편했다. '손이야 제가 씻으면 됩니다. 이러지 않으셔도 됩니다.' 그런 생각이 들었다. 그때 마치 성령께서 내게 엄히 경고하시는 것 같았다. "이들을 거절할 생각일랑 아예 말라. 너를 섬기게 두라."

존중과 예배는 다르다. 우리는 우리 주요 왕이신 하나님 한 분만 영원토록 예배해야 한다. 우리는 또한 마땅히 존중할 자들을 영원토록 존중해야 한다. 이는 하나님 나라의 마땅한 의전이다.

1990년대에 나는 어느 유명한 사도 밑의 지도자들에게 설교하는 특권을 누렸다. 이 사람이 감독하는 교회는 아프리카 대륙 18개국에 퍼져 있었고, 그 교회에 속한 교인들은 5백만 명에 달했다. 매년 2월이면 그는 담임목사 6천 명을 모두 모아 놓고, 미국이나 다른 나라 지도자를 초빙하여 목사들에게 말씀을 전하게 한다. 1990년대 전체를 통틀어 기름 부음이 가장 강력하게 역사한 때가 그때였다. 나는 말 그대로 딴 세상에서 온 사람처럼 설교했다. 하나님의 임재가 좌중을 압도했다.

집회와 집회 사이에 나는 앞에 말한 것과 비슷한 섬김을 받았다. 섬기는 사람이 나간 뒤에 이 지도자가 나를 보며 말했다. "방금 당신에게 그 일을 해 주신 분 말입니다. 그는 전국 CIA 국장입니다."

놀라 잠시 할 말을 잃었다. 겨우 평정을 되찾고 말했다. "그런 분이 나한테 그 일을 해 주셨단 말입니까?" 그런 요직에 있는 사람이 나를 위해서 그런 하찮은 일을 하다니 정말 믿어지지 않았다. 그러자 이 훌륭한 사도는 어리둥절한 표정으로 나를 쳐다보며 말했다. "당신은 하나님의 사람이지 않습니까."

나는 지금까지 20개국이 넘는 나라들을 다니며 하나님 말씀을 전했다. 그때마다 보는 현상이지만, 가장 큰 영향력과 기적들이 나타나고, 설교하기 가장 쉽고, 하나님이 가장 강력하게 임재하시는 곳들은 여러 개발도상국, 감옥, 군부대다. 그들은 존중을 보이고 권위를 공경하기 때문이다.

이것은 사역자인 나와는 정말 아무 상관없고 오히려 사람들의 영접과 관계된다. 그것을 깨닫던 때가 기억난다. 미국 남동부의 한 교회에서 말씀을 전하도록 되어 있었다. 아울러 그쪽 지역에 그 주(州)에서 가장 경계가 삼엄한 감옥이 있었는데, 재소자가 1,500명쯤 되었다. 그 교회 담임목사가 그 감옥의 보조 원목이기도 했다. 그는 내게 주일 오전에 재소자들에게 말씀을 전해 줄 수 있겠느냐고 물었다. 그곳 예배는 오전 8시고 교회 예배는 11시니 시간은 충분했기에 기쁘게 수락했다. 그날 주일 아침예배에 백 명이 넘는 재소자들이 참석했고, 그들은 온 마음으로 찬송했다.

예배가 끝나고 그날 예배에서 예배 순서와 찬양을 인도한 형제에게 형기가 얼마인지 물었다. 눈이 서글서글하고 인상이 환한 그가 평화롭고 겸손하게 나를 보며 말했다. "목사님, 저는 세 번의 종신형을 받았습니다."

충격적인 사실이었다. 그는 지극한 존중의 자세로 나를 대했다. 참석한 모든 남자들에게서도 똑같이 느꼈다. 타지에서 온 사역자가 시간을 내서 자기들을 찾아와 예수님 이야기를 해 준다는 사실에 재소자들은 감격했다. 그들이 내게 베푼 존중은 놀라웠다. 어디에서도 범죄자의 모습을 볼 수 없었다.

그날 아침, 내게는 기름부음이 아주 강했고 에너지가 철철 넘쳤다. 마치 자기 팀을 결승전에 대비시키는 운동경기 코치처럼 뛰어다녔다. 재소자들은 열광적으로 소리를 질렀다. 아주 멋진 시간이었다.

한 시간쯤 말한 후에 그 강당 안에 성령께서 임하셨다. 그 뒤로 1시간 반 동안 놀라운 일들이 벌어졌다. 그들이 구원받고, 성령 충만해지고, 병이 낫고, 전임 사역자로 부름 받았다.

예배가 끝나자 내 여행 비서가 마이크를 잡고 뺨에 눈물을 흘리며 말했다. "제가 이 지역에 산다면 여기가 제 모교회가 될 것입니다."

우렁찬 함성이 터져 나왔다. 그들은 미칠 듯이 기뻐했다.

우리는 10시 반에 감옥을 나섰다. 목사와 내 비서와 나는 잔뜩 고무되어 있었다. 그 목사의 교회에서 얼마나 놀라운 예배가 되겠는지 모두 기대에 차 있었다. 우리가 도착하면 우리 위의 영광이 흘러넘쳐 교회 예배 속으로 직행할 것만 같았다.

그 뒤에 있었던 일을 절대 잊지 못한다. 예배가 시작되자마자 나는 말문이 막혔다. 분위기가 잔뜩 굳어 있고 짓눌려 있어 설교하기가 너무 힘들었다. 자꾸만 이런 생각이 들었다. '불과 두 시간 전에 나는 강한

영감에 사로잡혀 힘차게 설교하며 사역하고 있었다. 그런데 어떻게 된 거지?'

알다가도 모를 일이었다. 분위기도 살아나지 않고 심령도 달아오르지 않았다. 숨이 막혔다. 기름부음이 뚝 끊어진 듯했다. 당시만 해도 나는 존중의 원리를 몰랐다. 배우고 있던 중이었다.

나는 모든 사람이 존중의 원리를 알기 원한다.

그 감옥에서 있었던 일이 얼마나 굉장했는지 그 의미를 짚어 보자. 16년 후에 네브래스카 주 오마하의 한 큰 교회에서 설교 부탁을 받았는데, 생각지도 못한 기쁜 일이 나를 기다리고 있었다. 그 교회 음향을 맡은 사람이 예전 주일 아침에 그 감옥에서 찬양과 예배를 인도했던 그 사람이었던 것이다. 그는 그 교회 전임 사역자이기도 했다. 충격이자 희열이었다. 나는 물었다. "어떻게 나오셨습니까? 가석방 자격 없이 세 번의 종신형을 받지 않았습니까."

그는 자기가 석방된 기적을 들려주었다. 그는 16년 전 예배 도중에 내가 자기에게 주었던 예언의 말씀을 보여 주었다. 당시 감옥 예배는 테이프에 녹음되었고 그래서 그는 내용을 필기할 수 있었다. 그는 오랜 세월 그것을 일기장에 보관하고 있었다. 그가 일기장을 건네 주어 예전 그 감옥에서 내가 그에게 주었던 말을 읽을 수 있었다. 하나님이 그를 그분 나라의 전임 사역에 쓰실 것이며, 그가 감옥 안에서 하는 사역은 나중에 밖에서 할 사역의 준비일 뿐이라는 내용이었다. 내가 그에게 그 말을 했을 때는 그가 세 번의 종신형을 받았음을 알기 전이었다. 예배 중에 그 사실을 몰랐기에 참 다행이다. 그의 혹독한 형기를 알았다면 아마 그런 말을 하지 못했을 것이다.

그 감옥 예배에서 하나님의 역사는 그만큼 강력했다. 그런데 채 한 시간도 못 되어 간 다음 교회는 분위기가 굳어 있었고, 나는 숨이 막혔다.

결국 설교를 하는 둥 마는 둥했다. 이것은 나와는 아무 상관없고 나를 하나님의 보냄 받은 자로 영접하는 사람들의 자세와 관계있다. 재소자들은 나를 귀히 보고 존중하고 중시했다. 하지만 그 뒤에 만난 교회 교인들은 몸으로 이렇게 말했다. "다 들어 본 얘기다. 외부 강사 설교도 많이 들어 봤다. 당신이라고 뭐 다른 내용이 있겠나?"

어떤 결과를 낳느냐는 단 한 단어에서 비롯되었다. 존중이다.

## | 지도자를 대접하는 자세

구약성경에 등장하는 인물인 엘가나에게는 한나와 브닌나 이렇게 두 명의 아내가 있었다. 브닌나는 자식이 있었으나 한나는 없었다. 당시 여자들은 자식 특히 아들을 낳는 것으로 남편에 대한 사랑을 표현했다. 남자의 대를 잇는 일이 매우 중요했기 때문이다.

해마다 이 가족은 실로에 가서 하나님께 제사를 드렸다. 브닌나는 자식이 계속 늘어나는데 한나는 주님께 바칠 아이가 하나도 없었다. 그래서 한나는 괴로웠다. 설상가상으로 브닌나가 한나를 약 올렸다. "그의 적수인 브닌나가 그를 심히 격분하게 하여 괴롭게 하더라"(삼상 1:6).

마침내 그해는 한나도 더 참을 수 없었다. 그녀는 적이 없는 성막에 가 하나님 임재 안에서 위안을 얻기로 했다. 괴로웠던 한나는 하나님께 기도하는 중에 서럽게 울었다.

입술은 달싹이는데 소리는 나오지 않았다. 그렇게 하나님께 간구했다. 그분이 태를 열어 아이를 주시면 그 아이를 평생, 영원히 하나님께 바치겠노라고 기도했다.

한편 대제사장 엘리가 곁에 앉아 있다 그녀의 거동을 보았다. 그는 그녀가 술에 취한 줄 알고 이렇게 말했다. "어이, 여자여! 얼마나 술에 취

해 있을 참인가? 포도주를 치우게!"(삼상 1:13-14 참조)

한나의 마음에 존중이 없었다면 아마도 그녀는 분한 마음에 불쑥 이렇게 내뱉었을 수 있다. "방금 나더러 술 취했다고 하셨나요? 나는 고민이 있어서 금식하며 하나님께 마음을 토하고 있었어요. 그런데 당신은 나를 술 취했다고 비난하는군요. 무슨 제사장이 간절히 하나님을 구하는 사람조차 알아보지 못한단 말입니까?"

만일 그랬다면 한나는 끝내 보상을 받지 못했을 것이다. 끝내 자식이 없었을 것이고, 하나님이 기도에 응답하지 않으셨다고 원망하며 죽어갔을 것이다. 그러나 한나는 그러지 않았다. "내 주여 그렇지 아니하니이다 나는 마음이 슬픈 여자라 포도주나 독주를 마신 것이 아니요 여호와 앞에 내 심정을 통한 것뿐이오니 당신의 여종을 악한 여자로 여기지 마옵소서"(삼상 1:15-16).

그녀는 자기를 모욕한 지도자를 크게 존중했다. 심지어 그를 "내 주여"라고 부른다. 그리고 자신을 그의 "여종"이라 지칭했다. 극히 존중하는 태도를 갖춘 것이다. 그러자 엘리가 그녀에게 말했다. "평안히 가라 이스라엘의 하나님이 네가 기도하여 구한 것을 허락하시기를 원하노라"(17절).

한나는 석 달 만에 잉태하여 아기 사무엘을 낳았다. 그는 장차 온 이스라엘에 부흥을 가져올 자였다. 한나의 오랜 소원과 기도는 자기를 무시하는 제사장을 존중한 뒤에야 이루어졌다. 나중에 하나님은 엘리에 대하여 이렇게 말씀하셨다. "내가 그의 집을 영원토록 심판하겠다고 그에게 말한 것은 그가 아는 죄악 때문이니 이는 그가 자기의 아들들이 저주를 자청하되 금하지 아니하였음이니라 그러므로 내가 엘리의 집에 대하여 맹세하기를 엘리 집의 죄악은 … 영원히 속죄함을 받지 못하리라 하였노라 하셨더라"(삼상 3:13-14).

영원히 용서받지 못한다고 하셨다. 그야말로 당신이나 당신 가족에 대해서 하나님께 절대로 듣고 싶지 않을 말씀이다.

그러나 한나는 이 사람을 존중해서 하나님께 큰 보상을 받았다. 이는 엘리의 행동과는 무관하게 오직 자기 위의 권위 있는 사람을 영접한 한나의 자세에서 말미암은 것이다. 우리도 자기 윗사람들을 존중하면 그 직위를 통하여 주시는 하나님의 보상을 받는다.

선지자나 지도자의 보상을 계속 논하기에 앞서 우선 권위의 중요성 또는 가치를 살펴볼 필요가 있다. 일단 이 진리가 마음속에 정립되면, 윗사람들을 진심으로 존중할 수 있다.

존중의 의미를 다시 떠올려 보라. 존중이란 "중시하다, 중요하고 귀하게 보다"는 뜻이다. 우리가 존중하는 대상이 권위 있는 사람이라면, 존중에는 존경과 나아가 공경의 의미까지 들어간다. 「웹스터 사전(1828년 판)」에 보면 공경의 정의가 "존경하고, 존중하고, 공손히 복종으로 대하며 해당 의무를 수행한다"고 되어 있다. 이 정의에서 권위에 복종함이 참된 존중의 일부임을 추가로 볼 수 있다.

말로는 권위를 존중한다 하면서 복종하고 순종하지 않는다면 그것은 자신을 속이는 일이다. 권위를 존중함은 곧 권위에 복종하는 것과 같다. 권위에 복종하지 않는 것은 권위를 경멸하는 것이다. 로마 장교를 다시 떠올려 보라. 그는 권위를 알아보고 인정하고 거기에 복종했다. 권위는 그의 존재의 일부였고, 그의 마음속에 있었다. 그래서 그는 예수님을 크게 존중했고 온전한 보상을 받았다.

말로는 권위를 존중한다 하면서 복종하고 순종하지 않는다면 그것은 자신을 속이는 일이다. 권위를 존중함은 곧 권위에 복종하는 것과 같다.

## | 권위의 네 영역

자칫 하나님 나라의 위임된 권위를 확실히 알지 못한 채, 그것을 거의 혹은 전혀 존중하지 않기 쉽다. 오늘 우리 사회에서 특히 그렇다. 권위와 존중의 진리가 우리 마음에 정립되어 있어야 한다.

> 각 사람은 위에 있는 권세들에게 복종하라 권세는 하나님으로부터 나지 않음
> 이 없나니 모든 권세는 다 하나님께서 정하신 바라 그러므로 권세를 거스르는
> 자는 하나님의 명을 거스름이니(롬 13:1-2).

이 말은 권유도, 충고도 아닌 명령이다. "각 사람"이라는 말에서 알 수 있듯이 어느 누구도 예외일 수 없다. 예수님의 이름을 부르는 자는 누구나 이 명령에 충실해야 한다.

"위에 있는 권세들"이란 누구인가? 이 본문에서 바울이 가리키는 이들은 바로 정부 권세들이다. 그러나 이 권고의 말씀은 정부 지도자들에게만 아니라 다른 영역들의 위임된 권위에도 적용된다.

신약성경에 네 가지 영역의 위임된 권위가 나온다. 정부, 교회, 가정, 사회다. 사회에는 고용주, 상사, 교사, 코치 등이 들어간다. 신약성경에 각 영역마다 구체적 지침이 나오지만, 대부분의 경우 그 권고는 경계선을 넘어 모든 영역의 위임된 권위에 미친다.

다시 말하지만, 예수님은 선지자의 이름으로 선지자를 영접함에 대하여 이르시면서 그것을 의인 그리고 끝으로 작은 자와 병치시키셨다. 이처럼 우리가 접하는 사람들에는 세 가지 수준이 있다. 우리 위의 사람들, 우리 수준의 사람들, 우리의 권위 아래 있는 사람들이다. 윗사람들의 경우, 비록 그분이 구체적으로 '선지자'라는 교회 권위를 말씀하시지만, 그 원리는 경계선을 넘어 모든 영역의 권위에까지 이른다.

너희가 조세를 바치는 것도 이로 말미암음이라 그들(권위들)이 하나님의 일꾼

이 되어 바로 이 일에 항상 힘쓰느니라 모든 자에게 줄 것을 주되 조세를 받을 자

에게 조세를 바치고 관세를 받을 자에게 관세를 바치고 두려워할 자를 두려워하

며 존경(존중)할 자를 존경(존중)하라(롬13:6-7).

정부 권위자들은 하나님께 임명받아 그분을 위하여 일한다. 그러므
로 그들을 존중하는 것은 그들을 임명하신 그분을 존중하는 것이다. 그
러면 하나님도 우리를 존중해 주신다. 이것이 바로 존중의 원리다. 사
회 권위에 대해서는 이렇게 말씀하신다.

무릇 멍에 아래에 있는 종들은 자기 상전들을 범사에 마땅히 공경(존중)할 자

로 알지니(딤전 6:1).

이렇게 받아들일 수도 있다. "무릇 고용 아래에 있는 직원들은 자기
고용주 내지 상사들을 범사에 마땅히 존중할 자로 알지니." 또는 이렇
게 읽을 수도 있다. "무릇 교육 아래에 있는 학생들은 자기 교사들을 범
사에 마땅히 존중할 자로 알지니." 운동선수와 코치 관계를 비롯해 한
쪽에서 한쪽에 복종하는 관계 유형이라면 다 마찬가지다.

가정의 권위에 대해서는 이렇게 말씀하신다.

네 아버지와 어머니를 공경(존중)하라 이것은 약속이 있는 첫 계명이니 이로써

네가 잘되고 땅에서 장수하리라(엡 6:2-3).

부모를 존중할 때 따르는 보상이 명령에 같이 붙어 있다. 여기에 대해
서는 뒤에서 더 깊이 살펴볼 것이다. 끝으로 교회 권위에 대해서는 이

렇게 말씀하신다.

> 형제들아 우리가 너희에게 구하노니 너희 가운데서 수고하고 주 안에서 너희
> 를 다스리며 권하는 자들을 너희가 알고(존중하고) 그들의 역사로 말미암아 사랑
> 안에서 가장 귀히 여기며(살전 5:12-13).

하나님은 우리에게 각 영역의 위임된 권위를 존중하라 명하신다. 그
리할 때 존중의 원리가 작용하고 나아가 보상을 받는다. 단, 그것이 온
전한 보상이냐 부분적 보상이냐는 우리가 권위를 중시하는 정도에 달
려 있다.

하나님 나라(kingdom of God)는 말 그대로 왕국임을 잊어서는 안 된다.
그 나라에는 서열과 질서와 위임된 권위가 있다. 나는 오랜 세월 이 말
을 전해 왔지만, 온 세상 모든 대륙에서(남극 대륙만 빼고) 복음을 전하면서
깨달은 것이 있다. 세상에서 하나님의 사정을 전달하기에 가장 어려운
대상은 서구 세계 사람들이다. 이유는? 다음 문장에 있다.

"우리는 민주주의 사고방식으로 왕국의 원리를 이해하려는 사람들이
다."

하나님 나라는 민주주의가 아니다. 그러므로 민주주의 사고방식으로
하나님을 대하면 그분과 소통할 수 없다. 우리는 그분 권위의 보호 밖
에 있게 되며, 길을 잘못 들기 쉽다. 그래서 예수님은 우리 세대의 수많
은 사람들이 미혹되리라 하신 것일까?

오늘 우리 문화는 이전 어느 때보다도 권위를 우습게 안다. 하지만 더
걱정스러운 것은, 일반 사회만 그런 게 아니라 신자들 사이에서도 그렇
다는 것이다. 모든 정당한 권세는 하나님한테서 온 것이며, 보호와 공
급과 평화를 위해 주신 것이다. 그 점을 한시도 잊어서는 안 된다.

이런 서구 사고방식 때문에 미국 내 대다수 교회가 분열하고, 수많은 사람들이 가정 교회에 다닌다. 이들 신자들은 예수 그리스도께서 친히 세우신 권위 아래 있을 마음이 없다. 혹자는 "하지만 중국 교회는 가정 교회로 존재하지 않느냐?"고 말할 것이다. 맞는 말이다. 그러나 그들은 드러나게 모일 수 없기에 그럴 수밖에 없다.

그들은 또한 하나님 말씀의 원리에 따라 굉장히 조직적이다. 놀라운 권위 체계가 있다. 올해 나는 부탁을 받아 다섯 명의 중국 지하교회 지도자를 만났는데, 이들 다섯 사람이 수천만의 생명을 감독하는 일을 맡고 있다. 그들은 지하교회를 지도하는 장로들이다. 그들은 어찌나 조직이 잘되어 있는지, 우리 사역기관에서 그 교회들에 보낸 책 25만 부가 며칠 만에 다 배부되었을 정도다. 게다가 그들의 권위 체계는 성경적 권위와 맥을 같이한다.

하지만 미국에 우후죽순처럼 생겨나는 대다수 가정 교회는 그렇지 않다. 그들에게는 진정한 신약적 통치와 감시가 없다. 서신서를 잘 보면 바울이 디도나 디모데 사도 같은 이들에게 늘 하는 말이 있다. 보냄 받은 교회에 장로를 세우라는 것이다. 그러면 그 지도자들은 교회를 바로잡고 책망하고 권고하고 세워야 했다. 예수께서 세우신 권위 체계가 감시 기능을 하기 때문이다. 하지만 미국의 가정 교회에서는 그런 모습을 찾아보기가 어렵다. 오히려 상처받거나 실족해서 교회 체제에 환멸을 느낀 신자들이 많다. 결국 그들은 감시 없이 살려고 가정 교회에 나간다.

교회를 세우신 분은 예수님이지 인간이 아니다. 사도행전에 보면 신자들은 단체로 모였고 집집마다 모였다. 이처럼 가정에서 모이는 것은 좋은 일이다. 다만 몸 된 지역교회가 지도와 감시의 의무를 충실히 감당해야 한다. 그리고 지역교회의 책임자는 바로 장로들이다.

## | 하나님이 세우신 권위에 순종하기

로마서 말씀으로 돌아가서, 우리 각 사람은 "위에 있는 권세들"에게 복종해야 한다. "권세는 하나님으로부터 나지 않음이 없"(13:1)기 때문이다. 우주의 모든 적법한 권세는 하나님의 왕좌에서 기원한다. 당신이 정말 성령으로 거듭났다면 권위를 알아보고 존중할 것이다. 사실 권위를 존중하지 않는 사람이 있다면 그는 하나님의 자녀가 아니다. 그가 '영접 기도'를 드렸고 매주 교회에 나간다 해도 상관없다. 마음으로 권위를 존중하지 않는 사람은 구원받지 못했다.

예수님이 말씀하시기를, 참된 신자란 그 열매로 아는 것이지 어떤 공식적 기도를 드렸다는 사실로 아는 것이 아니라 하시지 않았는가? 하나님을 알고 사랑하는 사람은 그분의 권위를 알아본다. 하나님을 아는 것은 곧 권위를 아는 것이기 때문이다.

바울은 계속해서 "모든 권세는 다 하나님께서 정하신 바"(롬 13:1)라고 했다. 모든 권세는 사람들이 선출하거나 뽑는 것이 아니라, 하나님이 친히 그들을 정하신다. 이 구절의 '정하다'라는 단어는 그리스어 타소(tasso)로, '지명하다, 임명하다, 세우다'라는 뜻이다. 이 단어에 '우연'의 의미는 조금도 들어 있지 않다. 이처럼 모든 권세는 하나님이 임명하셨으므로, 그들을 경멸하거나 복종을 거부한다면 배후의 권세이신 그분을 거부하는 것과 같다. 하나님이 위임하신 권위에 대항하는 것은 하나님께 대항하는 것이다. 그래서 사도는 "권세를 거스르는 자는 하나님의 명을 거스름이니"(롬 13:2)라고 썼다.

이 진리를 처음 깨닫던 때가 기억난다. 1992년에 빌 클린턴이 미국 대통령으로 선출되었다. 사흘쯤 뒤 갑자기 우울하고 화가 났다. 그때 성령께서, 그분 모르게 관직에 오르는 사람은 아무도 없음을 내게 깨우쳐 주셨다. 내 마음속에 주신 이 계시의 결과로 나는 클린턴 대통령을 비판하던 자리에서 그를 인하여 하나님께 감사하고 기도하고 경외하는 자리로 나아갔다. 하나님은 사도 바울을 통하여 우리에게 말씀하신다. "내가 첫째로 권하노니 … 간구와 기도와 도고와 감사를 하되 임금들과 높은 지위에 있는 모든 사람을 위하여 하라 이는 우리가 모든 경건과 단정함으로 고요하고 평안한 생활을 하려 함이라"(딤전 2:1-2).

평안한 삶은 권위를 공경할 때 가능하다. 이는 하나님이 권위를 존중하는 사람들에게 주시는 보상의 하나이기 때문이다. 그러므로 그리스도인이 권위 있는 자들을 존중하지 않는 것은 문제를 자초하는 것과 같다.

> 평안한 삶은 권위를 공경할 때 가능하다. 이는 하나님이 권위를 존중하는 사람들에게 주시는 보상의 하나다.

핍박에는 두 가지 종류가 있다. 하나는 스스로 자초하는 것이고, 또 하나는 의를 위해 기꺼이 감당하는 것이다. 사도 베드로는 두 가지를 다 언급한다. 전자에 대해서는 "죄가 있어 매를 맞고 참으면 무슨 칭찬이 있으리요"(벧전 2:20)라고 말한다. 잘못을 범하면 우리는 그에 합당한 벌을 받는다. 당신이 정지 신호를 무시하고 달렸는데 백미러에 경찰차의 불빛이 깜빡인다면, 공연히 마귀를 탓하지 말라. 그게 바로 하나님께서 권위들을 세우신 한 이유인 까닭이다. "다스리는 자들은 선한 일에 대하여 두려움이 되지 않고 악한 일에 대하여 되나니 네가 권세를 두려워하지 아니하려느냐 선을 행하라 그리하면 그에게 칭찬을 받으리라"(롬 13:3).

스스로 자초하는 핍박을 면하는 길은 아주 쉽다. 권위에 순종하라. 그러면 아무 문제도 없을 것이다.

의를 위하여 감당하는 핍박은 옳은 일을 하고도 권위에게 벌을 받는 것을 가리킨다. 베드로는 이렇게 말한다. "그러나 선을 행함으로 고난을 받고 참으면 이는 하나님 앞에 아름다우니라 이를 위하여 너희가 부르심을 받았으니 그리스도도 너희를 위하여 고난을 받으사"(벧전 2:20-21).

부당한 대우를 받고도 계속 선한 직원, 학생, 시민, 교인으로 남는다면 그거야말로 최고의 존중이다. 나를 부당하게 대하는 사람들을 계속 귀하게 대하는 것은 마음으로 하나님을 경외할 때에만 가능하다.

그런데 오늘날 많은 사람들은 이 말씀에 충실하기는커녕 이렇게 반박한다. "나는 자유인이다. 그리스도인이다. 나는 자유 국가에 살고 있다. 이런 말도 안 되는 일을 참을 필요가 없다!"

맞다, 당신은 자유인이다. 하지만 하나님 말씀에 또한 뭐라고 되어 있는지 잊지 말라. "형제들아 너희가 자유를 위하여 부르심을 입었으나 그러나 그 자유로 육체의 기회를 삼지 말고"(갈 5:13).

우리는 부당한 대우를 당하면 바르게 대처하며 살라고 부름 받았다. 이어지는 베드로의 말을 들어 보라. "이를 위하여 너희가 부르심을 받았으니(너희 소명과 뗄 수 없으니) 그리스도도 너희를 위하여 고난을 받으사 너희에게 본을 끼쳐 그 자취를 따라오게 하려 하셨느니라"(벧전 2:21).

예수님의 본은 무엇이었던가? 그분은 옳은 일만 하시고도 악을 행했다고 권위에게 벌을 받으셨다. 여기서 아주 오랜 질문이 나온다. 우리는 불경한 권위에도 복종하고 나아가 존중해야 하는가? 특히 그들이 우리를 부당하게 대할 때도 그래야 하는가?


| 다윗의 존중

많은 사람들이 내게 이렇게 반박하곤 한다. "하지만 나는 아주 까다롭고 심지어 악한 권위들을 알고 있다. 그런 사람들도 하나님이 임명하셨다는 말인가? 나아가 그런 사람들한테도 복종해야 한단 말인가? 예외가 있지 않겠는가?"

물론 비열하고 폭압적이고 불의한 권위들도 많다. 성경에도 그런 사람들이 가득하다. 하나님 말씀에 뭐라고 했는가? 성경은 모든 권세가 하나님한테서 왔다고 했지 모든 권세가 경건하다고 하지는 않았다.

신약 기자들을 통하여 그분의 자녀들에게 권위에 복종하라고 명하실 때 하나님은 불경한 권위들이 있음을 아셨다. 사실 많은 불경한 권위들이 이미 구약성경에 기록되어 있었다. 바로를 보라. 그는 하나님의 언약 백성인 아브라함 자손을 잔인하게 대했다. 그들을 압제하고 심지어 그 자식들을 죽이기까지 했다.

바로의 권세는 어디서 왔는가? 성경에 보면 하나님이 바로에게 "내가 너를 세웠음은"(출 9:16)이라 말씀하셨다. 바울도 서신서에 그것을 확증했으며(롬 9:17 참조), 진리는 두 증인의 증언으로 확정된다(요 8:17 참조). 바로를 세워 권세의 자리에 둔 것은 하나님이시다. "모든 권세는 다 하나님께서 정하신 바라"(롬 13:1)는 말씀과 상통한다.

바빌론 왕 느부갓네살을 보라. 그는 유다를 멸하고 성전과 하나님 백성의 거의 모든 집을 약탈했다. 그의 제국은 마침내 당시의 온 세상을 제패했다. 하지만 그는 하나님의 방식에 어찌나 불순종했던지 재위 중에 미치광이가 되어 인간 세상에서 쫓겨났다. 그는 들짐승들과 함께 살며 소처럼 풀을 먹었다. 머리털이 독수리 털처럼, 손톱이 새 발톱처럼 자라기까지 그의 몸은 아침 이슬에 젖었다(단 4:33 참조). 그러나 하나님은 이 사람에 대해서 분명히 말씀하셨다. "보라 내가 내 종 바벨론의 느부갓네살 왕을 불러오리니"(렘 43:10). 하나님은 그를 "내 종"이라 부르셨다. 역시 "모든 권세는 다 하나님께서 정하신 바"이기 때문이다.

사울 왕을 보라. 많은 사역자들이 "사울은 인간의 선택이었지만 다윗은 하나님의 선택이었다"고들 말한다. 이는 하나님 말씀의 본 뜻에 어긋나는 대단히 잘못된 생각이다. 이런 무지한 말들은 그리스도인에게 해를 끼칠 수 있다. 적법한 권위 가운데 더러는 하나님이 아니라 인간이 정했을 수 있다고 암암리에 가르치기 때문이다. 이는 다시 사람들이 존중을 거두고 일부 권위에 복종하지 않게 하고, 그리하여 결국 해를 자초하게 한다. 이 불경하고 정서 불안한 미치광이 왕에 대하여 하나님이 친히 뭐라고 말씀하셨는지 들어 보라. "내가 사울을 왕으로 세운 것을 후회하노니 그가 돌이켜서 나를 따르지 아니하며"(삼상 15:11).

하나님은 "내가 사울을 왕으로 세운 것"이라 하셨다. 사람들이 아니라 하나님이 그를 임명하셨다.

다윗은 성경에 "하나님 마음에 합한 자"로 불린 유일한 사람이다. 그런 그를 하나님은 사울의 권위 아래 두셨다. 그것도 사울을 왕으로 세우신 것을 후회하신다고 친히 말씀하신 후에 말이다. 이것은 우연이 아니라 하나님의 계획이었다.

처음에 다윗이 사울의 목적에 부합될 때만 해도 사울은 그를 총애하며 친절하게 대했다. 그러나 일단 다윗을 자신의 안전을 위협하는 존재로 인식하자 사울은 시기심으로 사나워져 다윗을 죽이려 했다. 그래서 다윗은 목숨을 부지하려고 도망가 숨어야 했다.

이후 14년 동안 다윗은 굴, 광야, 여러 벽지, 심지어 외국 땅에서 살았다. 16세부터 30세까지 다윗은 고향 집에 갈 수 없었다. 그렇게 가족들과 유년의 모든 친구들을 떠나 유랑했다. 절친한 친구 요나단과도 더 이상 함께 지낼 수 없었다. 그랬다가는 사울에게 발각돼 목숨을 잃을 참이었다. 14년 동안 청년 다윗은 자신이 아끼던 모든 것을 잃었다. 하나님이 그를 사울이라는 지도자 밑에 두셨기 때문이다. 하나님이 그분 마음에 합한 자에게 어찌 그러실 수 있는가?

한편 하나님이 사울을 세우신 것을 후회하신다고 말씀하신 후에도 다윗은 여전히 왕을 존중하고 그에게 복종했다. 다윗은 사울에게 자신의 무죄를 거듭 입증했으나 사울은 계속 그의 목숨을 노렸다. 유랑 생활이 몇 년 지났을 때, 지도자 때문에 생겨난 불행을 끝낼 기회가 다윗에게 찾아왔다. 엔 게디 광야에서 사울을 죽일 기회가 온 것이다. 왕과 군대는 엔 게디 굴 속에서 무장을 풀었다. 다윗과 그 부하들이 완전무장한 채로 굴 안쪽에 숨어 있는 것을 그들은 몰랐다. 부하들은 다윗에게 사울을 죽이라고 부추겼다. 그들은 하나님 말씀을 잘못 적용하면서까지 그를 재촉했다. "보소서 여호와께서 당신에게 이르시기를 내가 원수를 네 손에 넘기리니 네 생각에 좋은 대로 그에게 행하라 하시더니 이것이 그날이니이다"(삼상 24:4).

그들은 사실상 이렇게 호소했다. "다윗이여, 사울 왕은 미치광이이며 나라를 망하게 하고 있고 무죄한 가족들과 제사장들을 죽였습니다. 위대한 선지자 사무엘이 당신에게 기름을 부어 이스라엘의 다음 왕으로 삼으셨고 하나님도 그렇게 말씀하셨습니다. 당신이 먼저 그를 죽이지 않으면 그가 당신을 죽입니다. 이것은 정당방위이니 어떤 법정에서도 인정하고 당신에게 무죄를 선고할 것입니다!"

이 정도 논리라면 흠 잡을 데가 없다. 사울의 부당한 고발과 공격 때문에 다윗과 자기들의 삶이 비참해졌다는 그 뻔한 사실은 굳이 언급할 필요도 없었다.

하지만 다윗은 끝까지 그들의 압력에 설득당하지 않았다. 오히려 거기서 한 가지 아이디어를 얻었다. 사울의 옷자락을 베어 자신의 무죄를 입증하기로 한 것이다. 다윗이 그를 죽일 수 있었는데도 자제하고 부하들을 말렸다는 증거가 있다면, 사울도 더 이상 다윗이 자기 왕위를 빼앗을까 봐 걱정하지 않고 그를 죽이려는 추격을 멈출 거라 생각한 것이다.

그런데 지도자의 옷을 벤 다윗은 양심이 찔려 괴로워한다. 그 행위는 왕을 경멸하는 행위였기 때문이다. 속히 마음을 추스른 다윗은 부하들에게 엄히 명했다. "어리석은 말을 그치라. 우리는 사울을 치지 않는다. 그는 나의 왕이다. 하나님이 택하신 왕을 어떻게든 해치지 않도록 주께서 나를 지켜 주시기를 기도한다"(6-7절, CEV).

그러나 어차피 왕의 옷에 손을 댄 터라 다윗은 원래대로 자신의 무죄를 보이기로 했다. 그는 자기 지도자에게 멀리서 소리쳤다.

> 보소서 다윗이 왕을 해하려 한다고 하는 사람들의 말을 왕은 어찌하여 들으시나이까 오늘 여호와께서 굴에서 왕을 내 손에 넘기신 것을 왕이 아셨을 것이니이다 어떤 사람이 나를 권하여 왕을 죽이라 하였으나 내가 왕을 아껴 말하기를 나는 내 손을 들어 내 주를 해하지 아니하리니 그는 여호와의 기름 부음을 받은 자이기 때문이라 하였나이다 내 아버지여 보소서 내 손에 있는 왕의 옷자락을 보소서 내가 왕을 죽이지 아니하고 겉옷 자락만 베었은즉 내 손에 악이나 죄과가 없는 줄을 오늘 아실지니이다 왕은 내 생명을 찾아 해하려 하시나 나는 왕에게 범죄한 일이 없나이다 여호와께서는 나와 왕 사이를 판단하사 여호와께서 나를 위하여 왕에게 보복하시려니와 내 손으로는 왕을 해하지 않겠나이다(삼상 24:9-12).

행여 원수를 갚아야 했다면 다윗은 그것을 하나님께 맡겼다. 다만 자기 행동으로는 사울을 존중했다. 그는 자기 삶을 비참하게 만든 사람을 "내 아버지"라고 부르기까지 했다. 다윗의 선한 마음에 크게 감동한 사울은 이렇게 되받아 외쳤다. "나는 너를 학대하되 너는 나를 선대하니 너는 나보다 의롭도다"(17절). 그러고서 사울은 부하들과 함께 돌아갔다.

다윗이 자신의 무죄를 입증했으니 이제 사울이 그를 놓아주었을 법도 하다. 하지만 이 잔인한 지도자에게는 천만의 말이다. 얼마 지나지 않아 다윗이 하길라 산에 숨어 있다는 말을 들은 사울은 다시 이스라엘 최고 병사 3천 명을 데리고 다윗을 죽이러 추격에 나섰다.

다윗의 참담한 심정이 상상이 되는가? 불과 얼마 전에 그는 사울에게 자신의 무죄를 입증했다. 그런데도 사울은 계속 그의 목숨을 노리고 있다. 이거야말로 다윗이 사실이 아니기를 바랐던, 자기 지도자가 무참한 살인자라는 확실한 증거였다. 이보다 더 격분할 일이 있을까. '나는 정당방어로 내 지도자를 쉽게 죽일 수 있었는데도 그의 목숨을 아껴 그를 존중했다. 그런데 존중을 보인 보답이 이거란 말인가?'

곧 다윗은 하나님이 사울 군대를 깊이 잠들게 하셨음을 알게 되었다 (삼상 26:12 참조). 그는 사울의 진으로 몰래 건너갈 사람을 찾았다. 완벽한 자원자가 나섰으니 요압의 동생 아비새였다. 다윗과 아비새는 밤중에 사울 군대의 진영으로 갔다. 사울은 진 한복판 아브넬 곁에 곤히 잠들어 있었다. 그러자 아비새가 다윗에게 말했다. "하나님이 오늘 당신의 원수를 당신의 손에 넘기셨나이다 그러므로 청하오니 내가 창으로 그를 찔러서 단번에 땅에 꽂게 하소서"(8절).

선뜻 답하지 못하고 머뭇거리는 다윗의 모습이 그려진다. 그는 생각한다. '내 모든 불행, 나만이 아니라 내 부하들과 사랑하는 조국의 불행을 이 순간 끝낼 수 있다. 여기 충성밖에 모르는 내 부하가 있다. 그가 내게 논리적인 일을 하자고 간청하고 있다. 나만이 아니라 내 모든 부하들을 위해서도 논리적인 일이다. 이 충실한 부하들은 가족을 다시 만나고 싶을 것이다. 내가 왜 내 부하들이 아니라 사울에게 충성해야 하는가? 사울은 나한테 거짓말을 했다. 그는 백성에게 내가 반역자라고 말해 내 평판을 앗아갔다. 그는 내 아버지 집의 아들로서의 그리고 이스라엘 시민으로서의 내 특권을 앗아 갔다. 그는 내 아내를 빼앗아 다른 남자한테 주었다(삼상 25:44 참조). 그는 내 모든 소유를 빼앗아 갔다.'

아비새의 목소리에 그의 생각이 끊긴다. "다윗이여, 뭐하고 있습니까? 왜 머뭇거리며 내게 이 괴물을 죽이라는 명령을 내리지 않는 겁니까?"

아비새의 이어지는 말이 귀에 들릴 듯하다. "안 할 생각이라는 말 따위는 하지도 마십시오. 당신은 누누이 무죄를 입증했습니다. 엔 게디 굴을 생각해 보십시오. 그가 손안에 들어왔는데도 당신은 목숨을 살려 주었습니다. 당신이 그에 대한 충성을 의문의 여지없이 입증했는데도 그는 계속 당신의 목숨을 노리고 있습니다. 이건 정당방위입니다. 어떤 법정에서도 이깁니다."

그래도 반응이 없다. 이제 아비새는 몸이 달아 안달한다. "다윗이여, 당신은 위대한 선지자 사무엘한테 이스라엘의 다음 왕으로 기름부음을 받았습니다. 당신은 우리 민족을 이 악한 왕한테서 구할 사람입니다. 그가 놉의 제사장 여든다섯 명과 그 아내들과 어린 아기들을 무참히 학살한 일을 기억합니까? 단지 그들이 우리에게 먹을 빵을 주었다는 이유로 말입니다(삼상 22장 참조). 이 자는 추악한 살인자입니다!"

마침내 아비새가 버럭 내뱉는다. "다윗이여, 하나님이 왜 이 군대를 몽땅 깊이 잠들게 하셨다고 봅니까? 당신더러 이 악한 왕한테서 나라를 구하라고 그렇게 하신 겁니다!"

다윗은 충성스런 친구의 조언을 저울질해 보았다. 논리는 맞지만 하나님 말씀에 어긋났다. 그래서 다윗은 아비새의 말을 정당방어에 대한 자신의 생각과 함께 버리고 이렇게 엄히 명했다. "죽이지 말라 누구든지 손을 들어 여호와의 기름 부음 받은 자를 치면 죄가 없겠느냐 하고 다윗이 또 이르되 여호와께서 살아 계심을 두고 맹세하노니 여호와께서 그를 치시리니 혹은 죽을 날이 이르거나 또는 전장에 나가서 망하리라 내가 손을 들어 여호와의 기름 부음 받은 자를 치는 것을 여호와께서 금하시나니"(삼상 26:9-11).

다윗은 부하를 제지했고, 둘은 함께 진을 떠났다.

하나님은 왜 그 군대를 깊이 잠들게 하셨을까? 다윗의 마음을 시험하시기 위해서였다. 그가 하나님 마음에 합한 자로 남을지, 아니면 사울처럼 되어 제 힘으로 나설지 보시기 위해서였다. 다윗에게 닥친 인생의 결정적 순간이었다.

하지만 왕이 온갖 짓으로 다윗을 경멸했을 때조차도 다윗은 왕을 존중했다. 보상은 다윗의 생각보다 클 것이었다. 잔인한 지도자를 중시하고 존중한 이 사람에 대하여 하나님이 뭐라고 말씀하시는지 보라.

> 내가 내 종 다윗을 찾아내어 나의 거룩한 기름을 그에게 부었도다 내 손이 그와 함께 하여 견고하게 하고 내 팔이 그를 힘이 있게 하리로다 원수가 그에게서 강탈하지 못하며 악한 자가 그를 곤고하게 못하리로다 내가 그의 앞에서 그 대적들을 박멸하며 그를 미워하는 자들을 치려니와 나의 성실함과 인자함이 그와 함께하리니 … 내가 나의 거룩함으로 한 번 맹세하였은즉 다윗에게 거짓말을 하지 아니할 것이라 그의 후손이 장구하고 그의 왕위는 해 같이 내 앞에 항상 있으며 또 궁창의 확실한 증인인 달같이 영원히 견고하게 되리라 하셨도다(셀라)(시 89:20-24, 35-37).

다윗은 사울의 잔인함 너머 그의 권위를 보았다. 그는 존중의 원리대로 살았다. 하나님이 두신 윗사람을 존중한다는 것은 곧 하나님을 존중하는 것이다. 그리고 그가 하나님을 존중하면 하나님도 그를 존중하신다. 하나님이 다윗을 얼마나 극진히 존중하셨는지 위 시편 말씀을 보면 알 수 있다. 정말 큰 보상이었다.

그 사건이 있고 얼마 안 되어 하나님은 사울을 심판하셨다. 블레셋 부족과의 전쟁 중에 죽임을 당한 것이다. 그가 죽었다는 소식을 듣고 다윗은 사울과 요나단을 위하여 사랑 노래를 지었고, 유다 온 시민에게 가르쳐 부르게 했다. 자기 지도자가 심판받은 후에도 지도자를 존중한 것이다.

인간을 적법한 권위에 두는 것은 하나님이시다. 인류 역사를 통틀어 모든 지도자는 하나님이 임명하셨다. 그들의 행동이 선하든 까다롭든 관계없다. 그들은 특정한 이유가 있어 임명되었다. 절대로 우연이 아니다. 하나님의 무오한 말씀을 다시 되풀이한다. "모든 권세는 다 하나님께서 정하신 바라"(롬 13:1).

모든 지도자는 하나님이 임명하셨다. 그들의 행동이 선하든 까다롭든 관계없다. 그들은 특정한 이유가 있어 임명되었다. 절대로 우연이 아니다.

나를 부당하게 대하는 사람들을 계속 귀하게 대하는 것은
마음으로 하나님을 경외할 때에만 가능하다.

4장

# 불의한 권위에 대처하는 법

까다로운 권위에도 복종하라고 하신 것은, 우리가 직접 억울함을 풀지 않고
하나님을 의지할 때 우리 안에 경건한 성품이 이루어지기 때문이다.

권위에 있는 자들이 우리를 부당대우해도 그 잔인한
권위에 복종해야 하는가? 다윗의 삶에 답이 있다. 다윗이 그랬던 것처
럼 권위가 불경할지라도 그 권위에 복종하는 것이 하나님의 뜻이다. 그
러나 거기서 한 걸음 더 나아가 직답을 들어 보자. 그러려면 사도 베드
로에게 가야 한다.

> 사환(직원, 학생, 시민, 교인 등)들아 범사에 두려워함으로 주인(고용주, 상사, 교사,
>
> 교회 지도자, 정부 권위)들에게 순종하되 선하고 관용하는 자들에게만 아니라 또
>
> 한 까다로운 자들에게도 그리하라(벧전 2:18).

선하고 관용하는 지도자들은 우리가 성장하고 발전하는 데 매우 중요
하다. 그러나 베드로는 선하고 관용하는 자들만 지칭하지 않고, 까다로

운 자들에게도 복종해야 한다고 명시하고 있다.

"두려워함으로"라는 말에 베드로가 명한 순종의 비결이 들어 있다. 다시 말하지만, 참된 존중은 마음에서 비롯되며 하나님을 경외함에서 흘러나온다. 많은 사람들은 권위에게 이렇게 말하는 경향이 있다. "내가 당신을 존중하고 복종할 수 있으려면 당신이 먼저 내 존경심을 얻어내야 한다."

그러나 선지자 이사야에 따르면, 여호와를 경외하는 사람은 눈에 보이는 대로나 귀에 들리는 대로 판단하지 않고 의로운 판단으로 판단한다(사 11:3 참조). 그러므로 마음으로 여호와를 경외하는 사람은 지도자에게 이렇게 말한다. "나는 하나님에게서 난 권위가 당신에게 있음을 압니다. 그러므로 나는 이미 당신을 공경하고 존중합니다. 당신이 그것을 얻어낼 필요가 없습니다."

명령 끝부분을 다시 보라. "순종하되 선하고 관용하는 자들에게만 아니라 또한 까다로운 자들에게도 그리하라." 어느 날 이 구절을 묵상하다가 이런 생각이 들었다. '까다롭다고? 이 NKJV에는 이 단어가 약간 극단적으로 표현되어 있을 수도 있어. 그리스어 원어를 보자.'

먼저 테이어(Thayer)의 사전을 보니 '까다롭다'는 그리스어로 스콜리오스(skolios)다. 뜻은 '비뚤어지다, 괴팍하다, 악하다, 불공평하다, 주제넘다'로 되어 있다. 더 심했다. 그래서 행여 숨통이 트일까 싶어 신약성경 그리스어 원어의 또 다른 전문가 바인(W. E. Vine)의 사전을 보았다. 거기에는 이 단어의 정의가 '포악하거나 부당한 주인(지도자)들'로 나와 있다.

거기서 연구를 그만둘 수 없었다. 그런데 다른 역본들은 NKJV보다 더 심했다. NCV에는 "선하고 친절한 이들뿐 아니라 부정직한 이들에게도"라고 되어 있다. CEV에는 "친절하고 자상한 이들에게만 아니라 가혹한 이들에게도 그리하라"고 했다. NASB에는 "터무니없는 이들"이라고 되어 있다.

이제 우리 스스로에게 물어봐야 할 때다. "하나님은 자녀를 학대하시는 분인가?" 아니다. 그분은 우주 최고의 아버지이시다. 그분께는 사랑이 있는 정도가 아니라 그분 자신이 사랑이시다. 그렇다면 정리해 보자. 사랑 많으신 내 하늘 아버지께서 그분의 자녀인 나에게 명하시기를, 까다롭고 가혹하고 비뚤어지고 괴팍하고 포악하고 부당하고 부정직한 지도자에게 복종하라 하신다? 왜 그런 명령을 하시는 것일까? 바로 내 유익을 위해서다.

그런 지도자들을 존중하면 세 가지 유익이 있다. 첫째, 부당대우를 받아도 순종하면, 우리의 그 사건이 공의로 심판하시는 하나님의 손안에 놓이게 된다(벧전 2:21-23 참조). 우리 힘으로 나서면 하나님은 뒤로 물러나시고 달랑 우리만 남는다. 상대가 권위인 만큼 대부분의 경우 우리가 손해를 본다. 드물게 싸움에 이긴다 해도, 그리스도를 닮지 못한 우리 심령에 골 깊은 상처가 남는다. 그리고 나중에 나타나지만, 그 때문에 결국 불행해지거나 아예 더러워진다.

부당대우를 받아도 순종하면, 그 사건이 공의로 심판하시는 하나님의 손안에 놓이게 된다. 우리 힘으로 나서면 혹시 싸움에 이긴다 해도, 그리스도를 닮지 못한 우리 심령에 골 깊은 상처가 남는다.

## | 그분의 손에 맡기라

둘째, 베드로는 우리가 부당대우를 존중 내지 축복으로 갚으면 다음과 같은 일이 벌어진다고 말한다. "악을 악으로 욕을 욕으로 갚지 말고 도리어 복을 빌라(존중하라) 이를 위하여 너희가 부르심을 받았으니 이는 복을 이어받게 하려 하심이라"(벧전 3:9).

우리는 부당대우에 바르게 대처하여 내게 불친절한 사람들을 존중(중시, 복종, 축복)하도록 부름 받았다. 왜 우리는 이 일로 부름 받았을까? 복(존중)을 받기 위해서다. 그러므로 특히 권위 있는 사람에게 부당대우를 당하거든 아주 감격해도 좋다. 보상의 준비 단계이기 때문이다.

친한 친구 가운데 앨 브라이스라는 목사가 있다. 몇 년 전, 댈러스 어느 교회에서 목회할 때 그는 베드로전서 말씀으로 주일 아침 설교를 했다. 앨이 설교를 마치자 한 교인(브라이언이라고 하자)이 다가와 다급하게 물었다. "목사님, 저는 아주 큰 보험회사 간부입니다. 몇 년째 열심히 일해서 부사장 후보 일 순위가 되었습니다. 제가 승진 자격이 있다는 걸 동료 직원들도 다 알았지요. 그런데 정작 공석이 되자 회사는 그 자리를 다른 사람에게 주었습니다."

"어쩌다 그렇게 됐습니까?"

"그 사람은 백인이고 저는 흑인이니까요. 목사님, 그건 차별입니다. 제가 입증해 낼 수 있습니다. 그래서 이번 주에 법적 절차에 들어가려고 준비 중이었습니다. 그런데 오늘 아침 목사님이 전한 메시지 때문에 다 망쳤습니다."

브라이스 목사는 그를 보며 말했다. "하나님 방식대로 하고 싶습니까, 아니면 당신 방식대로 하고 싶습니까?"

브라이언은 망설임 없이 대답했다. "목사님, 저는 온 마음으로 하나님을 사랑합니다. 그분 방식대로 하고 싶습니다. 그러니까 지금 목사님하고 말하고 있지요. 함께 기도해 주시겠습니까?"

앨은 좋다고 했다. 둘은 고개를 숙인 채, 의롭게 판단하시는 하나님 아버지의 손에 그 사건을 의탁했다. 이튿날 아침 브라이언은 출근하여, 이번에 승진한 그 동료를 가장 먼저 존중해 주기로 했다. 그래서 출근하자마자 그 사람 사무실로 가서 손을 내밀며, 웃는 얼굴로 말했다. "승진을 축하드립니다. 최고의 부하 직원이 되겠습니다."

상대방이 얼마나 불편했는지 상상이 될 것이다. 승진이 엉뚱한 사람에게 돌아간 것을 그 역시 알고 있었으니 말이다. 일이 이렇게 되지만 않았다면, 지금 브라이언이 그의 상사가 되어 바로 그 책상에 앉아 있었을 것이다.

몇 주가 지나도록 아무 일 없었다. 대개 그렇다. 그것을 알아야 한다. 하나님의 심판이나 구원은 오긴 오지만 대개 우리가 바라는 것보다 늦게 온다. 그러나 브라이언은 자기가 당한 억울한 일에 연연해하지 않았다. 대신 그는 존중의 길을 택했다. 그는 계속 탁월하게 직무를 다했다.

하루는 한 경쟁사에서 전화가 왔다. 댈러스에 지부를 두고 있는 굉장히 큰 국제 보험회사였다. "그간 우리는 당신이 그 회사와 우리 회사에 중복 가입한 고객들을 대하는 방식을 지켜보았습니다. 그리고 큰 감동을 받았습니다. 우리 회사에 와서 일해 보실 생각 없으십니까?"

브라이언은 길게 생각해 볼 것도 없이 말했다. "아뇨. 관심 없습니다. 직장을 옮길 마음이 없습니다. 이 회사에 있은 지 오래됐습니다. 보수도 좋고 고정 고객들도 있습니다. 고객들과 동료 직원들이 내 평판과 성품을 압니다. 이대로 좋습니다. 고맙습니다만 관심 없습니다."

하지만 상대는 물러서지 않았다. "부디 만나서 점심이나 한번 하며 얘기해 봅시다. 그 정도야 뭐 어떻습니까?"

브라이언은 더 강하게 나갔다. "분명히 말씀 드리지만 시간낭비하시는 겁니다. 저는 관심 없습니다."

"브라이언 씨, 이러지 마십시오! 점심 한 번만 같이 합시다."

소 귀에 경 읽기가 따로 없었다. 브라이언은 거의 질려서 말했다. "알았어요. 만납시다."

시간이 정해졌고 점심 날짜가 되었다. 브라이언과 상대편 사람들은 인사를 주고받고 음식을 주문했다. 상대 보험회사 간부 하나가 말했다. "브라이언, 그간 우리는 당신이 고객들을 대하는 방식을 지켜보며 큰 감명을 받았습니다. 우리 쪽 사람들이 '그 사람이 우리 회사에서 일했으면 정말 좋겠다'고들 말합니다."

브라이언은 고개를 저었다. "전에 전화로 말했습니다. 괜히 시간만 버리시는 겁니다. 나는 직장을 옮길 마음이 없어요. 나는 안정을 좋아합니다. 보수도 아주 좋습니다. 우리 회사에 투자한 것도 아주 많습니다. 생각 없습니다."

"좋습니다, 브라이언. 알겠습니다. 하지만 이렇게 하면 어떻겠습니까? 돌아가서서 부인과 상의해 보십시오. 우리 회사에 원하시는 연봉 액수를 두 분이서 정하십시오. 그런 다음 일주일 후에 여기서 다시 만나 얘기해 봅시다."

거의 본의 아니게 브라이언은 한숨을 내쉬며 말했다. "뭐 그럽시다."

그는 집으로 갔다. 정말 그는 이 일을 전혀 심각하게 여기지 않았다. 그래서 아내에게 그 제의를 별로 언급하지도 않다가, 다음 약속 전날 밤이 되어서야 말했다. "난 정말 직장을 옮기고 싶지 않소. 저쪽에서 나더러 연봉 액수를 부르라더군. 정말 피곤하니까 이렇게 해야 되겠소. 그들 말대로 연봉을 정하되 아주 터무니없이 부르는 거요. 현재 받고 있는 연봉의 세 배를 부를까 하오. 그러면 그들은 나를 비웃으며 식당에서 내쫓을 거고, 그걸로 이 일은 당장 끝나겠지요."

그는 짤막한 편지에 현재 연봉의 세 배나 되는 액수를 적었다. 그가 이미 자기 회사에서 아주 고위직에 있었음을 잊지 말라. 그렇게 높은 액수를 부른다는 것은 말도 안되는 황당한 짓이었다.

다음날 브라이언은 점심식사 자리로 갔다. 음식을 주문한 뒤에 보험회사 간부가 브라이언에게 희망하는 연봉액수를 정했느냐고 물었다.

"정했습니다." 브라이언이 그렇게 말하며 코트 주머니에서 편지를 꺼내려고 하는데 상대방이 그를 막았다.

"아니, 아닙니다. 당신이 원하는 액수를 꼭 볼 마음은 없습니다. 당신에게 지급하고 싶은 금액을 우리가 먼저 보여 드리지요!"

그 사람이 내민 서류를 읽던 브라이언은 기절할 뻔했다. 그들이 제시한 숫자는 그가 현재 받고 있는 연봉의 네 배였던 것이다. 브라이언은 너무 놀라 말문이 막혔다. 그냥 앉아서 편지만 노려보고 있었다. 그런데 상대편 보험회사 사람들은 그의 침묵을 오해하여, 자기네 제의가 충분히 높지 못한 것 같다고 결론지었다. 그래서 그들은 연봉 제의를 올리고 수당도 더 추가했다.

결국 브라이언은 평정을 되찾고 말했다. "저는 그리스도인입니다. 그러니 이 제의를 집에 가지고 가 아내와 함께 기도해 보고 싶습니다. 연락 드리겠습니다."

"좋습니다. 천천히 하십시오."

브라이언은 집에 가서 아내에게 말했고, 함께 기도했다. 성령께서 두 사람 모두에게 말씀하셨다. "아들아, 네가 네 사건을 내 손에 의탁했다. 내가 네 억울함을 풀어 주었다. 이것은 내가 주는 승진이다. 받으라!"

몇 년이 지난 지금, 브라이언은 더 이상 댈러스에 살지 않는다. 그는 버지니아에 있는 그 거대한 보험회사 국제 본부에서 최고 간부로 일하고 있다. 브라이언이 자격을 갖추고도 부당대우 때문에 승진하지 못했던 예전 회사는 이 회사에 비하면 차라리 작아 보인다.

자, 이 일에서 우리가 내릴 결론은 무엇인가? 물론 브라이언은 자기를 변호하고 복수에 나설 수도 있었다. 그는 경멸과 부당대우를 당했고, 소송했다면 그가 이겼을 수도 있다. 그러나 만약에 그렇게 했다면 자기를 위해 예비된 복을 놓쳤을 것이다.

부당대우를 당했을 때도 그는 권위에 있는 사람들을 존중하는 길을 택했다. 복수하지 않고 하나님의 손에 사건을 맡겼고, 마침내 온전한 보상을 받았다.


## | 순종과 복종의 차이

까다로운 권위에 복종하라고 명하신 세 번째 이유는, 우리가 직접 억울함을 풀지 않고 하나님을 의지할 때 우리 안에 경건한 성품이 이루어지기 때문이다. 베드로는 계속해서 이렇게 말한다. "그리스도께서 이미 육체의 고난을 받으셨으니 너희도 같은 마음으로 갑옷을 삼으라 이는 육체의 고난을 받은 자는 죄를 그쳤음이니"(벧전 4:1).

이 서신의 문맥으로 보면, 그리스도가 당하신 고난은 권위에 준하여 볼 때 부당대우다. 우리도 같은 마음으로 갑옷을 삼아야 한다. 우리는 권위가 부당하게 대할 때에도 권위를 존중하도록 부름받았기 때문이다.

베드로는 그렇게 하면 우리가 죄를 그치게 된다고 말한다. 영적 성숙의 자리에 이른다는 뜻이다. 바울도 이런 말로 그것을 확증해 준다. "다만 이뿐 아니라 우리가 환난 중에도 즐거워하나니 이는 환난은 인내를 인내는 연단을 연단은 소망을 이루는 줄 앎이로다"(롬 5:3-4). 우리 안에 성품이 견고히 서면, 존중받을 만하게 행동하지 않는 사람도 존중할 수 있다. 더불어 더 깊이 하나님을 경외함으로 행하게 되고, 그것은 다시 더 큰 보상을 가져온다.

지금까지 살펴본 내용에 성경을 적용하여 생각해 보자. 성경은 우리에게 권위에 무조건 복종하라고 가르치지만, 권위에 무조건 순종하라고 가르치지는 않는다.

복종과 순종은 다르다. 복종이 태도의 문제라면 순종은 행동의 문제다. 그래서 성경은 "너희가 즐겨 순종하면 땅의 아름다운 소산을 먹을 것이요"(사 1:19)라고 말한다. 언젠가 성령께 잘못을 지적받은 기억이 있다. 그때 나는 좋지 않은 상황에 처해 무척 낙심했다. 6개월 동안 나는 교회에서 하나님께 아무것도 받지 못하고 있었던 것이다. 목사의 메시지는 나를 채워 주지 못했다. 기도 중에 주께서 내게 위 말씀을 지적하시며, 그것이 내가 받지 못하는 이유라고 말씀하셨다.

나는 따졌다. "저는 순종하고 있습니다. 목사님과 윗사람들이 시키는 대로 다 하고 있습니다!"

성령께서 대뜸 되받으셨다. "나는 '너희가 순종하면 땅의 아름다운 소산을 먹을 것이요'라고 하지 않았다. 나는 '너희가 즐겨 순종하면 땅의 아름다운 소산을 먹을 것이요'라고 했다. 순종은 행동의 문제지만 즐겨 순종하는 것은 네 태도의 문제다. 그런데 지금 네 태도는 어떠하냐? 너무 불손하지 않느냐!"

내 마음의 태도가 얼마나 중요한지 불현듯 깨달았다. 다시금 기억하라. 하나님을 경외함이 머무는 자리는 마음이고, 존중은 거룩한 경외가 밖으로 흘러나온 것이다.

바울은 말한다. "너희를 인도하는 자들에게 순종하고 복종하라 그들은 너희 영혼을 위하여 경성하기를 자신들이 청산할 자인 것 같이 하느니라 그들로 하여금 즐거움으로 이것을 하게 하고 근심으로 하게 하지 말라 그렇지 않으면 너희에게 유익이 없느니라"(히 13:17).

바울의 말처럼 우리 위의 권위들에게 순종하고 또한 복종해야 한다. 순종이 행동의 문제라면 복종은 권위를 향한 태도의 문제다. 윗사람들

을 존중하지 않으면 지도자가 아니라 우
리가 보상을 잃는다.

앞서 말했듯이 성경은 권위에 무조건
복종하라고 가르치지만 무조건 순종하라

하나님을 경외함이 머무는 자리는
마음이고, 존중은 거룩한 경외가
밖으로 흘러나온 것이다.

고 하지는 않는다. 성경이 권위에 순종하지 말라고 한 때는 딱 한 번뿐
이다. 권위가 우리에게 죄를 지으라고 할 때다. 성경에 이런 예가 많이
있다. 바빌론 왕 느부갓네살은 법령을 만들었다. 온 백성은 악기 소리
가 들리면 금 신상에게 절하며 예배해야 했다. 법령에는 그것을 어기는
자들이 받을 벌도 적혀 있었다. 그들은 풀무에 던져지게 되어 있었다.

당시 그 나라에 사드락, 메삭, 아벳느고라 하는 유대인 청년 셋이 있
었다. 이들은 재능이 뛰어나고 지혜로워 왕이 그들을 총애했다. 그러나
그들은 하나님을 경외했고, 왕의 법령은 하나님이 모세에게 주셔서 토
라에 기록된 제2계명을 어기는 것이었다. 세 청년은 왕의 법령에 순종
하지 않았다. 그들의 불순종이 느부갓네살에게 알려지는 것은 시간문
제였다. 급기야 격노한 왕은 그들을 불러다 심문했다. 그러자 그들은
이렇게 답했다. "느부갓네살이여 우리가 이 일에 대하여 왕에게 대답할
필요가 없나이다 왕이여 우리가 섬기는 하나님이 계시다면 우리를 맹
렬히 타는 풀무불 가운데에서 능히 건져내시겠고 왕의 손에서도 건져
내시리이다 그렇게 하지 아니하실지라도 왕이여 우리가 왕의 신들을
섬기지도 아니하고 왕이 세우신 금 신상에게 절하지도 아니할 줄을 아
옵소서"(단 3:16-18).

사드락, 메삭, 아벳느고는 하나님과 왕을 존중했다. 첫째, 그들은 하
나님을 경외하여 죄를 거부했다. 무서운 풀무불에 던져질 줄 알면서도
그랬다. 둘째, 그들은 왕을 존중하여 그 권위의 지위에 복종했다. 그리
고 왕이 증오에 차서 말할 때에도 그들은 왕에게 예우를 갖추어 말했

다. 어떤 식으로든 왕을 조롱하거나 비웃거나 위협하지 않았다.

권위의 명령에 불순종해야 할 때라도 권위에는 복종(존중)해야 한다. 그들은 존중의 원리대로 살았다. 그러므로 그들의 보상은 크고 온전할 것이었다. 물론 처음에는 그렇게 보이지 않았지만 말이다.

왕은 즉시 그들을 풀무불에 던져 넣으라고 명했다. 잔뜩 노한 왕은 풀무불의 온도를 평소보다 일곱 배나 더 뜨겁게 해 옷을 입은 채로 결박하여 풀무불에 던지게 했다. 풀무불이 어찌나 뜨겁던지 그들을 입구로 데려간 군인들이 타 죽었다. 그 다음에 성경은 이렇게 말한다.

이 세 사람 사드락과 메삭과 아벳느고는 결박된 채 맹렬히 타는 풀무불 가운데에 떨어졌더라 그때에 느부갓네살 왕이 놀라 급히 일어나서 모사들에게 물어 이르되 우리가 결박하여 불 가운데에 던진 자는 세 사람이 아니었느냐 하니 그들이 왕에게 대답하여 이르되 왕이여 옳소이다 하더라 왕이 또 말하여 이르되 내가 보니 결박되지 아니한 네 사람이 불 가운데로 다니는데 상하지도 아니하였고 그 넷째의 모양은 신들의 아들과 같도다 하고 느부갓네살이 맹렬히 타는 풀무불 아귀 가까이 가서 불러 이르되 지극히 높으신 하나님의 종 사드락 메삭 아벳느고야 나와서 이리로 오라 하매 사드락과 메삭과 아벳느고가 불 가운데에서 나온지라 총독과 지사와 행정관과 왕의 모사들이 모여 이 사람들을 본즉 불이 능히 그들의 몸을 해하지 못하였고 머리털도 그을리지 아니하였고 겉옷 빛도 변하지 아니하였고 불 탄 냄새도 없었더라(단 3:23-27).

하지만 세 청년은 천국에서 온 큰 천사와 함께 풀무불 속을 걸으며 무서운 불의 고통을 면했다. 틀림없이 결박된 채 던져졌으나 자유로이 활보했다. 밧줄은 불에 탔으나 그들의 옷은 그대로였던 것이다. 밖으로 나온 그들에게서는 그슬린 냄새조차 나지 않았다. 그들의 보상은 밖으로 나온 뒤에 나타났다.

왕이 드디어 사드락과 메삭과 아벳느고를 바벨론 지방에서 더욱 높이니라(단 3:30).

　그들은 높임을 받았다. 권위가 우리를 부당하게 대하더라도 그때 그들을 존중하면 우리에게 보상이 따른다. 그 보험회사 간부나 방금 읽은 세 유대인 청년들처럼 말이다. 이것은 영적인 법칙이다. 하나님이 세우신 윗사람들을 존중하는 것은 곧 하나님을 존중하는 것이고, 그러면 하나님이 우리를 존중해 주신다. 상황 너머를 보고 이 영적 법칙에 초점을 맞추기만 하면, 절대로 실망하지 않는다.

　그래서 베드로는 계속해서 "또 너희가 열심으로 선을 행하면 누가 너희를 해하리요"(벧전 3:13)라고 말한다. 마음속 깊이 존중의 원리를 품고 살면, 누군들 당신을 어찌할 수 있겠는가? 모든 부당대우는 진급이나 보상의 준비 단계이며, 당신 위의 권위가 그렇게 한다면 특히 더 그렇다. 단, 당신이 그 부당대우에 제대로 대처할 때에 한해서 그렇다. 존중의 원리대로 행하지 않아 우리가 놓친 보상이나 진급이 얼마나 많을까?

순종이 행동의 문제라면 복종은 태도의 문제다.

*Honor's*
*Reward*

# 2부

# 존중하는
# 공동체가 형통하다

### 1장
# 정부 리더십을 향한 존중

참된 거룩함이란, 하나님 나라 수준의 사고와 삶을 따라 사는 능력이다.

다스리는 자들은 선한 일에 대하여 두려움이 되지 않고 악한 일에 대하여 되나니 네가 권세를 두려워하지 아니하려느냐 선을 행하라 그리하면 그에게 칭찬을 받으리라 그는 하나님의 사역자가 되어 네게 선을 베푸는 자니라 그러나 네가 악을 행하거든 두려워하라 그가 공연히 칼을 가지지 아니하였으니 곧 하나님의 사역자가 되어 악을 행하는 자에게 진노하심을 따라 보응하는 자니라 그러므로 복종하지 아니할 수 없으니 진노 때문에 할 것이 아니라 양심을 따라 할 것이라 너희가 조세를 바치는 것도 이로 말미암음이라 그들이 하나님의 일꾼이 되어 바로 이 일에 항상 힘쓰느니라 모든 자에게 줄 것을 주되 조세를 받을 자에게 조세를 바치고 관세를 받을 자에게 관세를 바치고 두려워할 자를 두려워하며 존경(존중)할 자를 존경(존중)하라(롬13:3-7).

위 말씀에 보면 정부 지도자를 두 번이나 "하나님의 사역자"라 부르면서, 우리에게 그들을 마땅히 존경(존중)하라고 명하고 있다. 또한 바울은 그들 가운데 일부만이 아니라 그들 모두를 강조한다.

얼마 전에 있었던 일이다. 중요한 직원 회의가 있어 차를 몰고 급히 가고 있었다. 그 주에 학교들이 개학해 그전 두 달 반의 여름방학 동안 시속 55킬로미터로 다니던 길을 정해진 시간 동안 시속 30킬로미터로 달려야 했다. 그런데 서둘러 회의에 가느라고 감속 구역임을 알리는 경고등을 보지 못한 채 시속 50킬로미터로 차를 몰았다. 경찰이 오토바이를 타고 번쩍번쩍 불을 켜며 쫓아왔다. 깜짝 놀라 즉시 차를 세웠다.

경찰은 운전면허증과 보험 증명서를 요구했다. 운전면허증과 서류를 내밀면서 내가 정지당한 이유를 잘 알고 있고, 내가 많이 잘못했다고 정중히 시인했다. 우리는 몇 마디 대화를 더 주고받았다. 그가 하는 말이, 자기가 차를 세우면 대다수 사람들은 불평하고 변명하고 투덜거린다고 했다.

"아닙니다, 경찰관님. 제가 무슨 할 말이 있겠습니까. 제한 속도를 안 지킨 제 잘못인 걸요."

그는 학교 앞 과속은 벌금이 220달러라고 했다. 그러나 뜻밖에도 그는 면허증과 보험 증명서를 돌려주며 말했다. "좋은 하루 보내십시오." 그러고는 자기 오토바이 쪽으로 걸어가는 것이었다.

나는 어리둥절해하며 그를 향해 물었다. "저한테 딱지를 안 주시는 겁니까?" 그는 그냥 씩 웃으며 손을 흔들었다. 나는 엄청난 자비를 느끼며 그곳을 떠났다. 고마움이라는 말로는 다 표현이 안 된다.

늘 그랬던 것은 아니다. 경찰관을 똑같이 공손히 대했는데도 딱지를 받은 일이 몇 번 있다. 특히 신입 직원 한 명과 함께 공항으로 갈 때의 일이 생각난다. 그때도 우리 동네에서 과속하다 걸렸다. 경찰관이 우리 차 옆으로 오기 전에 비서는 제한속도를 겨우 몇 킬로미터밖에 어기지 않았는데, 그걸 잡느냐며 경찰을 비하하는 말을 거칠게 내뱉었다. 사실 내 생각에도 그냥 보내도 될 만한 속도였다.

하지만 나는 언제나처럼 경찰에게 친절하고 공손히 했다. 그리고 그는 엄하게 딱지를 끊어 벌금 전액을 물렸다. 나는 일부러 기다렸다가 딱지를 받고 나서 말했다. "경찰관님, 과속해서 죄송합니다. 제 잘못임을 압니다. 지역사회를 위한 봉사와 수고에 감사드립니다."

일단 딱지가 경찰 컴퓨터에 입력되면 무를 수 없다는 걸 알고 있었다. 그래서 일부러 기다렸던 것이다. 내 말이 끝나자 경찰의 태도가 확 바뀌었다. 말투도 부드러워졌다. 내가 자기 권위를 존중하는 것을 보고 그는 누그러졌다. 그는 마치 딱지를 물러 주고 싶은 듯이 행동했으나, 그럴 수 없음을 우리 둘 다 알았다. 나는 그 사람을 축복해 주고 싶었다. 로마서 말씀대로 그는 내게 하나님의 사역자로 보였다. 우리는 몇 마디 친근한 대화로 말을 맺었다.

다시 출발한 차 안에서 직원에게 말했다. "경찰관을 깎아내려서 내 눈에 들 거라고 생각했다면 당신은 정반대로 한 겁니다."

그리고 내 생각을 그에게 들려주었다. 머잖아 그는 자신이 자랄 때부터 경찰을 존중하는 태도를 배우지 못했음을 시인했다. 그리고 정상인 줄 알았던 자신의 그런 태도가 정부 권위들에 대한 하나님 말씀의 가르침에 완전히 어긋난다는 것을 이제야 깨달았다고 말했다. 이후 그는 정부 권위를 존중하는 원리를 배웠다.

## | 좋은 평판 얻기

정부 권위를 존중할 때 받는 보상을 잘 보여 주는 간증이 있다. 1980년대 후반, 순회 사역 초기에 중서부의 한 교회에서 몇 차례 말씀을 전했다. 교인 수는 대략 150명으로, 몇 년 째 정체 상태였다. 그러다 몇 년 후에 그 교회 연례 집회(전에는 없던 집회였다)에 초청받았다. 몇몇 유명한 강사들이 오기로 정해졌고, 참석자도 800명이 넘을 거라고 했다. 호기심이 발동했다. 기도 후 그 집회를 수락했다.

집회 당일, 강당에 들어서자 대략 900명의 사람들이 장내를 가득 메우고 있었다. 그 교회에 여러 번 갔지만 그렇게 강력한 하나님의 임재는 처음이었다. 집회도 아주 좋았다. 집회 후에 목사와 단둘이 있을 때 물었다. "어떻게 된 겁니까? 몇 년째 정체 상태였던 교회가 어떻게 이렇게 빨리 성장했습니까? 불과 3년 사이에 말입니다."

"존, 우리 교인들은 늘 세금 납부에 대해서, 그리고 정부 지도자들에 대해 못마땅해했어요. 그 소리 듣는 데 아주 진력이 나더군요. 뭔가 조치가 필요했습니다. 그래서 기도했는데 하나님이 지혜를 주셨습니다."

그는 시 관리들에게 가서 무엇이 가장 절실하게 필요한지 물었다. 그들은 소방서에 특수 방독면이 있어야 소방관들이 연기 속에서 앞을 볼 수 있다고 말했다. 화재 관련 사망은 대부분 불 때문이 아니라 연기 흡입 때문이다. 소방관들의 문제는, 대개 연기가 너무 짙어 바로 앞에 있는 사람들도 잘 보이지 않는다는 것이다. 이 특수 방독면이 있으면 피해자가 잘 보여 신속히 구조할 수 있다. 그것이 그 시에 가장 절실히 필요했으나 예산이 없었다. 방독면 하나 값이 2만 5천 달러나 했던 것이다.

다음 주 주일 아침, 목사는 로마서 13장으로 설교했다. 시 관리들에 대해 불평하는 교인들을 그는 사랑으로 꾸짖었다. 시 관리들은 하나님의 종이며, 신자들이 세금을 깎으려 하고 정부 지도자들을 경멸해서는 복을 받을 수 없다고 교인들에게 말했다. 일단 성경적 기초를 든든히 놓은 그는 이어서 그 시에 소방용 방독면이 필요하다고 말했다. 그리고 특별 헌금을 받아 시에 방독면 구입 기금으로 전달하겠다고 광고했다.

그는 교인들에게 이번 일이 하나님이 그들을 섬기라고 세우신 정부 지도자들을 존중하는 좋은 기회라고 말했다.

교회는 곧 자기들의 태도를 회개했고 2만 5천 달러의 헌금을 드렸다. 목사는 시장에게 전화하여, 교회가 그들에게 방독면 구입 기금을 전달하고자 하니 그 주에 시 지도자들을 모아 줄 수 있겠느냐고 물었다. 시청에 도착한 목사와 교회 지도자들은 깜짝 놀랐다. 이 놀라운 존중의 몸짓을 목격하고자 엄청나게 많은 관리들과 직원들이 수여식에 참석했던 것이다.

수표를 전달하기 전에 그는 로마서 13장을 읽고, 자기 교인들이 시 관리들과 직원들을 참으로 고맙게 여기며 하나님의 사역자들로 보고 있음을 나누었다. 그는 지역사회 주민들을 보호하고 섬기기 위한 그들의 모든 수고에 감사를 표했다. 시 관계자들은 교회가 보여 준 존중과 후한 베풂에 감격했다. 종종 우리의 존중은 재정적 베풂을 통해 전달된다. 앞에서 말했듯이 존중은 중시하는 것이고, 우리는 중시하는 것에 돈을 들인다.

이어 목사는 내게 말했다. "몇 달 후에 신축 건물 헌당식을 했습니다. 그 자리에 시 직원들과 관리들이 많이 참석했습니다. 구원받고 우리 교회에 나오기로 한 사람도 많습니다. 이렇게 해서 지역사회가 우리에게 활짝 열리게 된 겁니다."

우리는 "선지자의 이름으로 선지자를 영접(존중)하는 자는 선지자의 (보)상을 받을 것이요"라고 하신 예수님의 말씀을 잊어서는 안 된다(마 10:41). 교회 권위를 두고 하신 말씀이지만, 앞서 말했듯이 권위의 영적 법칙은 흔히 경계선을 넘어 권위의 다른 영역에까지 이른다. 그러므로 위 말씀은 이렇게 될 수도 있다. "정부 권위의 이름으로 정부 권위를 존중하는 자는 정부 권위들에 딸린 보상을 받을 것이요."

정부 권위에 딸린 보상은 무엇인가? 그 답이 지역사회를 여는 열쇠가 될 것이다. 정부 권위들은 우리의 읍, 면, 동, 시, 도, 국가의 문지기들이다. 그리고 그것은 하나님이 주신 것이다. 정부 지도자들을 비난하고 납세를 면하려 하는 대신 모든 교회들이 단결하여 정부 지도자들을 존중한다면, 얼마나 많은 지역사회와 나라들이 활짝 열려 복음이 들어갈 수 있게 될까?

친한 친구 대니는 호주 애들레이드의 큰 교회에서 목회하고 있다. 작년에 그곳 집회에서 설교할 때 그가 내게 놀라운 이야기를 들려주었다. 그는 교인들에게 봉사와 보호에 애쓰는 시 관계자들을 존중하고 싶은 자신의 마음을 털어놓았다. 충분히 생각하고 기도한 뒤에 그는 도움이 가장 절실히 필요한 곳은 공립 고등학교임을 느꼈다. 그래서 시에서 가장 허름한 고등학교를 찾아냈다. 건물이며 운동장이 완전히 엉망이었다. 그는 학교 지도자들을 찾아가 자기 교회가 토요일에 한 번 와서 시설을 완전히 개조해도 좋겠는지 물었고, 그들은 흔쾌히 수락했다.

그는 시를 존중하고 싶은 비전을 교인들에게 나누었다. 그리고 목수들과 장인(匠人)들에게 그날 하루 동안 재능을 기부해 달라고 부탁했다. 나머지 교인들에게는 노동을 드리라고 부탁했다. 교회 지도자들은 몇 주에 걸쳐 대대적인 사업을 기획했다. 학교를 신축 건물처럼 만들어 줄 자재를 구입하고 장비를 확보했다.

이어 목사는 내게 그날의 모습을 담은 비디오를 보여 주었다. 거기 보니 목수들은 낡은 테두리와 썩고 닳아진 부분들을 뜯어냈다. 일꾼들은 라커를 들어내고 새 것으로 갈았다. 많은 남녀들이 사포로 닦고 테이프를 붙이고 페인트칠을 했다. 나는 그들이 새 칠판을 달고, 새 장비를 설치하고, 운동장에 새 흙을 깔고, 화단을 새로 꾸미는 모습을 지켜보았다. 작업 전의 학교 모습과 공사가 끝난 직후의 모습을 비디오에 모두

촬영했다. 정말 굉장했다. 완전히 새 학교 같았다. 시를 섬겼다는 사실에 교회는 매우 감격했다.

변하지 않는 사실이 하나 있다. 존중을 예상치 못한 사람들을 존중할 때 찾아오는 마음 가득한 기쁨이다. 주 예수 그리스도의 이름으로 시를 도울 수 있었다는 보람 자체가 그들에게 보상이었다. 그러나 더 큰 보상이 있었다. 그 교회가 시를 축복하기 위해서 한 일을 호주 수상 존 하워드가 듣고, 직접 교회를 방문하여 감사하겠다고 밝힌 것이다. 국가 정상이 교회에 와서 진심 어린 감사를 표현하는 모습을 비디오로 보았다. 그 결과 교회는 그 시 전체에서 매우 존경받는 교회들 가운데 하나가 되었다. 지역사회와 나라에 그 교회의 평판과 영향력이 아주 커졌다.

그게 다가 아니다. 대니 목사가 그 개조 이야기를 나누기 시작하면서 연쇄 반응이 일어났다. 다른 많은 교회들도 공사에 나선 것이다. 그리하여 현재까지 호주, 영국, 스웨덴, 싱가포르, 말레이시아 전역에 있는 200개 이상의 학교가 개조되었다.

대니 목사의 교회도 지역사회 중점 사역을 지속하여 인근 여성 감옥을 개조했다. 공사 중에 교회는 교정 당국과 원활한 관계를 맺게 되었고, 그 결과 재소자들에게 교회 참석을 위한 '일일 외출'이 허용되었다. 현재 많은 여성들이 구원받고 감옥에서 모이고 있다.

시의 좋은 평판을 얻는 것이 왜 그렇게 중요하냐고 의아해할 수 있다. 왜냐하면 그것은 성경적이기 때문이다. 사도 바울은 교회 지도자들이 "외인(교회 밖 사람들)에게서도 선한 증거를 얻은 자라야 할지니 비방과 마귀의 올무에 빠질까 염려하라"(딤전 3:7)고 했다. 교회 밖 사람들에게서 좋은 평판을 얻지 못하면, 우리가 복음에 걸림돌이 되는 것이다. 이는 다시 복음의 진보를 방해하는데, 그것이 곧 마귀의 올무다.

로마의 한 비신자는 1세기 교회의 그리스도인들에 대하여 이렇게 썼다. "그들은 이 땅을 살아가지만 천국 시민이다. 그들은 규정된 법률을 준수하지만 동시에 그들의 삶은 법률을 능가한다"(디오그네투스에게 보낸 편지, 5장).

사도행전에는 예루살렘 교회에 대하여 이런 말이 기록되어 있다. "(교회 밖) 백성이 칭송하더라"(행 5:13). 시민들은 왜 그들을 칭송했을까? 수준 높은 생활방식 때문이었다. 참된 거룩함이란, 하나님 나라 수준의 사고와 삶을 따라 사는 능력이다.

어떤 사람은 이렇게 물을 수 있다. "하지만 정부 권위들을 존중하고 그들에게 다가가기 위해 복음을 타협해야 합니까?"

절대로 그렇지 않다. 세례 요한은 동생의 아내와 동침한 헤롯의 불법을 질타했고, 그 때문에 결국 헤롯에게 목 베임을 당했다.

헤롯은 요한을 선지자로 두려워했다. 우월감, 비판, 판단의 태도로 관리들을 대하는 사람들이 아주 많은데, 이는 존중과는 거리가 먼 태도다. 그런가 하면 다니엘서에서 사드락, 메삭, 아벳느고는 왕의 우상숭배에 반대할 때조차도 왕을 존중하며 말했다.


## | 사랑으로 말하라

클린턴 대통령 재임 중이었는데, 하루는 아내가 밤에 자다가 놀라서 깨었다. "존, 꿈을 꾸었는데 당신한테 꼭 말해야겠어요."

하나님은 자주 리자에게 꿈을 통해 말씀하신다.

아내는 말을 이었다. "당신과 내가 큰 강당에서 어떤 사역자의 말을 듣고 있었어요. 그 사역자가 누구인지는 모르겠지만 그리스도인들 사이에 인기가 높은 사람이었어요. 그는 클린턴 대통령을 욕하고 비방했어요. 아주 못된 사람이라며 계속 퍼부어 댔지요. 대다수 회중들도 열광적으로 '아멘'을 외치며 그의 말에 동조했고요. 당신과 나는 아주 불편했어요."

아내는 계속했다. "그때 컴컴한 데서 한 남자가 일어나 강당 뒤쪽으로 나갔어요. 왠지 따라가야 할 것 같았어요. 건물 로비로 나갔더니 그가 돌아서서 나를 쓱 보더군요. 클린턴 대통령이었어요. 그는 슬픔과 비탄에 젖어 있는 듯 보였어요. 그러더니 그는 그만 푹 쓰러졌어요."

아내는 또 말했다. "존, 꿈 속에서 나는 그가 지지와 도움을 받으러 교회에 온 것을 알았어요. 그런데 교회는 참사랑과 긍휼이 없이 그를 비웃고 있었지요. 하나님이 제게 보여 주셨어요. 우리는 그의 마음을 강퍅하게 만들고 있고, 그래서 그 개인에게만이 아니라 나라에 꼭 필요한 것들로부터 그를 밀쳐내고 있어요."

이 꿈을 미국 서부의 큰 교회에서 목회하는 내 친구와 비교해 보자. 그는 미국 수도에 '전국 기도 센터'를 운영하고 있기도 하다. 하나님은 그의 마음에 상하원 의원들과 그 밖의 워싱턴 지도자들을 섬기려는 열망을 주셨다. 그는 1년에 약 22주를 워싱턴 D.C.에 다니는데도, 교인 수천 명인 그의 교회는 계속 잘되고 성장하고 있다.

그는 내게 말했다. "존, 나는 한 가지, 딱 한 가지 일을 하려고 이 지도자들을 만난다네. 나라를 섬기는 그들에게 감사하고, 내가 기도해 주어도 되겠는지 묻는 것일세."

그가 내게 하는 말이, 목사들과 교인 단체들이 찾아올 때면 자기가 그들에게 정부 관리를 대하는 법을 가르쳐 주어야 할 때가 많다고 했다. 종종 지도자들을 만나기 전에 그 지도자들을 판단하는 태도부터 무장해제시켜야 한다는 것이다. 교인들은 정부 지도자들을 진보 세력으로 보며, 그래서 하나님이 그들을 존중하고 위해서 기도하라 하신다는 사실은 눈에 들어오지 않는다.

그는 또 그 지도자들이 얼마나 온유하고 개방적인지를 보고 교인 단체들이 깜짝 놀랄 때가 많다고 했다. 그런 결과는, 교인 단체들이 그 지도자들에게 뭔가 청원하거나 잔소리하기 위해서가 아니라 그들을 존중하러 갔다는 사실에서 비롯된다. 그에게 들은 간증 두 편을 여기 소개하고자 한다. 그가 말하는 두 지도자가 극히 진보 세력으로 통하는 자들임을 염두에 두고 읽기 바란다.

나는 이 국회의원을 전에 몇 번 만난 적이 있었다. 이번에는 어느 교회에서 대학생 연령층의 음악인 그룹이 왔는데, 국회의원은 우리를 자기 사무실로 초대하여 보좌관 몇 명과 함께 접견했다. 우리는 평소와 같이 그와의 대화를 시작했다. 지역구 주민들을 섬기고 나라를 아주 충실히 섬기는 데 대한 감사도 잊지 않았다.

그러자 그는 간단히 소감을 나눈 뒤 우리에게 몇 가지 물었다.

뒤이어 나는 그에게, 우리가 노래를 부른 다음 그를 위해 기도해 주어도 좋겠느냐고 물었다. 그는 기꺼이 좋다고 했다.

노래가 시작되자 실내에 기름부음이 차오르는 것이 느껴졌다. 금세 모두들 눈이 젖어 들었다. 애국적인 노래와 복음성가를 각각 부른 뒤에 기도로 마쳤다. 그 위력이 어찌나 세던지, 기도가 끝난 뒤에 아무도 입을 열지 못했고 그 국회의원도 마찬가지였다.

이윽고 그가 나를 보며, 자신의 느낌과 감동을 자신의 언어로 표현하려 했다. 그러나 역부족이었다. 결국 그는 이렇게 말했다. "목사님, 아시다시피 저희 집에 어린 자녀가 둘 있습니다. 아이들을 데리고 정말 교회에 다시 나가야 되겠습니다. 그렇지요?"

친구 목사가 내게 들려준 또 다른 국회의원의 이야기는 다음과 같다.

이 국회의원을 처음 만날 때 우리는 어느 교회의 중보 기도자 약 15명과 그 교회 목사와 더불어 의원 사무실로 안내 받았다. 그의 몸짓 언어로 보아, 우리가 무엇을 바라는지 모르겠다는 기색이 역력했다. 우리가 교인 단체인 데다 '전국 기도 센터'의 이름으로 갔기 때문이다.

그는 아주 너그러웠고, 자기가 해 줄 수 있는 일이 무엇이냐고 물었다. 나는 그에게 우리는 뭘 받으러 온 게 아니라 그냥 나라를 위한 그의 봉사에 감사하고 기도해 주러 왔다고 말했다. 그러자 그는 자세를 편하게 고쳐 앉으며 말했다. "이렇게 귀한 선물을 받을 줄 몰랐습니다."

이어 그는 자기가 날마다 겪는 일을 말하기 시작했다. 사람들이 자기 사무실에 와서 자금을 요청한다는 것이었다. 그러면서 날마다 요청받는 돈의 총액을 벽의 디지털 표시기에 합산한다고 했다. 그러더니 그는 우리를 보며 말했다. "그런데 여러분은 오늘 내게 뭔가를 주러 오셨습니다. 이런 일은 처음입니다."

이어 우리는 그를 위해 기도했다. 기도를 마치자 그가 말했다. "내 보좌관들을 위해서도 기도해 주시겠습니까?"

곧 그의 보좌관들이 들어왔고 그들을 위해서도 기도했다. 접견이 끝나자 그는 시계를 보며 말했다. "방금 막 약속 하나가 취소되었습니다. 여러분을 국회의사당에 모시고 가 구경시켜 드리고 싶은데, 괜찮겠습니까?"

그러더니 그는 우리를 데리고 국회의사당으로 건너가 약 30분 동안 우리를 안내했다. 그런 일은 보통 인턴이나 하급 보좌관이 하는 일인데 그가 직접했다. 헤어지면서 우리는 명함을 교환했다.

두 주쯤 지나 그 교회 목사가 들뜬 목소리로 전화했다. 방금 막 그 국회의원이 자기한테 전화를 해서 주말에 그 교회에 가도 되겠느냐고 물었다는 것이었다. 우리는 영접 방법에 대해 대화했다. 과연 주일에 그 국회의원이 아내와 아이들을 데리고 나타났다.

예배 후에 목사는 그 부부를 소개했고, 그들은 짧은 인사말을 했다. 그 뒤에 교회는 그 부부를 위해 기도했고 그들은 깊은 감화를 받았다. 이 모두가 그 국회의원 사무실에서 그를 존중하고 위해서 기도해 준 결과로 일어난 일이었다.

그 친구 목사에게는 이런 간증이 아주 많다. 이제 당신은 이렇게 물을지 모른다. "지도자들에게 진리를 말해야 하는가?" 그렇다. 세례 요한도 그랬고, 클린턴 대통령에게 경고한 그 사역자나 다른 사람들도 그랬고, 앞으로 다른 사람들도 계속 그럴 것이다. 그러나 교회가 정부 지도자들에게, 예수 그리스도의 사랑과 긍휼로 행하는 자들이요 그들의 권위의 지위를 참으로 존중하는 자들로 비쳐지지 않는다면, 그들은 우리 말을 듣지 않을 것이다. 우리는 진리를 말해야 한다. 단, 사랑 안에서, 하나님을 경외하는 마음으로 해야 한다.

때에 따라 하나님은 정부 지도자에게 그분의 종을 보내셔서 강경한 말도 하게 하실 것이다. 선지자들이 구약의 왕들에게 했던 것처럼 말이다. 그러나 우리가 가정, 소그룹, 교회 예배에서 지도자들을 비난하고, 또 그렇게 똑같이 비난하는 사람들을 지지한다면, 무슨 유익이 되겠는가? 그것은 험담일 뿐이다. 사석에서 하는 말들을 지도자들 면전에서 사랑과 존중에 불타는 마음으로 기꺼이 할 수 있어야 한다. 그렇지 않다면 우리는 스스로의 심령에 독을 뿌리는 것이고, 지도자들 앞에서 표시가 날 것이다.

> 사석에서 하는 말들을 지도자들 면전에서 사랑과 존중에 불타는 마음으로 기꺼이 할 수 있어야 한다. 그렇지 않다면 우리는 스스로의 심령에 독을 뿌리는 것이다.

## | 존중하고 기도하라

사도 베드로는 우리에게 "하나님을 두려워하며 왕을 존대(존중)하라"

(벧전 2:17)고 말한다.

베드로의 말은 이런 것이다. "하나님이 권위를 위임하신 눈에 보이는 지도자를 존중하지 못하면서 너희가 어찌 보이지 않는 하나님을 두려워한다 할 수 있겠는가?" 하나님을 두려워하는 사람은 정부, 사회, 가정, 교회 등 각 영역의 지도자들을 존중하게 마련이다.

나는 베드로가 말하는 특정한 왕에 대해 연구해 보았다. 물론 성경을 사사로이 풀어서는 안 된다. 이 말씀은 자기 나라 지도자들을 존중하라고 고금의 모든 신자들에게 주신 것이다. 그러나 베드로의 경우 그 왕은 아주 타락하고 이기적인 지도자 헤롯 아그립바 1세였다.

그는 예수님의 부활 후인 주후 37년에 권좌에 올랐는데 아주 교활하고 약삭빠른 사람이었다. 원시안적 사고로 그는 자신의 승급에 유리한 모든 수단을 강구했다. 로마 황제 칼리굴라가 살해된 후로, 그의 핵심 정략은 클라우디우스의 황제 등극을 돕는 것이었다. 클라우디우스는 그의 영악한 정치적 행보에 보상을 주었다. 아그립바의 왕위를 인정하고 유다와 사마리아 영토까지 얹어 준 것이다. 그는 자기 할아버지 헤롯 대제의 나라만큼이나 넓은 나라의 왕이 되었다.

재임 중에 헤롯 아그립바 1세는 유대교와 그리스도인 분파 간의 갈등에서 부득이 한쪽 편을 들어야 했다. 주저 없이 그는 그리스도인들의 잔인한 박해자 역할을 자임했다. 신약성경의 기록을 보자. "그때에 헤롯(아그립바 1세) 왕이 손을 들어 교회 중에서 몇 사람을 해하려 하여 요한의 형제 야고보를 칼로 죽이니 유대인들이 이 일을 기뻐하는 것을 보고 베드로도 잡으려 할새"(행 12:1-3).

이 왕은 신자들에게 잔인했다. 그렇게 하는 것이 자신의 정치적 목적에 부합되고 유대인들의 환심을 사는 데도 유리했기 때문이다. 그는 벌써 예수님 최측근의 세 사도 가운데 하나인 야고보를 죽였고, 이어 베드로도 죽이려고 했다.

하지만 그의 계획은 교회의 기도와 순종으로 말미암아 무산되었다(행 12:5-19 참조). 이 구원을 계기로 신자들은 눈에 띄게 강해졌다. 그들의 순종의 보상이 성경에 나온다. "하나님의 말씀은 흥왕하여 더하더라"(행 12:24).

성도들의 끊임없는 기도와 권위를 존중하는 순종은 그보다 더 큰 위력으로 사건을 반전시켰다. 계속 읽어 보면 알겠지만, 헤롯 아그립바 1세는 날을 정하고 왕복 차림으로 백성 앞에 나가 왕좌에 앉아 연설했다. "백성들이 크게 부르되 이것은 신의 소리요 사람의 소리가 아니라 하거늘 헤롯이 영광을 하나님께로 돌리지 아니하므로 주의 사자가 곧 치니 벌레에게 먹혀 죽으니라"(행 12:22-23).

심판은 왔으나 하나님의 사람들을 통해서가 아니라 주님의 검을 통해서 왔다. 권위들을 심판하시는 분은 하나님이시다. 우리의 본분은 지도자들을 존중하고 기도하는 것이다. 심판이 필요하다면, 우리가 그 여지를 내드려야 한다고 하나님은 말씀하신다. 지도자들을 존중하고 기도하지 않는 것은 불순종이요, 그로 인해 하나님이 약속하신 의로운 심판을 막는 것이다. 국가나 지역사회에 필요한 하나님의 개입을 가로막는 셈이다.

이와 똑같은 일이 최근 나이지리아에서 벌어졌다. 사악한 지도자 사니 아바차는 1993년에 총선을 무효화시키고 확정적인 당선자 모스후드 아비올라를 감옥에 보내면서 권좌에 올랐다. 이어 그는 많은 민주 지도자들을 처형하고 독재 정치를 시작했다. 그의 통치 하에 수많은 무고한 백성이 죽임을 당했다. 그는 대략 30억 달러를 횡령하여 유럽에 있는 자기 계좌들에 넣었다.

내 친구 마크 목사는 나이지리아에 자주 다닌다. 그는 나이지리아의 두 지도적 목사인 E. A. 아데보예와 데이비드 오예데포 주교와 친구 사이다. 이 둘은 커다란 기독교 운동을 주관하고 있다. 그들의 월례 기도회에는 보통 신자 백만 명이 참석한다. 그들은 6월과 12월에 한 번씩 매년 두 차례 특별 기도회를 여는데, 두 번 다 참석자가 2백만이 넘는다.

마크 목사가 하는 말이, 나이지리아 신자들은 정부 권위들을 공대하며 크게 존중한다고 한다. 그 나라를 자주 방문하는 다른 사람들도 똑같이 말한다. 그러면서 다른 한편으로 그곳 신자들은 지도자들을 위하여, 나라의 의로운 통치를 위하여 간절히 기도한다.

마크 목사는 1998년 초 월례 기도회에서 있었던 일을 들려주었다. 나이지리아에서 세 번째로 유명한 목사인 북부의 에마누엘 쿠레 목사가, 구름이 갈라지면서 거대한 두 천사가 검을 들고 나타나는 광경을 보았다. 하나님은 그에게 아바차의 날이 이미 계수되었음을 보여 주셨다. 사실 그는 그 일이 석 달 내로 일어날 거라고 예언했다. 아바차가 회개하지 않는 한 피할 도리가 없었다.

쿠레 목사가 한 말이 대통령에게 전해졌다. 그러자 아바차는 '화목제물'을 보냈다. 행여나 그 예언을 되돌려 볼까 해서 거액의 돈을 보낸 것이다. 쿠레 목사는 주님께서 자기에게 주신 말씀을 마크에게 나누었다. "그(아바차)의 문둥병이 네게 옮지 않도록 그 돈에 손대지 말라."

쿠레 목사는 아바차가 회개하고 주님께 나와야 한다는 답을 보냈다.

하나님은 기도회를 인도하던 E. A. 아데보예 목사에게 아바차 대통령과 말할 수 있는 기회를 열어 주셨다. 그도 역시 아바차가 회개하지 않으면 죽음으로 탄핵 당할 거라고 경고했다.

쿠레가 천사들을 본 뒤로 석 달이 지난 1998년 6월의 큰 기도회 중에 아데보예 목사는 모인 무리들에게, 주변 사람들을 돌아보며 서로 '새해인사'를 나누게 했다. 청중들은 당황했다. 그러면서 그들에게, 멍에가

꺾였으니 거리에 춤판이 벌어지리라고 말했다.

그렇게 선포한 지 24시간 내에 대통령은 갑자기 심장마비로 죽었다. 한 뉴스는 이렇게 전했다. "BBC에 따르면, 국영 라디오는 나이지리아 국민들이 그의 사망 소식을 듣고는 거리로 뛰쳐나와 즐거워하고 있다고 지역 뉴스를 인용 보도했다."

기도회에 참석한 사람들은 아데보예가 말한 멍에가 독재자의 통치임을 알고 있었다.

이 글을 쓰는 현재, 나이지리아에는 이 두 주요 목사를 영적 스승으로 바라보는 그리스도인이 대통령이 되어 있다. 현재 그 나라는 하나님의 엄청난 역사를 경험하고 있다. 전도자 라인하르트 본케는 아바차 통치 중에 그 나라에 입국이 금지됐다. 아바차가 죽은 뒤에 신임 대통령 올루세군 오바산조는 라인하르트를 자기 취임식에 초대했다. 거기 있는 동안 대통령은 그에게 다시 자유 입국을 허용했다.

라인하르트 본케의 첫 전도대회는 1999년 10월에 열렸다. 2006년 10월 현재 그의 나이지리아 전도대회를 통하여 4천 2백만의 사람들이 예수 그리스도를 구주와 주님으로 믿고 삶을 드렸다. 이것은 기록된 결신 카드로 확인되며, 본케 사역의 행정 간사인 한 친구가 내게 알려온 것이다.

나이지리아 인구는 2000년에 약 1억 2천 3백만 명이었다. 그러니까 4천 2백만이 회심했다는 것은 전 국민의 3분의 1이 하나님께로 왔다는 말이다. 이것은 1999년 이후로 나이지리아에서 수고해 온 자국 목사들, 다른 전도자들, 신자들의 열매는 포함되지 않은 것이다. 또 한 가지 놀라운 사실은 나이지리아 인구가 아프리카 대륙 전체 인구의 4분의 1이라는 것이다. 영혼의 놀라운 추수라 할 만하다.

헤롯이 죽은 후에 성경에 뭐라고 했는지 떠올려 보라. "하나님의 말씀은 흥왕하여 더하더라"(행 12:24).

그는 왜 죽었을까? 성도들이 하나님을 경외하는 가운데 행했기 때문이다. 여기에 지도자들을 존중하는 것이 포함된다. 또한 교회가 합심하여 기도했기 때문이다.

하나님의 사람들이 정부 권위들을 존중하고 그들을 위하여 기도하고 주님 말씀에 순종하며 행할 때, 우리 마을에서 시작해 국가에 이르기까지 성령을 크게 부어 주심을 보게 될 것이다.

권위들을 심판하시는 분은 하나님이시다.
우리의 본분은 지도자들을 존중하고 기도하는 것이다.

2장

# 사회 리더십을 향한 존중

하나님이 예수님을 보내신 목적은 우리를 갈망하시고 사랑하시기에 우리와
인격적인 관계를 맺으시려는 것이다.

사회 권위들을 존중해야 하는 이유는 하나님의 이름
과 복음의 가르침이 "비방을 받지 않게" 하기 위해서다.

> 무릇 멍에 아래에 있는 종들은 자기 상전들을 범사에 마땅히 공경(존중)할 자로
>
> 알지니 이는 하나님의 이름과 교훈으로 비방을 받지 않게 하려 함이라(딤전 6:1).

AMP에는 "하나님의 이름과 (그분에 대한) 가르침이 오명과 모독을 당
하지 않게"라고 되어 있다. 오명이라는 말은 "대중에게 하찮게 여겨지
는 상태"를 뜻한다. 모독이라는 말은 "하나님 또는 신성한 것들을 함부
로 대한다"는 뜻이다.

두 단어를 종합해 보면, 우리 신자들이 고용주, 교사, 기타 사회 지도
자들을 공경하지 않은 결과 사회는 하나님 나라를 하찮게 여기게 된다.

심지어 하나님 또는 신성한 것들을 함부로 대하는 지경에까지 이를 수도 있다.

우리 사회는 어떻게 하나님의 것들을 함부로 대해 왔을까? 학교에서 기도가 폐지되었다. 법정에서 십계명이 치워졌다. 우리가 즐기는 오락은 대부분 도발적이고 심지어 무신론적이다. 음악에도 하나님을 노골적으로 모욕하는 음악이 넘쳐난다. 교육 제도는 어떤가? 창조를 믿는 사람들을 마음이 편협하고 심지어 지식의 진보를 위협하는 존재라고 몰아세운다. 일일이 말하자면 끝이 없다.

우리 그리스도인들이 사회 권위를 존중하지 않는 것이 우리 사회의 불경한 행동을 더 부추긴 것일까? 그렇다. 바울이 위 성경구절에서 대답했듯이 우리가 참된 존중 가운데 행하지 못할 때 그와 같은 일이 벌어진다.


| 일터에서 _ 직장 상사에게

바울의 말을 가장 잘 보여 주는 예를 몇 년 전에 내가 직접 겪었다. 어떤 큰 도시를 출발하는 비행기에 올랐는데, 단골 고객 자격 덕분에 자리가 일등석으로 격상되었다. 내 옆자리에는 말쑥한 옷차림의 사업가가 앉았다. 그런데 자꾸만 그 사람과 안면을 터 복음을 나누고 싶은 '부담'이 느껴졌다. 그래서 내가 먼저 말을 건넸다. 우리 사이에는 금세 아주 좋은 공감대가 형성되었다.

그 남자는 아주 똑똑했고, 굳이 물어보지 않고도 그가 지도자임을 알았다. 그래서 그의 직업을 물었다. 그는 그 도시에서 두 번째로 큰 택시 회사 사장이라고 했다. 그때부터 그가 회사를 운영하는 방식에 화제의 초점을 맞추었다. 한동안 그의 직업에 대해 대화하다가 이번에는 그가 내 직업을 물었다. 나는 대답했다. "저는 하나님을 위해서 일하는 복음 사역자입니다."

그러자 그의 얼굴이 단박에 굳어지더니 그는 툴툴거리며 고개를 돌렸다. 그의 태도에 무척 당황했다. 제법 친근해진 이 사람이 갑자기 나를 냉대하면서 마치 나와 상종하기조차 싫다는 투로 행동했던 것이다. 그러나 그때까지의 대화가 워낙 좋았으므로 까닭을 물을 수 있을 듯싶었다. 그래서 가벼운 말투로 물었다. "반응이 심상치 않으시군요. 왜 그러십니까?"

그는 심각한 얼굴 표정으로 나를 보며 말했다. "난 당신이 좋아졌소. 그러니 내가 왜 사역자나 그리스도인이라면 학을 떼는지 솔직히 말하리다."

그가 말을 이었다. "우리 회사에 직원이 하나 있었소. 소위 '거듭났다'는 여자였소. 그 여자는 근무 시간을 몇 시간씩 들여 많은 직원들에게 그들도 '구원받아야' 한다며 전도하고 다녔소. 본인만 생산성이 없었을 뿐 아니라 다른 직원들의 생산성까지 떨어뜨렸소. 결국 해고당했는데, 그 여자는 회사를 떠나면서 회사 기물들을 가져갔소. 심지어 독일에 사는 자기 아들한테 걸었던 장거리 전화요금 8천 달러를 나한테 떠넘겼소."

1990년대 초반이니 국제전화비가 꽤 비싼 시절이었다. 가슴이 아팠다. 그 회사 모든 사람들은 이제 하나님 말씀이 귀에 잘 들어오지 않을 것이다. 그녀의 행동이 하나님 말씀에 오명을 입혔기 때문이다. 그녀는 일해야 할 시간에 전도함으로써 그리고 보란 듯이 기물을 훔침으로써 이 사장과 직원들을 경멸했다. 가장 신뢰받는 직원이 되었어야 할 그녀가 말이다. 그래서 바울은 직원들에게 이렇게 말한다.

종들은 자기 상전들에게 범사에 순종하여 기쁘게 하고 거슬러 말하지 말며 훔치지 말고 오히려 모든 참된 신실성을 나타내게 하라 이는 범사에 우리 구주 하나님의 교훈을 빛나게 하려 함이라(딛 2:9-10).

그 여자는 자기가 전도한 바로 그 내용의 신빙성을 떨어뜨렸다. 그녀는 복음을 욕되게 했다. 그녀가 만일 하나님의 말씀대로 자기 고용주를 존중했다면, 회사에서 전혀 다른 모습으로 근무했을 것이다. 의욕적으로 일을 잘했을 것이고, 거기에 정직함까지 더해져 복음의 진보를 이루었을 것이다.

그 사장과의 나머지 대화는 그 여자의 행동에 대해 내가 사과하는 내용이 대부분이었다. 그는 듣긴 들었으나, 별로 위로받지 못하는 듯했다. 상처가 깊어 내 말로는 보상이 어려웠던 것이다.

몇 년 후에 어느 회중에게 메시지를 전하면서 그 이야기를 했다. 그런데 얼마 뒤 우리 재정 후원자 하나가 나중에 CD로 그 이야기를 듣고 우리 사역기관에 연락하여 문의했다. 그는 그 사장의 회사와 주소를 알아낼 수 있느냐고 물었다. 그는 하나님 사랑의 한 증거로 그 사장에게 사과 편지를 써서 8천 달러 수표와 함께 보낼 마음이었던 것이다.

그의 마음에 감격하여 연락처를 알아 내 내가 직접 그에게 연락했다. 그런데 안타깝게도 그 사장은 6개월 전에 심장마비로 세상을 떠났다고 했다. 이번에도 내 마음은 참담히 무너졌다. 그는 비행기에서 내가 전한 복음을 들었을까? 하지만 솔직히, 그의 마음이 닫혀 있어서 전도는 정말 아무런 진전이 없었다. 나로서는 다른 그리스도인이 어쩌다 그를 만나 또 전도했기를 바랄 뿐이었다.

만일 그에게 사장과 회사를 존중하는 직원이 있었더라면, 비행기에서 그 사업가에게 복음을 전하기가 얼마나 더 쉬웠을까. 아마도 그는 받아들였을 것이다. 그는 이렇게 말했을 것이다. "존, 당신의 말이 이해가 갑니다. 내 회사의 가장 훌륭한 직원들은 그리스도인들이오. 내 삶은 엉망이오. 내게 영원한 생명을 주실 예수님이 필요하오. 좋소. 당신과 함께 기도하리다."

물론 긍정적인 예도 있다. 많은 비신자 상사들이 자기 직원들에게서 참된 기독교의 증거를 본다는 말을 하곤 한다. 직원들의 전도 때문이 아니라 직원들이 어려운 상황에서 그리고 업무 윤리에서 그리스도의 성품을 드러내기 때문에 그렇다는 것이다. 그들 상사들이 내게 하는 말들이다. "그들은 다른 직원들보다 열심히 일합니다." "그들은 내 회사의 가장 정직하고 믿을 만한 직원들입니다." "그들은 나한테 대들거나 불평하거나 말대꾸하는 법이 없습니다."

이들 신자들이 일하는 방식은 위에 말한 여자와는 전혀 딴판이다. 그 능력은 어디서 올까? 답은 간단하다. 주를 경외하는 마음이다. 하나님이 돌보시고 사랑하시는 사람들을 참으로 존중하는 우리 마음이 거기서 생겨난다.


| 학교에서 _ 스승에게

지난 세월 나는 신자들이 세상에서 나타낸 존중 또는 경멸의 행동으로 인해 복음에 신임 아니면 오명을 가져온 소식과 사연을 수없이 들었다. 내가 그 양쪽 모두를 처음 목격한 것은 아직 학교에 다닐 때였다.

나는 퍼듀대학교 재학 중에 남학생 친목회에서 예수 그리스도를 주님으로 영접했다. 나는 천주교 신자로 자랐고 교회에 충실히 다녔으나 구원이 절실히 필요했다. 그러던 중 친목회의 한 회원이 눈에 들어왔다. 첫째로 내가 본 것은 사랑이 많으면서도 강고한 그의 성품과 행동이었다. 그는 실력 있는 운동선수였고 삶이 아주 잘 훈련되어 있었다. 친목회 파티 때 보면, 그는 나머지 우리들이 곤드레만드레 취하기 전인 앞부분에만 참석했다가 상황이 난장판이 될 때면 떠나곤 했다. 파티에 있는 동안 그는 남자들한테나 여자들한테나 아주 친근감 있게 말했고, 내내 음료수만 마셨다.

그의 눈에 비친 나는 종교심은 있으나 하나님과는 거리가 먼 사람이었다. 그래서 그는 우선 나와 친구가 되었다. 그러다 얼마가 지나 어느 밤에 그가 내 방문을 두드렸고, 함께 하나님 말씀을 나누었다. 그러다 그가 물었다. "존, 자네 미국 대통령에 대해서 나한테 말할 수 있겠나?"

"물론이지. 이름은 지미 카터, 부인 이름은 로즐린. 조지아 주 주지사 출신이고 그전에는 땅콩을 키우는 농부였지."

"좋네. 이번에는 예수 그리스도에 대해서 말할 수 있겠나?"

"물론이지. 동정녀에게서 태어나셨고, 의붓아버지 이름은 요셉이었고, 열두 제자가 있었고, 십자가에 돌아가셨지."

"훌륭해. 이번에는 이걸 말해 보게. 자네는 카터 대통령을 자네 어머니를 아는 것처럼 알고 있나?"

"아니."

그는 그 둘이 어떻게 다르냐고 물었다.

그래서 나는 대답했다. "어머니야 내 어머니니까 개인적으로 알지. 미국 대통령은 만나 본 적이 없는 사람이고."

"그러니까 자네 어머니와는 인격적인 관계가 있는 반면, 대통령에 대해서라면 주변 지식만 많았지 그 사람 자신은 모른다 그거군. 그와는 인격적인 관계가 없다는 거지."

"그렇지."

"그럼 존, 자네는 예수 그리스도를 자네 어머니를 아는 것처럼 알고 있나?"

망치로 한 대 얻어맞은 기분이었다. 뭐라고 말해야 할지 몰라 그저 멍하니 있었다. 그러자 그는 하나님이 예수님을 보내신 진짜 목적은, 우리를 교인들 무리로 만드시는 것이 아니라 우리를 갈망하시고 사랑하시기에 우리와 인격적인 관계를 맺으시는 것이라고 내게 일러 주었다. 나는 내가 창조된 이유를 깨닫고 말을 잃었다.

다음 한 해 동안 나는 성경 공부에 많은 시간을 들였다. 아무리 배워도 부족했다. 나는 하나님 말씀을 알고 싶었다. 예수님께 내 삶을 드리기 전만 해도 성경은 수두룩한 이야기와 규정에 지나지 않았다. 이제 성경은 내게 직접 주시는 하나님의 말씀이었다. 성경이 내 심령 속에서 살아났기 때문이다.

공학도인 나는 선택과목을 몇 개 들을 수 있었다. 그 가운데 노트르담 대학교를 통해서 개설된 강좌도 몇 있었다. 퍼듀캠퍼스에 노트르담 주재 교수가 하나 있었다. 나는 '구약 개론 101'을 듣기로 했다. 믿음이 어린 나는 구약의 일부 가르침이 이해가 되지 않아 씨름하고 있었다. 그래서 전체적인 시각을 얻는 것도 좋겠다는 생각이 들었다.

그 수업은 매주 월요일에 세 시간씩 있었다. 첫 수업 때 교수는 그야말로 나를 충격에 빠뜨렸다. 그에 따르면 성경에 600개 이상의 자체 모순이 있고, 예수 그리스도가 죽음에서 부활한 것을 성경에서 역사적으로 입증할 수 없으며, 모세가 이스라엘 자손과 함께 홍해를 건널 때만 해도 홍해는 늪이었다. 성경에 그 사건이 더 극적으로 묘사된 이유는, 이야기가 세대에서 세대로 전해지면서 점점 과장되어 급기야 늪이 거대한 바다로 변했기 때문이라 했다.

말할 것도 없이 그 학기에 나는 좌충우돌했다. 그 교수와 딴 학생들에게 자주 반론을 펴던 일이 기억난다. 한번은 교수와 나의 논쟁이 세 시간 수업의 두 시간을 잡아먹은 적도 있다. 그에게 말하는 동안 줄곧 내 입장은 확고했으나 스승의 지위에 대한 존중만은 잃지 않았다.

학기 초에 교수는 우리에게 방대한 연구 보고서를 숙제로 주면서 학기말에 제출하라고 했다. 최종 학점의 3분의 1일이 거기에 달려 있었기 때문에 정말 열심히 보고서를 썼다. 마지막 수업 때 교수는 학점을 매긴 연구 리포트를 돌려 주었다. 그런데 내 보고서에는 학점은 없고 큰 글씨로 'I'라고만 적혀 있었다. 무슨 의미인지 알고 싶어 수업이 끝난 후 교수에게 물었더니 그는 말했다. "존, 언제 내 사무실로 오게. 자네가 받은 학점에 관해서 이야기를 좀 나눠야겠네."

며칠 후, 교수실로 찾아갔다. "존, 자네와 나는 딴 세상에 살고 있어. 그래서 난 자네의 연구 리포트에 학점을 매길 수 없었던 걸세. 그래서 'I'라고 쓴 건데, 그것은 한마디로 이번 리포트가 자네의 최종 학점에 가산되지 않는다는 뜻이야. 그러니까 자네의 경우는 두 시험 점수의 평균이 이번 학기 최종 학점이 되는 걸세."

그러더니 그는 말했다. "존, 내 수업에는 '근본주의자들'이 많았고 그 가운데 더러는 내 가장 큰 골칫거리였네. 그들 대다수는 이 셋 가운데 하나였네. 내 수업을 망쳐 놓았거나, 도중에 수강을 그만두었거나, 일부는 자기 소신에서 물러서기도 했지."

그의 말투가 부드럽게 바뀌었다. "하지만 존, 자네는 달랐어. 자네는 소신에서 조금도 물러서지 않고 자기 입장을 고수했네. 그러면서도 나를 존중하며 말했지. 자네는 또 동료 급우들로부터 존중도 얻었네. 자네의 용기와 내게 보여 준 존중에 진심으로 감사하네."

그 대화를 통해서 하나님이 내게 가르쳐 주신 것이 있다. 하나님 말씀의 계시 안에 굳게 서되 지도자들을 존중하면, 하나님이 진리를 위하여 역사하시는 것을 보게 된다. 그 교수의 수업에 들어온 다른 '근본주의

자들'이란 분명 거듭난 신자들이었을 것이다. 그러나 그 수업에서 그들이 한 증언은 자기들이 하려던 동료 급우들과 교수에게 예수 그리스도를 전하는 일과는 정반대 되는 행위였다. 그들은 걸핏하면 따지고 깔보는 행동으로 교수의 수업을 망쳐 놓았고, 따라서 교수와 급우들 눈

하나님 말씀의 계시 안에 굳게 서되 지도자들을 존중하면, 하나님이 진리를 위하여 역사하시는 것을 보게 된다.

에는 그들이 참복음에 오명을 입힌 것으로 보였을 것이다. 존중의 원리를 벗어남으로써 절호의 기회를 놓친 것이다.

하나님 말씀에 명시된 바에서 절대로 물러서서는 안 된다. 동시에 반대 입장에 있는 사람들을 온유하고 유순한 마음으로 바로잡아 주어야 한다. 상대가 상사나 코치나 교사라면 우리는 그리스도를 닮은 모본된 삶을 보여야 한다. 그러다 기회가 오면 입을 열어 진리를 말하되, 그때도 지도자에게 사랑과 존중을 보여야 한다.


| 주께 하듯 섬기라

그렇다면 사회 권위들을 어떻게 존중할 것인가? 존중의 의미를 다시 한 번 살펴보자. 존중이란 중시한다, 귀하고 중하게 여긴다, 경의를 품고 대한다, 복종한다, 성경에 어긋나지 않는 한 순종한다는 뜻이다.

이 정의를 묵상하고 기도한다면, 우리의 행동이 일터나 교실이나 경기장에 긍정적인 영향을 미칠 것이다. 사회 권위들을 존중하는 마음을 가득 부어 달라고 하나님께 구한다면, 그들을 합당히 대하게 될 것이다. 내 권리를 챙기려 싸우는 대신, 내 뜻보다 그들의 뜻을 앞세울 것이다. 내 수고에 합당한 보수나 인정을 받든 그렇지 않든, 우리는 그들이 성공하도록 힘쓸 것이다. 어떻게 그럴 수 있을까? 성경이 말해 준다.

종(직원)들아 두려워하고 떨며 성실한 마음으로 육체의 상전(고용주나 상사)에게 순종하기를 그리스도께 하듯 하라 눈가림만 하여 사람을 기쁘게 하는 자처럼 하지 말고 그리스도의 종들처럼 마음으로 하나님의 뜻을 행하고 기쁜 마음으로 섬기기를 주께 하듯 하고 사람들에게 하듯 하지 말라 이는 각 사람이 무슨 선을 행하든지 종이나 자유인이나 주께로부터 그대로 (보상을) 받을 줄을 앎이라(엡 6:5-8).

"기쁜 마음으로 섬기기를 주께 하듯 하라"고 했다. 그런 마음이 있다면 우리는 종(노예)에서 섬기는 자로 바뀔 것이다. "나는 노예가 아니다" 하고 대뜸 성을 내기 전에 노예와 섬기는 자의 차이를 생각해 보라. 노예는 최소한의 시키는 일만 하지만, 섬기는 자는 최대한의 잠재력을 발휘한다. 노예는 할 수 없이 하지만, 섬기는 자는 자진해서 한다. 섬기는 자는 명령을 기다리지 않고 기회를 찾는다. 그는 주인에게 필요한 일을 미리 보고, 시키지 않아도 그 일을 한다.

상사가 당신을 부당하게 대하며 까다롭게 굴 때 당신에게 필요한 것은 주도적인 행동이지 단순한 반응이 아니다. 단순히 반응하는 사람은 부당대우에 불평하거나 풀이 죽어서 생산성이 떨어진다. 그러나 주도적으로 행동하는 사람은 선으로 악에 맞선다(롬 12:21 참조). 그는 불친절한 상사에게 다가가 이처럼 말한다. "사장님, 더 해야 할 일이 제게 보입니다. 그래서 다음 주에 제가 두 시간씩 일찍 나와 그 일을 하겠습니다. 물론 추가적인 보수는 전혀 않으셔도 됩니다."

갈등에 이런 식으로 대처하면, 하나님의 은총은 물론 사람의 은총까지 얻을 것이다. 그것을 어떻게 아는가? 잠언 3장 3-4절에, 우리 마음판에 인자와 진리를 새기면 "하나님과 사람 앞에서 은총과 귀중히 여김을 받으리라"고 했다.

당신이 그렇게 존중하는데도 상사의 눈에 은총을 입지 못한다면, 하나님이 다른 곳에 문을 여셔서 거기서 은총을 얻게 하신다. 앞장에 말한 보험회사 간부처럼 말이다.

이것은 법칙이다. 당신 삶 속의 사회적 권위들을 존중하면 하나님이 당신을 존중

상사가 당신을 부당하게 대하며 까다롭게 굴 때 당신에게 필요한 것은 주도적인 행동이지 단순한 반응이 아니다. 단순히 반응하는 사람은 불평하거나 풀이 죽어서 생산성이 떨어진다. 그러나 주도적으로 행동하는 사람은 선으로 악에 맞선다.

하시고, 마침내 당신은 온전한 보상을 받는다. 당신의 상사나 교사나 코치한테서는 오지 않을지 몰라도 보상은 반드시 온다. 하나님은 반드시 그분 말씀대로 행하신다.

섬기는 사람은 기회를 찾고 자진해서 일한다.

존중

3장

# 가정 리더십을 향한 존중

부모를 존중하는 것은 제안이나 권고가 아니라, 계명이다.

"네 아버지와 어머니를 공경(존중)하라 이것은 약속이 있는 첫 계명이니 이로써 네가 잘되고 땅에서 장수하리라"(엡 6:2-3).

부모를 존중하는 것은 제안이나 권고가 아닌 계명이다. 그리고 계명을 지키는 것은 하나님을 사랑하는 마음이 우리 안에 참으로 거한다는 증거다. 예수님은 "나의 계명을 지키는 자라야 나를 사랑하는 자니"(요 14:21)라고 말씀하신다. 사도 요한도 "또 사랑은 이것이니 우리가 그 계명을 따라 행하는 것이요"(요이 1:6)라고 분명히 말한다.

예수 그리스도를 주님으로 영접했으면 우리는 이미 변화된 존재다. 이전에 존재하던 사람은 더 이상 살지 않는다. 우리는 새로운 피조물이다. 마음은 새로워졌고 하나님을 경외하고 사랑하는 마음이 우리 안에 거한다. 우리의 갈망은 이제 하나님을 향한다. 우리는 그분을 기쁘시게 해 드리고 싶다. "오직 하나님의 계명을 지킬 따름"(고전 7:19)인 삶을 살게 된다.

거꾸로 하나님의 계명을 습관적으로 무시하는 사람들은 성령을 통하여 예수 그리스도를 진정으로 만나지 못한 사람들이다. 그들은 기독교를 고백할지라도 삶을 보면 그 본성을 금세 알 수 있다(마 7:20 참조). 하나님의 계명을 가볍게 여긴다는 것은 그들에게는 그분의 마음이 없다는 것이다. 요한은 "그(예수 그리스도)를 아노라 하고 그의 계명을 지키지 아니하는 자는 거짓말하는(미혹된) 자요 진리가 그 속에 있지 아니하되"(요일 2:4)라고 했다. 그 사람은 하나님의 자녀가 아닌, 미혹된 자다. 스스로는 구원받았다 생각할지 모르지만 실제는 아닌 것이다.

부모를 존중한다면 그들과 대화할 때 존경과 사랑의 눈으로 바라볼 것이다. 존중이 행동과 말은 물론 생각으로도 나타날 수 있지만 모든 참된 존중은 마음에서 비롯된다는 것을 잊지 말라. 그러므로 평소 부모에게 건방지거나 경망스럽거나 불손하게 말한다면, 자신이 부모를 참으로 존중하지 않는다는 증거다. 마음에 가득한 것을 입으로 말하기 때문이다(마 12:34 참조). 경멸하는 마음은 말하는 투나 질색하는 표정, 일을 시켜도 꾸물거리는 태도, 불평 따위 등의 모습으로 행동에 나타난다.

안타깝게도 오늘날 많은 젊은이들이 부모를 함부로 대한다. 인기 있는 가족 영화

> 평소 부모에게 건방지거나 경망스럽거나 불손하게 말한다면, 자신이 부모를 참으로 존중하지 않는다는 증거다. 마음에 가득한 것을 입으로 말하기 때문이다.

임에도 불구하고 우리 아이들에게 보도록 허용할 수 없는 것들이 많다. 그 가운데는 등급도 모든 연령 입장 가예, 믿을 만한 영화사들이 제작한 것들도 있다. 의당 안전하다고 생각할 만한 영화들이다. 줄거리도 대개 감동적이다. 그러나 자녀들이 부모에게 말하는 방식은 전혀 다르다. 그들은 자기 아버지나 어머니를 멍청하거나 세태에 무지하다고

생각하면서 부모의 지시를 노골적으로 무시한다. 영화는 자녀들이 부모를 멸시했음에도 불구하고 결국 영웅이 되거나 자기 마음의 소원을 이루는 것으로 끝난다.

"그의 부모를 경홀히 여기는(경멸하는) 자는 저주를 받을 것이라 할 것이요 모든 백성은 아멘 할지니라"(신 27:16). 저주받는다는 말이 얼마나 강한 말인지 아는가? 하나님께 저주받는 것은 아주 심각한 일이다. 경멸한다는 것은 흔하거나 평범하거나 천하게 취급한다는 뜻이다. 그것이 더 강해지면 수치스럽게 대하거나 모욕한다는 뜻이 된다.


| 상처 입은 가정

사람이 부모를 경멸하여 자기 삶에 저주를 부른 예가 성경에 많이 나온다. 그 가운데 노아의 둘째아들 함의 예를 보자.

홍수 후에 노아는 농사를 지었다. 하룻밤은 노아가 술에 취했다. 왜 그랬을까? 아마 우울증과 싸웠는지도 모른다. 세상에 남은 아버지라고는 자기밖에 없었으니 말이다. 아니면 재건의 압박감을 덜려고 했는지도 모른다. 어느 경우든 그는 분명히 무거운 압박감을 해소하고 싶었을 것이다. 하지만 방법이 잘못되었다. 일단 술에 취하자 그는 자기 천막으로 비틀거리며 들어가 옷을 모조리 벗고는 그대로 누워 버렸다.

함은 아버지의 천막에 들어갔다가 아버지가 알몸으로 누워 있는 것을 보고는 밖으로 나와 셈과 야벳에게 웃으며 마구 떠벌였다. 함이 낄낄거리며 비웃는 투로 말하는 모습이 눈에 선하다. "형, 믿어지지 않겠지만 아버지가 술이 떡이 돼서 홀라당 벗고 있어! 가서 한번 봐."

하지만 그 이야기를 들은 셈과 야벳은 전혀 다른 반응을 보였다. 그들은 옷을 집어 어깨 위로 들고 천막에 뒷걸음쳐 들어가서 노아의 알몸을 덮었다. 그들은 아버지의 수치를 보지 않으려 했다.

이튿날 아침 일어난 노아는 함이 한 일을 알게 되었다.

> 이에 (노아가) 이르되 가나안은 저주를 받아 그의 형제의 종들의 종이 되기를
> 원하노라 하고 또 이르되 셈의 하나님 여호와를 찬송하리로다 가나안은 셈의 종
> 이 되고 하나님이 야벳을 창대하게 하사 셈의 장막에 거하게 하시고 가나안은
> 그의 종이 되게 하시기를 원하노라 하였더라(창 9:25-27).

노아의 입에서 나온 이 예언적인 말은 여러 세대에 걸쳐 그대로 실현된다. 함의 후손인 가나안 족속들은 저주를 받았고, 결국 하나님의 명령으로 이스라엘 자손에게 점령당했다.

함은 아버지를 경멸하여 자기 삶과 후손에게 저주를 불렀다. 한 가지 흥미로운 것은, 함의 행동은 그에게 혹독한 대가를 불렀지만 노아가 술 취했기 때문에 치러야 할 대가는 성경 어디에도 기록이 없다는 것이다. 사실 히브리서 11장에 보면 하나님은 족장들을 자랑하신다. 노아도 그 가운데 하나다. 그는 죄를 회개하고 용서받은 것이 분명하다. 그러나 같은 장에 함에 대한 이야기는 없다. 사실 다시는 성경에 그의 이름이 긍정적인 의미로 언급되지 않는다. 노아의 도덕적 실패가 세 아들이 품은 존중을 시험하는 상황이 된 것이다.

또 하나 눈여겨보아야 할 아주 흥미로운 대목은 함의 보고가 옳았다는 것이다. 그의 아버지는 술 취했고 옷을 벗었다. 그러나 함은 원리에서 틀렸다. 논리로는 그의 행동이 정당화된다. 그는 본 대로 말했을 뿐이다. 그러나 존중과 하나님 나라의 원리는 다르게 말한다. 분명 노아의 행동은 경건하지 못했으나 그것은 하나님이 다루실 일이지 아들이 다룰 일은 절대 아니었다.

자기 아버지를 경멸한 또 다른 사람은 르우벤이다. 그는 야곱의 맏아들이었고 어머니는 레아였다. 르우벤은 자기 아버지의 첩 빌하와 동침함으로 아버지를 경멸했다.

그러나 이 일에는 단지 아버지의 여인과 성관계를 한 것 이상이 개입되어 있다. 야곱의 두 정실 아내는 레아와 라헬이었다. 둘은 자매간이었고, 빌하는 라헬의 여종이었다. 라헬과 레아는 서로 경쟁했다. 야곱이 라헬을 편애한 탓에 경쟁심에 불이 붙어 날로 심해졌다. 야곱은 결혼 초부터 라헬을 편애하여 라헬이 죽을 때까지 계속했다.

하나님은 남편에게 사랑받지 못하는 레아를 보시고 그 태를 열어 주셨고, 그래서 레아는 임신하여 르우벤을 낳았다. 르우벤을 낳고서 그녀가 보인 반응은 이랬다. "여호와께서 나의 괴로움을 돌보셨으니 이제는 내 남편이 나를 사랑하리로다"(창 29:32).

얼마 후 레아는 둘째아들을 낳았다. 아이가 태어나자 레아는 "여호와께서 내가 사랑받지 못함을 들으셨으므로 내게 이 아들도 주셨도다 하고 그의 이름을 시므온('들으셨다'는 뜻)이라 하였"(창 29:33)다.

레아는 또 셋째아들을 낳았다. 출산 후의 반응을 보면 점점 깊어 가는 레아의 절박한 심정을 알 수 있다. "내가 그에게 세 아들을 낳았으니 내 남편이 지금부터 나와 연합하리로다 하고 그의 이름을 레위('연합했다'는 뜻)라 하였으며"(창 29:34).

언니는 형통하는데 자기는 임신하지 못함을 본 라헬은 레아의 우위를 꺾어 놓으려고 수를 썼다. 자기 여종을 야곱에게 주기로 한 것이다. 그래서 라헬은 "내 여종 빌하에게로 들어가라 그가 아들을 낳아 내 무릎에 두리니 그러면 나도 그로 말미암아 자식을 얻겠노라"(창 30:3)고 말했다. 드디어 아들이 태어나자 라헬은 "내가 언니와 크게 경쟁하여 이겼다"(창 30:8)고 했다.

맏아들 르우벤은 자기 어머니와 라헬 사이의 반목과 경쟁을 다 보았다. 장성한 르우벤은 아버지에게 무시당하며 괴로워하는 어머니를 보며 마음이 아팠다. 그래서 르우벤은 어머니를 위해 들에 나가 합환채를 구해다 어머니에게 주었다. 그것을 시기한 라헬은 합환채를 받는 대가로 레아에게 하룻밤 야곱과 동침하게 해 주었다.

그날 밤 야곱이 들에서 돌아오자 레아가 맞으며 말했다. "내게로 들어오라 내가 내 아들의 합환채로 당신을 샀노라"(창 30:16). 이 사건으로 미루어 보아 야곱은 거의 모든 밤을 라헬과 함께 잔 것이 분명하다. 레아는 값을 치러야만 남편을 얻을 수 있었다.

르우벤은 이 모든 상황을 지켜보며 몹시 괴로웠다. 어머니를 향한 아버지의 냉정하고 무뚝뚝한 행동에 르우벤의 원한은 분명히 하루가 다르게 깊어 갔을 것이다.

그런 일은 침실에서뿐 아니라 모든 분야에서 일어났다. 시간이 흘러 야곱에게 열 아들이 태어난 뒤에 드디어 라헬이 자식 요셉을 낳았다. 라헬의 아들만 예뻐하는 아버지를 지켜보며 르우벤은 더욱 한이 맺혔다. 요셉은 특별대우를 받았고, 다른 모든 형제들보다 더 사랑받았으며, 아버지의 편애를 상징하는 멋진 옷까지 받았다.

그들 일가족이 레아와 라헬의 아버지 라반을 피해 달아나자, 에서가 400명을 거느리고 그들을 맞으러 오고 있다는 말이 전해졌다. 야곱은 형의 장자권을 훔친 자기를 죽이겠다던 형의 맹세를 익히 기억하고 있었기에 두려움에 사로잡혔다.

야곱은 자기 목숨과 자손들을 지키기 위해 가족들을 나누었다. 그는 그들을 그룹별로 자기보다 앞서 보내 에서를 맞이하게 했다. 만일 에서가 첫 그룹을 죽이면 야곱은 적시에 형을 피해 달아나 자기 목숨과 자기가 제일 아끼는 사람들을 구할 심산이었다. 그가 가족들을 어떻게 나누었는지 보자. "여종들과 그들의 자식들은 앞에 두고 레아와 그의 자식들은 다음에 두고 라헬과 요셉은 뒤에 두고"(창 33:2).

르우벤이 느꼈을 상처나 분노가 상상이 되는가? 르우벤 모자는 죽을 목숨이 되어 라헬 앞에 배치되었다. 반면 아버지는 라헬과 그 아들을 편애하여 자기와 함께 후미 그룹에 두었다.

시간이 흐르면서 원한도 점점 커졌다. 그러던 중 라헬이 둘째아들을 낳다가 죽었다. 야곱은 몹시 애통해하며 묘에 비를 세웠다. 이 묘비는 대대로 남게 된다. 흥미롭게도 성경에 레아의 묘비 이야기는 없고 라헬 것만 나온다. 그러니 분명히 이 묘비는 아주 크고 웅장했을 것이다. 필시 이때쯤 르우벤은 독한 원한에 사무쳐 있었을 것이다.

라헬이 죽은 바로 뒤에 성경은 이렇게 말한다. "르우벤이 가서 그 아버지의 첩 빌하와 동침하매"(창 35:22). 르우벤은 두 여인의 경쟁이 심화되는 것을 보며 고통 속에 살았다. 아버지가 라헬을 편애하고 자기 어머니를 사랑하지 않는다는 사실에 분개했다. 그가 빌하와 동침한 것은 단지 성관계를 맺기 위함이 아니라 라헬의 천막에 수치를 부르고, 그간 아버지의 행동들 때문에 당한 자신의 상처를 조금이라도 되갚으려는 심산에서였을 것이다.

형제들이 다 죽은 지 오랜 후에 하나님이 르우벤에 대하여 뭐라고 말씀하시는지 보라. "이스라엘의 맏아들은 르우벤이었다. 그러나 그는 아버지의 첩과 동침하여 아버지를 경멸했으므로 그의 장자권은 그 동생 요셉의 아들들에게 돌아갔다. 이 때문에 르우벤은 족보에 맏아들로 등재되지 못했다"(대상 5:1, NLT).

가장 주목해야 할 것은, 레아를 무시하고 라헬을 사랑한 야곱의 행동이 잘못되었다는 것이다. 그것은 하나님 보시기에 좋지 않았다. 그래서 성경에 "여호와께서 레아가 사랑받지 못함을 보시고 그의 태를 여셨으나"(창 29:31)라고 했다. AMP에는 "주께서 레아가 멸시당하는 것을 보시고" 그 남편이 고통스럽게 한 부분에서 레아에게 복을 주셨다고 되어 있다.

르우벤은 정확히 본 것이다. 그러나 그는 하나님이 각 자녀의 마음속에 두시는 존중을 버리고 원한의 태도를 품었고 그것이 경멸을 부추겼다. 결국 아버지를 경멸하는 자신의 행동을 정당화하는 지경에 이르렀다. 그 대가는 혹독했고, 급기야 장자권을 잃고 말았다.

지난 몇 년 동안 더 분명해진 사실이 있다. 다른 사람들의 잘못된 행동이 우리가 아는 옳은 행동에 영향을 미치도록 해서는 안 된다는 것이다. 모세의 삶에서 이 진리를 생생히 볼 수 있다.

야곱처럼 이스라엘 자손들도 하나님을 기쁘시게 하지 않는 행동으로 일관했다. 야곱의 경우는 아내를 멸시하는 것이었고, 그들의 경우는 끊임없는 불평이었다. 르우벤처럼 모세도 그들의 잘못된 행동으로 고생했다. 그들이 한 일 때문에 그는 40년 동안 약속의 땅을 거부당한 채 광야에 처박혀 지냈다.

♛

다른 사람들의 잘못된 행동이 우리가 아는 옳은 행동에 영향을 미치도록 해서는 안 된다

이제 그들은 물이 없다고 또 불평하고 있었다. 그래서 하나님은 모세에게 명하시기를, 바위에게 명하면 거기서 물이 나올 거라고 하셨다. 그러나 이때쯤 모세는 그들의 행동에 아주 질려 버려서 이스라엘 백성을 모아 놓고 호통을 쳤다. "반역한 너희여 들으라 우리가 너희를 위하여 이 반석에서 물을 내랴 하고 모세가 그의 손을 들어 그의 지팡이로 반석을 두 번 치니"(민 20:10-11).

이 행동 때문에 모세는 백성을 약속의 땅으로 데리고 들어가는 특권을 박탈당했다. 먼 훗날 시편기자가 뭐라고 썼는지 보라. "그들이 또 므

리바 물에서 여호와를 노하시게 하였으므로 그들 때문에 재난이 모세에게 이르렀나니 이는 그들이 그의 뜻을 거역함으로 말미암아 모세가 그의 입술로 망령되이 말하였음이로다"(시 106:32-33).

그들의 못된 행동이 모세에게 영향을 미쳤다. 그래서 그는 하나님 말씀에 어긋나게 행동했고, 그 대가는 혹독했다. 내 성경책의 이 구절 옆에 이렇게 써 놓았다. "자신의 잘못을 남 탓으로 돌릴 수 없다."

르우벤의 어머니를 향한 아버지의 행동은 존중받을 만하지 못했다. 그렇다고 아버지를 경멸하는 르우벤의 태도와 행동을 그것으로 정당화할 수는 없다. 하나님은 부모가 선하든 악하든, 부모의 행동이 존중받을 만하든 불명예스럽든, 그것과 상관없이 부모를 존중하라고 명하신다.

우리는 항상 권위를 존중하고 복종해야 한다. 또한 권위에 순종해야 한다. 단, 순종의 경우는 예외가 있다. 권위가 하나님 말씀에 어긋나는 일을 시킬 때는 권위에 순종해서는 안 된다. 예를 들어, 부모가 자녀한테 학교 교사에게 거짓말을 하라고 시킨다면 자녀는 공손히 부모에게 이렇게 말할 수 있다. "엄마 아빠, 저는 엄마 아빠를 존중하고 공경합니다. 하지만 거짓말은 하나님께 죄니까 그것만은 할 수 없어요."


| 믿음으로 약속 얻기

이번 장 첫머리에 나온 성경말씀을 다시 보자. "네 아버지와 어머니를 공경(존중)하라 이것은 약속이 있는 첫 계명이니 이로써 네가 잘되고 땅에서 장수하리라"(엡 6:2-3).

이처럼 존중에 대한 보상은 두 배로 주어진다. 첫째, 당신이 잘된다. 보상을 받아 살면서 성공을 누리되 평안, 기쁨, 사랑, 건강과 함께 누린다. 둘째, 당신은 땅에서 장수한다. 어떤 불치병, 교통사고, 기타 예기치 못한 사고로 요절하지 않는다는 약속이다.

이렇게 생각할 수도 있다. '하지만 내가 아는 어떤 사람은 부모를 존중했는데 젊어서 죽었다.' 그럴 수 있다. 당신은 또 이렇게 물을 수 있다. "그렇다면 이 약속이 왜 그들에게는 적용되지 않나?" 간단히 말해서 하나님의 약속은 자동이 아니라 믿음으로 얻어내야 한다. 이 말에 충격을 받았는가? 지금부터 성경에서 이 진리를 예증하고자 한다.

하나님은 아브라함에게 약속된 후손이 그의 아들 이삭을 통해서 오시리라는 언약을 주셨다. "내가 그와 내 언약을 세우리니 그의 후손에게 영원한 언약이 되리라"(창 17:19). 아울러 확증의 말씀도 있다. "이삭으로부터 난 자라야 네 씨라 불리리라"(롬 9:7). 그렇다면 이삭에게 반드시 자식이 있어야 했다.

이삭의 아내는 누가 정하셨던가? 바로 하나님이시다. 아브라함의 종이 아브라함의 친족들 중에서 이삭의 아내감을 찾으려고 갔던 일을 떠올려 보라. 도착해서 그는 이렇게 기도했다.

> 우리 주인 아브라함의 하나님 여호와여 원하건대 오늘 나에게 순조롭게 만나게 하사 내 주인 아브라함에게 은혜를 베푸시옵소서 성 중 사람의 딸들이 물 길으러 나오겠사오니 내가 우물 곁에 서 있다가 한 소녀에게 이르기를 청하건대 너는 물동이를 기울여 나로 마시게 하라 하리니 그의 대답이 마시라 내가 당신의 낙타에게도 마시게 하리라 하면 그는 주께서 주의 종 이삭을 위하여 정하신 자라(창 24:12-14).

아주 구체적인 기도였다. 우연히 이루어질 확률은 거의 없었다. 낙타는 물을 엄청나게 많이 마신다. 하나님의 감화가 아니고서는 초면에 그렇게 많은 물을 길어 줄 사람은 거의 없다. 아브라함의 종은 확실히 알아야 했고, 그래서 기도 제목을 정확하고 어렵게 만들었다. 이렇게 행하는 사람은 하나님이 정하신 자라고 한 그의 말도 잘 보라. 다시 말해서 그 여자는 곧 하나님이 뽑으신 이삭의 아내였다.

그가 기도를 다 마치기도 전에 아브라함의 친족의 딸 리브가가 어깨에 물동이를 이고 왔다. 아브라함의 종은 얼른 가서 그녀에게 부탁했다. "청하건대 네 물동이의 물을 내게 조금 마시게 하라"(창 24:17).

그는 낙타 이야기는 꺼내지도 않고, 그저 하나님께 기도한 대로만 부탁했다. 여자는 흔쾌히 응하여 그에게 물을 주었다. 그 다음에 벌어진 일을 잘 보라. "마시게 하기를 다하고 이르되 당신의 낙타를 위하여서도 물을 길어 그것들도 배불리 마시게 하리이다"(창 24:19).

아브라함의 종이 기도한 그대로 되었다. 그는 깜짝 놀랐고 좋아서 어쩔 줄 몰랐다. 기도가 빨리 응답되어 기뻤던 것이다.

그러나 일은 아직 끝나지 않았다. 하나님이 이삭의 아내를 정하셨음을 확증해 주는 마지막 다리를 건너야 했다. 그녀의 가족들이 생전 처음 보는 남자를 따라 영영 낯선 땅으로 그녀를 보낼 것인가?

아브라함의 종이 리브가의 가족들에게 사연을 알리자 집안 남자들은 대답했다. "이 일이 여호와께로 말미암았으니 우리는 가부를 말할 수 없노라"(창 24:50). 이튿날 가족들은 그녀와 함께 떠나도 좋다고 허락해 주었다. 그렇게 아브라함의 종은 그녀를 이삭에게 데려왔고, 마침내 둘은 결혼했다.

하나님은 이삭에게 이 여자를 기적적으로 뽑아 주셨다. 그런데 결혼하고 보니 리브가는 아기를 낳을 수 없는 몸이었다. 이 무슨 일인가! 이삭을 통해 후손이 오시리라 약속하신 하나님이 어째서 이삭에게 불임 여자를 뽑아 주셨단 말인가? 하나님의 약속은 자동이 아니라는 사실 속에 답이 있다. 하나님의 약속은 믿음으로 얻어내고 받아야 한다. "이삭이 그의 아내가 임신하지 못하므로 그를 위하여 여호와께 간구하매 여호와께서 그의 간구를 들으셨으므로 그의 아내 리브가가 임신하였더니"(창 25:21).

AMP에는 이렇게 되어 있다. "아내가 자식을 낳을 수 없어서 이삭은 아내를 위하여 주께 간절히 기도했다. 주께서 그의 기도를 들으셔서 그의 아내 리브가는 임신했다."

그는 뭐라고 기도했을까? 이렇게 부르짖었다. "하나님, 저를 통하여 나라들과 왕들이 나고 제 자손을 통하여 그 약속된 후손이 오시리라고 주께서 약속하셨습니다. 제 아내가 자식을 낳을 수 없다면 그 일이 어찌 이루어질 수 있겠습니까? 오 주님, 기도하오니 리브가의 태를 열어 주셔서 주의 약속대로 그 후손이 오시게 하옵소서."


| 말씀을 선포하라

우리가 알아야 할 영적인 법칙이 하나 있다. "여호와여 주의 말씀은 영원히 하늘에 굳게 섰사오며"(시 119:89).

"주의 말씀은 영원히 하늘과 땅에 굳게 섰사오며"라고 하지 않았다. 그분 말씀이 영원히 하늘에 확정되었다고 말하고 있다. 땅에 대해서는 일언반구도 없다. 그렇다면 그분 말씀이 땅에는 어떻게 확정되는 것일까? 성경에 이런 말씀이 나온다. "두세 증인의 입으로 말마다 확정하리라"(고후 13:1).

말씀이 확정되는 것은 두세 사람의 입을 통해서다. 이제 하나님이 뭐라고 말씀하시는지 보라. "내 입에서 나가는 말도 이와 같이 헛되이 내게로 되돌아오지 아니하고 나의 기뻐하는 뜻을 이루며 내가 보낸 일에 형통함이니라"(사 55:11).

그분의 말씀은 어떻게 그분께로 되돌아올까? 우리의 입을 통해서다. 하나님이 첫 번째이시고 우리는 두 번째다. 즉, 이미 그분 입에서 나온 그분의 말씀을 우리 입으로 말할 때, 그 말씀을 이 땅에 굳게 세우는 것이다. 이 놀라운 진리가 보이는가? 하나님은 이삭을 통해 그 후손이 부르심을 받으시리라 약속하셨다. 그러나 이 말씀은 이삭이 입으로 말해야만 자신의 삶에는 물론 가족들의 삶에 설 수 있었다.

하나님은 말씀하시기를, 우리가 부모를 공경하면 친히 장수를 약속하신다고 하셨다. 우리가 믿음으로 이 약속을 말하면, 우리는 그분이 이미 하신 말씀을 자신의 삶 속에 굳게 세우는 것이다. 우리는 말씀을 여기 이 땅에 굳게 세우는 두 번째 입이다.

지금 나는 가슴이 터질 듯이 벅차오른다. 그렇다면 우리는 질병을 똑바로 응시하며 하나님이 언약하신 장수의 약속을 선포할 수 있으며, 그러면 질병이 도망갈 수밖에 없다는 뜻이다. 여행 중에, 가정에서, 위험이 도사리고 있는 모든 곳에서 당당히 안전을 선포할 수 있다. "천만인이 나를 에워싸 진 친다 하여도 나는 두려워하지 아니하리이다"(시 3:6). 하나님이 장수로 나를 만족하게 하시며 내게 그분의 구원을 보이실 것이기 때문이다(시 91:16 참조).

> 이미 하나님의 입에서 나온 하나님의 말씀을 우리 입으로 말할 때, 우리는 그 말씀을 이 땅에 굳게 세우는 것이다. 우리는 말씀을 이 땅에 굳게 세우는 두 번째 입이다.

또 우리가 잘된다는 약속도 선포할 수 있다. 난관에 부딪칠 때, 황량하고 절망스러운 상황에 처할 때, 담대히 말할 수 있다. "나는 부모를 공경해 왔고, 그러면 내가 잘된다고 하나님이 언약해 주셨다. 내가 예수님의 이름으로 결핍, 불화, 우울, 역경이라는 벽에 명하노니 물러나 길을 비켜라."

하나님의 모든 약속에 대해서 그렇게 할 수 있다. 풍성하게 누리며 살아가는 사람들과 가진 것이 없어 고생하는 사람들의 유일한 차이는 우리 입으로 하는 말이다. 하나님은 말씀하신다. "내가 오늘 하늘과 땅을 불러 너희에게 증거를 삼노라 내가 생명과 사망과 복과 저주를 네 앞에 두었은즉 너와 네 자손이 살기 위하여 생명을 택하고"(신 30:19).

우리가 생명을 택해야 한다. 우리가 생명(언약의 복)을 택하지 않으면, 사망이 이미 이 땅에 활동하고 있기 때문이다. 그렇다면 어떻게 생명을 택하는가? "죽고 사는 것(사망과 생명)이 혀의 힘에 달렸나니 혀를 쓰기 좋아하는 자는 혀의 열매를 먹으리라"(잠 18:21).

우리는 하나님의 언약에 동조할 수도 있고, 사탄의 저주인 결핍과 질병과 죽음에 동조할 수도 있다. 그리고 안타깝게도 너무나 많은 사람들이 이 진리에 실족한다. 그래서 야고보는 말한다.

> 우리가 다 실수가 많으니 만일 말에 실수가 없는 자라면 곧 온전한 사람이라 능히 온 몸도 굴레 씌우리라 우리가 말들의 입에 재갈 물리는 것은 우리에게 순종하게 하려고 그 온 몸을 제어하는 것이라 … 이와 같이 혀도 작은 지체로되 큰 것을 자랑하도다 보라 얼마나 작은 불이 얼마나 많은 나무를 태우는가(약 3:2-3, 5).

작은 불씨 하나가 온 숲을 다 태울 수 있다. 마찬가지로 두려워 떨며 한 말이 삶을 파멸로 이끌 수 있다. 하지만 우리에게는 하나님의 언약의 약속들이 있다. 일단 그 약속들을 마음속에 두면 우리 입은 그에 합당하게 말할 것이다. 야고보는 혀가 물의 샘 같다고 말한다. 한 샘에서 동시에 맑은 물과 쓴물이 함께 나올 수는 없다. 열쇠는 샘이 아니라 땅, 곧 물의 근원이다. 마찬가지로 열쇠는 혀가 아니라 근원 곧 우리 마음속에 든 것이다. 그래서 예수님은 "마음에 가득한 것을 입으로 말함이니라"(눅 6:45)고 하셨다.

하나님은 우리가 부모를 공경하면, 잘되고 장수하리라 말씀하신다. 이 글을 읽는 지금 성령께서 이 진리를 당신 마음속에 심고 계신다. 그래서 당신은 지금부터 그에 합당하게 말할 것이다. 하나님을 믿는 믿음의 기초를, 다른 사람들의 경험에 두지 말고 하나님의 순전한 말씀에 두라. 나는 내가 요절하지 않을 것을 안다. 이 약속이 내 마음속 깊이 뿌리를 내렸고, 하나님은 반드시 그분의 말씀대로 행하시기 때문이다.


## | 아내의 소명

아내의 역할에 관해서 성경은 이렇게 말한다. "아내도 자기 남편을 존경하라(남편을 주목하고, 존경하고, 존중하고, 앞세우고, 공경하고, 높이라. 남편에게 복종하고 남편을 칭찬하고 극진히 사랑하고 사모하라)"(엡 5:33).

남편은 가정의 머리다. 이것은 남성 우월주의자들이 만들어 낸 것이 아니라 하나님의 생각이다. 아내가 주도하거나 지배하는 가정, 남편이 머리로 존경받지 못하는 가정에는 참된 평안과 축복이 없다. 반대로 하나님의 여자가 자기 남편을 가정의 지도자로 존중하면, 그녀는 보상을 받는다. 보상은 남편한테서 직접 올 수도 있지만, 때로는 다른 길들로 올 수도 있다.

최근에 유럽의 아주 큰 교회에서 사역하고 있었는데, 그때 한 여자가 내게 말했다. "목사님, 저는 목사님 덕분에 이 교회에 있답니다."

내가 어리둥절해하자 그녀가 사연을 들려주었다. 몇 년 전에 그 교회는 지도자가 바뀌었다. 그녀와 남편은 멀리서 그 교회에 다니고 있던 터라 집 근처 다른 교회에 가 볼 좋은 기회다 싶었다. 몇 군데 가 보니 동네 부근 한 작은 교회가 마음에 들었다. 그러나 남편 생각은 본 교회로 돌아가는 게 옳은 듯했다. 그녀는 마지못해 그렇게 했지만, 주일 저녁에는 다시 그 작은 교회에 계속 나갔다.

그녀는 그 작은 교회에 점점 더 애착을 느꼈고 활동도 늘렸다. 그러던 어느 날 작은 교회 지도자들이 그녀에게 도전했다. "당신은 언제쯤 남편에게 맞서서, 하나님의 인도에 순종하여 우리 교회로 옮겨야 한다고 말할 겁니까?"

그날 밤, 그녀는 남편에게 교회를 옮기겠다고 통보했다. 그리고 남편이 계속 본 교회에 다니더라도 자기는 떠나겠다고 말하려고 본 교회 목사와 만날 약속을 정했다. 만나기 전날 밤, 그녀는 권위에 복종하는 것이 얼마나 중요한가를 다룬 내 책 「순종(*Under Cover*, 두란노 역간)」을 읽었다.

"목사님, 밤을 꼬박 새워 그 책을 읽었습니다. 하나님과 남편에 대한 저의 반항을 깨닫고 처음부터 끝까지 울었습니다. 이튿날 저는 남편과 목사님에게 회개했습니다."

그녀는 자원하여 본 교회로 돌아갔다. 몇 달 후에 목사 부인이 그녀에게 교회의 한 여성도를 소개해 주었다. 알고 보니 그들은 둘 다 벤처 사업에 대한 비슷한 비전이 있었고, 얼마 안 있어 함께 사업을 시작했다. 현재 그들은 크게 성공하여 사업 수입의 상당량을 하나님 나라에 바치고 있다.

"목사님, 제가 다른 교회로 떠났더라면 저는 결국 남편을 떠났을 것이고 제 인생을 향한 사업의 소명에도 절대 들어서지 못했을 겁니다."

그녀가 또 하는 말이, 지도자들이 그녀에게 남편의 리더십을 무시하라고 설득했던 그 작은 교회는 더 이상 존재하지 않는다고 했다. 그녀는 남편을 존중했고, 그 결과 보호와 보상을 둘 다 누렸다.

사도 베드로도 바울과 마찬가지로 이렇게 썼다.

아내들아 이와 같이 자기 남편에게 순종하라(남편에게 의존하는 2인자로서 남편에게 복종하고 맞추라) 이는 혹 (하나님의) 말씀을 순종하지 않는 자라도 말로 말미암지 않고 그 아내의 (경건한) 행실로 말미암아 구원을 받게 하려 함이니 너희의 두려워하며 정결한 행실을 봄이라(공경에 포함되는 모든 감정을 남편에게 품어야 한다. 즉 남편을 존경하고, 공경하고, 복종하고, 존중하고, 높이고, 가치를 인정하고, 소중히 여기고, 인간적 의미에서 흠모해야 한다. 남편을 사모하고, 칭찬하고, 헌신하고, 깊이 사랑하고, 즐거워해야 한다)(벧전 3:1-2).

남편을 구원하고 싶다면, 설교하거나 가르치려 들지 말고 언제나 그를 존중하는 태도를 보이라. 아내의 이런 행실 덕분에 많은 남편들이 주께 돌아왔다. 1900년대 초반 유럽에서 하나님의 가장 위대한 사람 가운데 하나였던 스미스 위글스워스가 좋은 예다.

> 남편을 구원하고 싶다면, 설교하거나 가르치려 들지 말고 언제나 그를 존중하는 태도를 보이라. 아내의 이런 행실 덕분에 많은 남편들이 주께 돌아왔다.

위글스워스는 배관업자였는데 그는 기독교라면 질색을 했다. 반면 그의 아내 폴리는 아주 독실한 신자였다. 하나님을 향한 그녀의 열정은 갈수록 더 깊어졌고, 그녀가 헌신할수록 남편은 더 눈에 띄게 해이해졌다. 그는 아내가 옆에 있기만 해도 짜증을 부렸다. 그는 아내의 신앙을 지독히 박해했고, 교회에 다니지 말라고 딱 잘라 말했다. 하지만 하나님의 뜻에 어긋난 것이었으므로 그녀는 그 명령에 따르지 않았다.

주일 저녁에는 남편의 식사를 준비해 놓고 교회에 갔다. 그런데 어느 밤 평소보다 좀 늦게 집에 돌아왔다. 남편이 화를 내며 엄포를 놓았다. "나는 이 집 주인이오. 이렇게 늦은 시간에 집에 들어오는 걸 용납하지 않겠소!"

폴리는 조용히 대답했다. "저의 남편이야 물론 당신이지만, 저의 주인은 그리스도이십니다."

이 말에 위글스워스는 불같이 화를 내며 아내를 밖으로 내쫓고는 문을 잠가 버렸다.

하지만 결과적으로 남편은 존중하지만 하나님께 순종해야 한다는 폴리의 결의는 남편에게 지대한 영향을 미쳤다. 결국 그는 잘못을 깨닫고 완전히 항복하여 예수 그리스도를 섬겼다. 그가 한 일은 오늘날까지도 회자되며 칭송받고 있다. 그의 사역을 통하여 많은 사람들이 구원받고 병 고침을 얻었고, 죽은 자가 살아나기까지 했다.

그의 사역에 영향을 입은 무수히 많은 사람들 때문에 그리스도의 심판대에서 폴리의 보상은 엄청났다. 그녀는 변화된 남편만 아니라 내세의 풍성한 수확까지 보상으로 얻었다.

이제 분명히 알겠는가? 성경이 우리에게 존중을 가르치는 것은 존중의 대상들을 위해서만 아니라 우리 자신을 위해서다. 마땅히 존중할 자를 존중하지 않을 때 우리가 그 손해를 직접 당한다.

하나님을 믿는 믿음의 기초를, 다른 사람의 경험에 두지 말고 하나님의 순전한 말씀에 두라.

4장

# 교회 리더십을 향한 존중

오직 하나님만이 사람의 마음의 동기를 판단하실 수 있다.

교회 안에는 권위와 서열이 있다. 교회 지도자를 존
중함으로 예수님을 존중하는 것이고, 예수님을 존중함으로 하나님 아
버지를 존중하는 것이다(마 10:40-41 참조). 지도자를 향한 우리의 행동
과 말과 심지어 생각이 곧 그 지도자를 보내신 분을 대하는 우리의 태
도다.

이 진리를 생생히 보여 주는 예배 중의 한 만남을 잊지 못한다. 상처
를 떨치는 일의 중요성에 대한 내 설교가 끝나자, 많은 사람들이 내 초
청에 응하여 앞으로 나와 기도했다. 그 많은 사람들 가운데에서 한 청
년이 유독 눈에 띄었다. 아마도 살면서 마음에 상처를 아주 많이 받은
청년인 듯 보였다. 나는 그를 더 깊이 도와주려고 연단으로 불러 올렸
다. 그런데 그가 올라서자 또 다른 남자가 무리에서 쓱 빠져나와 연단
에 올라섰다. 그 남자는 긴 말총머리에 청바지와 까만 가죽조끼, 티셔

츠 차림이었고, 팔뚝 위아래로 문신이 가득했다. 눈빛은 험악했는데, 분명히 흥분되어 있었다. 처음에 올라온 청년이 즉시 잔뜩 긴장되어, 더 이상 자유로이 도움을 받을 수 없게 된 것을 나는 보았다.

나는 두 번째 남자를 보며 연단에서 내려가 달라고 정중히 부탁했다.

그는 나를 노려보며 사납게 말했다. "싫습니다!"

내 요청을 대놓고 무시하는 그의 모습에 적잖이 충격을 받았다. 하지만 정신을 가다듬고 말했다. "선생님, 내려가시기 전에는 계속하지 않겠습니다."

그는 다시 말했다. "싫습니다!"

왜 안내위원들이 나서서 이 사람을 연단에서 내려오게 하지 않는지 의아해졌다. 그러다 그들 모두 그를 겁내고 있음을 퍼뜩 깨달았다. 내가 권위를 거들떠보지도 않는 반항적인 인물을 상대하고 있었던 것이다. 나는 단호해야 했고, 권위를 잃지 말고 하나님을 신뢰해야 했다. 이런 상황에서는 그 청년을 도울 수 없음을 알았기에 밀고 나갔다. "선생님, 이제 저는 당신에게 이 연단에서 내려갈 것을 명합니다."

그는 다시 노려보며 말했다. "싫습니다!" 잠시 어색하게 있다가 그가 내뱉었다. "내가 두려워하는 건 하나님이지 사람이 아니오!"

그는 하나님을 두려워하는 것이 아니었다. 그가 경외한 것은 하나님의 이미지, 곧 하늘과 땅의 참하나님이 아니라, 자기가 마음과 머릿속에 지어 낸 이미지였다. 진정 하나님을 경외했다면 그는 나를 하나님의 종으로 존중하여 내 요청에 복종했을 것이다.

나는 물러설 뜻이 없었다. 그래서 내면의 성령께 도움을 구했다. 그때 마치 누가 말해 주기라도 한 듯이, 이 사람이 그 청년의 아버지임을 알아 버렸다. 그래서 그러냐고 물었더니 그도 맞다고 했다. "선생님, 아들이 하나님한테서 뭔가 받기를 원하신다면 당신이 연단에서 내려가야 합니다. 그렇지 않으면 아들에게 임하시는 하나님의 치유력을 막은 책임이 당신에게 돌아갑니다."

그 말이 그의 강퍅한 마음에 파고들었던지 그는 마지못해 연단에서 내려갔다. 그러면서도 노려보는 눈빛만은 내게서 떼지 않았다. 아들은 결국 다시 마음을 열고 사역을 받아들여 하나님의 강력한 만지심을 입었다. 하나님이 그에게 해 주신 일은 정말 놀라웠고, 그는 목메어 울기 시작했다.

예배 후에 목사 사무실에서 그 아버지를 만났다. 그는 그 도시의 사나운 오토바이 갱단 멤버였다. 그는 거칠었고 도무지 마음이 열릴 것 같지 않았다. 그러나 나도 물러설 사람이 아니었다. 비록 내 말투는 부드러웠지만 우리의 대결이 어찌나 치열했던지 한순간 그가 내 몸에 손찌검을 할 줄 알았다.

그에게 하나님을 두려워하면서 그분의 종들을 무시하는 것은 있을 수 없는 일이라고 말했다. 하나님을 경외하면 그분이 세우시는 권위들도 존중하게 마련이다. 연단에서 내려가 달라는 내 요청을 그가 거부한 것이 왜 잘못인지 설명했다.

결국 그는 약간 누그러졌으나 나는 그 정도로 물러서지 않았다. 내가 집요하게 하나님 말씀의 진리에 초점을 맞추자 그는 마침내 무너졌고, 울음을 터뜨렸다. 알고 보니 그 역시 자기 아버지한테 깊은 상처를 입었고 그래서 인생, 권위, 하나님을 보는 시각이 온통 아버지의 학대에 영향을 입었다. 자기 아버지를 용서하지 않았기에 그는 똑같이 상처 주는 행동들을 자기 아들에게 대물림했던 것이다.

일단 자신의 과오를 깨닫고 목사와 나를 지도자로 인정하여 우리에게 사과하고 나자 그는 하나님한테서 풍성히 받을 수 있었다. 우리 만남의 아이러니는, 결국 그가 나를 자신의 영웅으로 대하게 되었다는 것이다.

처음에는 마치 나를 해칠 것처럼 행동하던 사람이 결국엔 나를 아주 좋아하게 되었다.


## | 나의 주인은 누구인가

위의 예는 극단적인 경우다. 그러나 그런 태도는 생각보다 신자들에게 널리 퍼져 있다. 이 사람의 경멸은 노골적이었다. 그는 하나도 숨기지 않았고, 사실 그래서 그에게 다가가기가 쉬웠다. 그의 태도는 뻔뻔스러웠지만, 다른 많은 사람들은 속마음은 같으면서도 그 경멸을 다른 식으로 표현한다. 무례하다든가 제멋대로라는 딱지가 붙을까 봐 두려워 그들은 겉으로는 협력하는 척하고 말도 경우에 맞게 한다. 그러나 안에는 경멸을 품고 있다. 경멸이 겉으로 드러나는 방식이 좀 더 은근하다.

이런 사람들은 입술로는 지도자를 존중하지만, 마음은 하나님이 세우신 종들을 존중하지 않는다. 그것은 그들이 헌금, 방향 전환, 지도자의 다양한 요청에 반응하는 방식을 통하여 겉으로 드러난다. 목사가 교인들에게 저녁 특별집회에 나오라고 하면 회중의 10분의 1만 출석한다. 목사가 교인들에게 매달 한 번씩 하는 전도에 나오라고 하면 20분의 1이나 나올까 말까다.

나는 교인이 수천 명에 달하고 주일 예배를 2부 내지 4부까지 드리는 교회에 많이 다닌다. 대개 1부만 빼고 모든 예배가 만원이다. 그러나 목사가 월요일 밤에 연합 기도회를 열면, 많은 경우 참석자는 고작 200명 정도다. 왜 그럴까? 목사를 존중하지 않기 때문이다.

'그건 너무 극단적인 판단이다'라고 생각할지 모른다. 그렇지 않음을 보여 주는 다른 예가 있다. 어느 주일에 목사가 전 교인에게 이렇게 광고한다고 하자. "이번 달에는 월요일 밤마다 특별 기도회가 있습니다. 4주 동안 월요일 밤 7시부터 8시까지 본당에서 모이겠습니다." 이 광고는 교인 80퍼센트에게 별로 호소력이 없다. '월요일 밤 축구 관전'에 방해가 되기에 특히 더하다.

그때 목사가 이렇게 말한다. "마지막 주 특별 기도회가 끝날 때, 기도회에 네 번 다 개근한 분들에게는 각각 50만 달러짜리 수표를 드리겠습니다."

몇 명이나 출석할까? 자리가 모자랄 것이다. 사람들은 혹시 본당에 들어가지 못할까 봐 일찍 와서 자리를 잡을 것이다. 당신이라면 어찌하겠는가? 자신을 속이지 말라. 그러면 하나님이 보여 주시려는 당신의 마음 상태를 놓치게 된다. 자신에게 이 두 가지를 물어보라. 첫째, 목사가 수표를 약속하지 않고 광고만 했다면 당신은 기도회에 참석했겠는가? 둘째, 50만 달러가 약속되어 있다면 당신은 기도회에 나가겠는가? 그 돈이면 주택과 자동차 융자금을 전액 상환하고도 다른 데 쓸 돈이 많이 남을 것이다.

당신이 첫 질문에는 아니다, 둘째 질문에는 그렇다고 답했다면, 당신이 목사의 말을 얼마나 중시하지 않는지 그대로 나타난 것이다. 잊지 말라. 존중이란 중시하는 것이다.

"너희를 인도하는 자들에게 순종하고 복종하라 그들은 너희 영혼을 위하여 경성하기를"(히 13:17). 이는 하나님의 백성에게 주시는 그분의 지시다. 우리는 교회 지도자들에게 순종해야 한다. 그러니까 당신은 돈 때문에는 하겠지만 예수 그리스도의 대변자인 목사가 시킨다는 이유만으로는 하지 않겠다는 것이다. 그렇다면 묻지 않을 수 없다. 당신의 주인은 누구인가? 예수님은 당신이 순종할 수 있는 두 주인은 하나님 아니면 재물이라 하셨다(마 6:24 참조).

몇 가지 곤란한 질문을 하겠다. 당신은 예배 시간에 지각하는가? 목사가 특별 헌금을 하라고 하면 반항심이 드는가? 당신은 영아부, 안내, 주차 안내, 전도 등에 도움이 필요하다는 목사의 요청을 일관되게 무시하는가? 주일 밤 특별 집회에 나갈 수 없는 구실들을 둘러대는가? 이번에는 이렇게 자문해 보라. 이들 각 요청마다 50만 달러가 약속된다면 당신의 결정은 달라지겠는가? 만일 그렇다면 이유는 무엇인가? 답은 간단하다. 당신 삶에 두신 하나님의 대변자보다 돈이 당신에게 더 중요하기 때문이다.

"너희를 영접하는 자는 나를 영접하는 것이요 나를 영접하는 자는 나를 보내신 이를 영접하는 것이니라"(마 10:40)고 하신 예수님의 말씀을 상기하라. 역시 이렇게 바꿔 말할 수 있다. "너희를 존중하는 자는 나를 존중하는 것이요 나를 존중하는 자는 나를 보내는 이를 존중하는 것이니라." 목사의 말을 중시하는 것은 하나님의 말씀을 중시하는 것과 같다. 하나님이 그를 당신에게 보내셨기 때문이다.

이제 우리는 그토록 많은 사람들의 삶이 형통하지 못하는 이유를 안다. 성경에 "이는 여호와의 집에 심겼음이여. 우리 하나님의 뜰 안에서 번성하리로다"(시 92:13)라고 했다. 지역교회에 심겨 있으면 우리의 삶은 형통한다. 지금도 그렇고 그리스도의 심판대에서도 그렇다. 시편기자는 "여호와의 집에 다님이여"라고 하지 않았다. 교회에 다니면서도 거기 심기지 않을 수 있다. 심긴다는 것은 거기가 당신의 삶을 내려놓고 하나님을 섬기는 곳이라는 뜻이다. 거기가 당신이 십일조를 드리고, 봉사하고, 지도자들에게 순종하는 곳이다. 심겨 있으면 우리는 자신의 지역교회를 중시하게 된다. 땅에서 생명을 받는 나무가 그 땅을 존중하는 것과 같다.

지역교회에 심겨 있지 않으면서도 산발적으로 형통이나 성공, 행복을 누릴 수 있다. 하지만 그런 복들을 오랫동안 누리지는 못한다. 우리가 바랄 것은 단발성 축복이 아니다. 우리의 노년에, 그리고 무엇보다도 모든 것이 드러나는 그리스도의 심판대에서, 기쁨과 만족을 가져다줄 영원한 것을 바라야 한다.

당신이 교회에 심겨 있다면 교회 지도자들을 중시할 것이다. 그들의 부탁을 가벼이 여기지 않을 것이다. 하나님을 경외할 것이고, 하나님을 경외하기에 그분이 세우신 지도자들을 존중할 것이다. 그분이 세우신 지도자들을 존중할 때 당신은 하나님이 예비해 두신 온전한 보상을 받을 것이다.


## | 목회자를 귀히 여기라

"형제들아 우리가 너희에게 구하노니 너희 가운데서 수고하고 주 안에서 너희를 다스리며 권하는 자들을 너희가 알고 그들의 역사로 말미암아 사랑 안에서 가장 귀히 여기며 너희끼리 화목하라"(살전 5:12-13).

지금까지 25년 동안 사역을 했는데, 그 가운데 7년은 지역 교회들에 있었고 나머지는 순회 사역을 했다. 그간 내가 본 바로는 가장 보람되고 평안하고 행복하고 형통하고 성공한 신자들은 자기 교회 지도자들을 가장 귀히 여기고 전심으로 사랑하며 그들에게 헌신하는 자들이다. 하나님이 우리에게 그렇게 하라고 가르치셨다. 그러니 이 간증이 사실임은 당연한 일 아닌가? 이와 반대 되는 상황도 사실이다.

그간 나는 앞서 말한 두 부류의 사람들을 둘 다 보았다. 내가 만난 어떤 사람들은 자기도 자기 목사와 동등한 자격이 있다고 생각한다. 그들은 그저 직분 하나 때문에 지도자를 참아 준다. 이 사람들은 자기도 교회나 사역기관을 똑같이 혹은 그보다 더 잘 이끌 수 있다고 생각한다. 대개 이들은 하나님이 자기를 그 사역으로 '높여 주실' 때만 기다린다. 그들은 자기 목사를 손쉽게 대체될 수 있는 사람으로 여기며, 그를 다른 어느 누구와 다르지 않게 대한다.

사역의 꿈이 없는 사람도 똑같은 태도를 품을 수 있다. 그들은 일반 직장에서 일하면서 교회에 다니는데, 그냥 의무니까 다닌다. 위에 말한 사람들과 달리 이들이 보는 목사는 웬만한 사람이면 누구나, 특히 그들 자신이, 할 수 있는 역할을 감당하고 있을 뿐이다. 다만 그들은 일반 직장을 택했을 뿐이다. 그들은 목사가 지적으로 열등하며 그래서 결국 사역의 길로 갔다고 생각한다.

어느 경우든 이런 사람들은 자신의 잠재력을 십분 발휘하는 정도로까지는 삶에 성공하지 못한다. 물론 이들도 사업이나 사역을 제법 잘할 수 있다. 그러나 그들이 지역 교회에 심겨 있고 또 하나님의 선물인 자기 목사를 귀중히 여길 때와 비한다면, 그 근처에도 가지 못한다. 대부분의 경우 그들은 결혼생활에 그리고 자녀와의 관계에 어려움을 겪는다. 그들은 건강, 재정, 기타 삶의 여러 부분에서 고생한다.

지도자를 중시하지 않고 심지어 경멸하는 사람들의 예라면 얼마든지 들 수 있다. 그러나 이 비극을 더없이 생생히 보여 주는 실제 사건이 내가 아는 두 사람에게 벌어졌다. 어느 큰 교회에서 목회하는 친구(랜디라고 하자)가 있다. 나는 거의 10년 동안 그의 강단에서 꾸준히 사역했으나 그를 안 지는 20년이 넘었다. 그는 자기 교회 교인들에게는 물론 수많은 국내외 지도자들 사이에도 명망이 높다.

몇 년 전에 그는 한 청년(빌이라고 하자)을 도와 그의 인생을 향한 하나님의 방향을 찾게 해 주었다. 빌은 하나님 말씀의 많은 귀중한 진리들을 믿지 않는 교단에서 자랐다. 랜디는 그가 성령으로 충만해지도록 이끌어 주었다. 하나님은 랜디를 강력하게 쓰셔서 빌을 열매 맺는 사역의 길에 들어서게 하셨다.

얼마 안 되어 빌은 성령 세례와 성령의 은사를 받아들였다는 이유로 자기 교회를 잃었다. 랜디 목사는 사람들과 함께 가서, 빌의 교단이 길거리에 내놓은 빌의 가재도구를 모두 꾸려 빌과 그 가족에게 아파트 셋집을 얻어 주었다.

결국 빌은 다른 도시에 있는 한 성장하는 교회의 목사가 되었다. 처음에는 작았지만 그의 삶에 허락하신 하나님의 강력한 은사를 통하여 교회는 빠르게 성장했다. 2년 후에 그는 극장을 구입했고, 점포 앞방의 셋집에서 나와 개조된 극장으로 이사했다. 자기 삶에 미친 랜디의 영향력 때문에 그는 랜디 목사를 헌당식에 청하여 도움을 받았다.

교회는 계속 성장했으나 빌은 그간 비밀로 했던 어떤 지독한 중독으로 고생했다. 중독은 계속 심화되어 결국 교회 장로들이 그 사실을 알게 되었다. 빌은 가끔씩 랜디에게 전화하여 사임하겠다고만 했지 이유는 말하지 않았다. 랜디 목사는 빌을 격려했으나 마침내 어느 날 장로 하나가 랜디에게 전화하여 빌의 중독 사실을 알렸다. 랜디는 빌 곁에 가서 도우려고 즉시 비행기에 올랐다. 안타깝게도 그곳 장로들은 빌의 중독을 알면서도 그를 계속 강단에 두려고 했다.

랜디는 장로들에게 아주 단호하게 말했다. "당신들이 빌을 강단에 두려 하신다면 제가 주일 예배 때까지 남았다가 교인들에게 상황을 알리겠습니다. 당신들은 빌의 가정은 생각하지 않고 그저 자신들과 교회만 생각합니다. 하지만 당신들이 빌의 사임을 수락한다면 제가 곁에서 교회의 과도기를 돕겠습니다."

그날 랜디 목사는 빌과 그 가정을 구해 냈고, 비용을 대서 자기 교회

근처로 이사 오게 했다. 또 빌에게 일자리도 구해 주었다. 이후 빌은 랜디의 사역 아래서 회복되었다.

랜디는 나중에 빌을 자기 동역자로 불러 부목사로 삼고, 그의 인생을 향한 하나님의 소명에 다시 복귀하도록 도왔다. 그동안 여러 기독교 간행물에 빌이 중독에서 벗어난 기사가 실렸고, 그 간증의 결과로 그는 점점 유명해졌다. 얼마 후 빌은 다른 사역기관에 와서 가르쳐 달라는 제의를 받았는데, 독립적인 순회 사역을 시작하라는 권유도 딸려 있었다. 랜디 목사는 빌이 이번 행보에 아직 준비되어 있지 않다고 보고 그 길을 말렸다. 그러나 빌은 자기 목사가 자신의 앞길을 간섭하고 방해하려 한다고 느꼈다. 그래서 랜디의 조언을 무시하고 진행했다.

언젠가 빌과 나, 그리고 다른 지도자 부부와 함께 저녁식사를 할 기회가 있었다. 그날 빌은 랜디 목사에 대한 원망을 쏟아놓았다. 그는 랜디의 교회 운영 방식, 자기가 부교역자로서 받은 대우, 랜디가 자기의 독립에 수긍하지 않았던 일을 비판했다. 내 마음속에 켜지던 경고등이 지금도 기억에 생생하다. 나도 그가 상처를 받은 것을 알았다. 그러나 자기 삶에 그렇게 많은 도움을 준 사람에 대한 그의 시각이 그 때문에 가파르게 곤두박질쳤다.

그날 저녁식사 자리에서 나는 랜디를 변호했으나 아무런 성과가 없었다. 그래서 나는 빌에게, 랜디는 그에게 믿음의 아버지이며 설령 랜디가 잘못했다 해도 빌이 그를 비판하고 경멸하는 것은 잘못이라고 말하고 대화를 끝냈다.

몇 달 뒤, 랜디한테서 전화를 받았다. 그의 목소리에 담긴 슬픔이 지금도 느껴지는 듯하다. 빌이 책을 한 권 펴냈는데, 간섭하는 교회와 지도자들에게 대응하는 법을 그 가운데 한 장에 다루었던 것이다.

랜디는 말했다. "존, 빌이 쓴 책에서 네 쪽 정도를 읽어 주고 싶네."

이어 그는 랜디와 그 교회와 교역자들에 대한 빌의 중상모략을 읽었다. 실명은 언급되지 않았지만 누구에 대한 글인지 분명했다. 그나저나 그가 부교역자로 있었던 교회는 딱 하나뿐이었다. 빌의 책만 본다면 누구라도 랜디 목사를 지독한 '통제광(狂)'으로 여겼을 것이다.

네 페이지를 다 읽고 나서 랜디가 말했다. "존, 나 개인적으로야 이 일을 감당할 수 있네. 하지만 이 책을 읽을 우리 교회 교인들을 생각하면 괴롭다네. 그가 여기서 목사로 있었으니 분명히 많은 교인들이 읽을 걸세. 보나마나 그것은 그들에게 독이 될 것이고, 그래서 그들을 방해하여 더 이상 우리 교회에서 하나님께로부터 기름 부음을 받을 수 없게 만들 걸세."

마음이 아팠다. 들으면서도 믿어지지 않았다. 랜디는 아무도 손대지 않을 상황에서 빌을 구해 주었다. 그는 빌을 받아들였고 돌보아주었고 회복시켰다. 그런데 빌이 어찌 이럴 수 있단 말인가? 그는 경멸의 씨앗을 뿌린 것이다. 그가 회개하지 않는 한 수확은 참담할 것이었다.

몇 년 후에 빌은 다른 목회지로 옮겼다. 이번에도 그의 삶에 허락하신 하나님의 은사를 통하여 교회가 성장했다. 그러나 수확의 때가 왔다. 그는 다시 옛날의 중독에 빠졌다. 이번에는 더 심했다. 다른 가정에 직접 파탄을 몰고 왔다. 그 파장이 교회와 지역사회로 퍼져 나갔고, 결국 교회는 절름발이 신세가 되고 말았다. 많은 사람들이 상처를 입고 환멸을 느꼈다. 현재 빌은 더 이상 사역을 하지 않고 있다.

빌이 자신의 영적 아버지를 존중했더라면, 그는 제때에 자기 사역으로 파송 받았을 것이고 다시 중독에 빠지지 않았을 것이다. 그리고 오늘까지도, 하나님이 어떻게 우리를 죄에서 구하시고 회복시킬 수 있는지를 전하는 훌륭한 증인이 되었을 것이다. 그러나 그가 영적 아버지를 경멸하는 바람에 비극이 닥쳤고 너무 많은 사람들이 상처를 입었다. 피할 수도 있는 일이었다.

빌은 하나님의 말씀을 가르치는 뛰어난 은사가 있다. 사실 나는 그에게 주시는 계시들에 놀라곤 했다. 그를 알고 그의 사역을 받았던 다른 사람들이 그의 능력 있는 가르침에 대해서 하는 말도 많이 들었다. 그런데 이런 비극적인 일이 일어나다니 실로 안타까운 일이다.

사도 바울은 "그리스도 안에서 일만 스승이 있으되 아버지는 많지 아니하니"(고전 4:15)라고 했다. 아버지를 경멸하면 저주를 받는다는 하나님 말씀을 잊어서는 안 된다. 이것은 육신의 아버지만 아니라 영적인 아버지에게도 해당된다. 사람들이 마음속에 참된 존중을 기르고 상처에서 자신을 지켰더라면, 많은 비참한 불상사를 피할 수 있었을 것이다. 특히 영적인 부모와 관련해서는 더욱 그렇다.


| 함부로 판단하지 마라

나를 처음 사역의 길에 들어서게 한 목사는 교인이 8천 명이나 되던 교회를 몽땅 잃었다. 그 교회는 지금 더 이상 존재하지 않는다. 목사가 아내를 버리고 더 젊은 여자를 쫓아갔기 때문이다. 참담하게도 그는 교인들에게 자기가 아내를 버릴 것이니 그게 싫거든 다른 교회로 떠나라고 말했다. 그렇게 그는 자신만만하게 이혼했고, 이후 많은 남성 성도들이 그를 따라 아내와 이혼했다.

내가 그 교회에서 일하던 당시 나와 함께 섬기던 사람들이 그 목사를 비판했다. 나도 마찬가지였다. 나는 좌절감이 들었고 그에게 화가 났다. 내 영적 아버지인 그를 향하여 내 마음에 품었던 존중이 급속도로 무너져 내렸다. 결국 그 일이 있기 5년 전에 그 교회를 떠났다. 그는 다른 주의 새로운 사역 자리로 우리 부부를 축복하며 파송했다. 그러나 우리가 더 이상 그 교회에 있지 않음에도 내 좌절감과 그를 향한 분노는 점점 더해 갔다.

그러다 그 목사에 대해 두 주간에 걸쳐 네 번의 꿈을 꾸었다. 평소 나는 꿈을 거의 기억하지 못한다. 그런 내가 두 주 동안 네 번의 꿈을 꾸었는데 기억이 난다는 것은 예삿일이 아니었다. 말하기 창피하지만, 나는 네 번째 꿈을 꾸고 나서야 하나님이 내게 뭔가 말씀하시려 하심을 깨달았다. 나는 기도로 여쭈었다. "아버지, 이 꿈들을 통해서 제게 보여 주시려는 바가 무엇입니까?"

즉시 내게 엄한 목소리로 이런 말씀이 들려왔다. "그는 내 종이다. 내 종을 판단하는 일을 그치라!"

내게 아버지였던 이전의 목사를 비판하거나 판단하는 일은 내 소관이 아니었다. 나는 곧 회개했고 그에게 사과 편지를 썼다.

아내와 이혼한 지 두 달 후에 그는 금발의 젊은 여자와 결혼했고 곧바로 교회는 400명으로 줄었다. 그는 교회를 살리려 했으나 헛수고였다. 목사가 공개적인 죄를 짓고 회개하지 않는다면 당신은 교회를 떠나야 하는가? 그래야 한다. 바울은 이렇게 썼다.

내가 너희에게 쓴 (이전) 편지에 음행하는(부정한) 자들을 (가까이) 사귀지 말라 하였거니와 이 말은 이 세상의 음행하는 자들이나 탐하는 자들이나 속여 빼앗는 자들이나 우상 숭배하는 자들을 도무지 사귀지 말라 하는 것이 (뜻이) 아니니 만일 그리하려면 너희가 세상 밖으로 나가야 할 것이라 이제 내가 너희에게 쓴 것은 만일 어떤 (그리스도인) 형제라 일컫는 자가 음행하거나 탐욕을 부리거나 우상 숭배를 하거나(하나님 자리를 빼앗는 일체의 다른 대상에게 영혼을 바치거나) 모욕하거나(악담하고 욕하고 비방하고 중상하거나) 술 취하거나 속여 빼앗거든 사귀지도 말고 그런 자와는 (아예) 함께 먹지도 말라 함이라(고전 5:9-11).

바울은 부도덕한 그리스도인과 가까이 사귀지 말라고 경고한다. 그 지도자가 성격 차이를 이유로 아내와 이혼한 것은 부도덕한 일이다. 예수님 말씀을 보면 더할 나위 없이 분명하다. "내가 너희에게 말하노니 누구든지 음행한(성적 부도덕의) 이유 외에 아내를 버리고 다른 데 장가 드는 자는 간음함이니라"(마 19:9).

그러므로 죄를 일삼아 저지르는 그리스도인과 함께 먹지도 말아야 한다면, 그들의 영에 동참하지 말아야 하는 것은 더욱 당연하다. 우리는 이런 상태에 있는 사람의 사역 아래서 죄를 지어서는 안 된다. 물론 그가 회개한다면 그때는 다시 한 번 그를 받아 줄 수 있다.

"하지만 그것은 그를 판단하는 것 아닌가?" 하고 물을 수도 있다. 하지만 그것은 그가 아닌 그의 열매를 판단하는 것이다. 우리는 열매, 즉 사람들의 행동은 판단해야 하지만 그들의 마음의 동기는 판단해서는 안 된다. 바울은 "바깥 사람들을 판단하는 것은 내 책임이 아니지만, 이런 식으로 죄짓는 교회 안의 사람들을 판단하는 것은 당연히 너희가 할 일이다"(고전 5:12, NLT)라고 했다.

나는 그 목사의 마음의 동기를 판단하고 있었고, 그래서 하나님은 꿈으로 내게 경고하셨다. 오직 하나님만이 사람의 마음의 동기를 판단하실 수 있다.

> 그러므로 때가 이르기 전 곧 주께서 오시기까지 아무것도 판단하지 말라 그가 어둠에 감추인 것들을 드러내고 마음의 뜻(동기)을 나타내시리니(고전 4:5).

그래서 나는 지금도 그 목사의 인생에 희망을 버리지 않고 있다.

이 점을 명백히 밝혀 주는 일례로, 바로 어제 어느 사역자와 전화 통화를 했다. 그는 다른 사역자가 집회에서 전한 메시지가 불만이었다.

이 친구는 전화로 그 설교를 분석하면서, 그 메시지가 잘못된 것임을 분명히 보여 주는 성경구절을 댔다. 나도 메시지에 관한 그의 모든 말에 동의했다. 다른 사역자들 역시 동일한 우려를 표명했다. 그런데 전화를 건 그가 이렇게 말을 이었다. "내 생각에 이 사역자는 튀는 메시지로 많은 대형 교회들과 집회들의 문을 열려고 이런 가르침을 준비한 것 같네."

나는 얼른 통화중인 친구의 말을 막았다. "자네는 지금 그의 동기를 판단하고 있네. 그건 잘못일세."

그에게 열매를 판단하는 것은 좋지만 동기를 판단하는 것은 옳지 않다고 했다. 그것은 하나님만이 하실 수 있는 일이기 때문이다.

그 목사가 아직 공개적으로 회개하지는 않았지만(현재 그는 세 번째 아내와 결혼한 상태다) 지금도 나는 그를 존중한다. 그렇다고 해서 그가 다시 교회를 이끌 경우 그 밑에서 사역할 생각은 없다. 그러나 앞으로도 변함없이 그를 존중할 것이다. 하나님이 사울을 심판하신 후에도 다윗은 여전히 그를 존중하여 그에게 사랑 노래를 불러 주고, 유다 백성에게도 똑같이 하도록 가르치지 않았는가?

그 목사가 내게 도움을 청한다면 나는 최대한 많이, 최대한 신속히 도울 것이다. 그는 내게 하나님 말씀의 놀라운 진리들을 아주 많이 가르쳐 주었고, 그 유익을 나는 지금도 누리고 있다. 내가 미숙한 풋내기로 실수를 연발할 때 그는 나를 용서해 주고 격려해 주었다.

물론 지금도 나는, 그와 그의 선택에 영향을 입은 다른 사람들이 그간 겪었을 고통을 생각하면 마음이 아프다. 나는 그가 회개하고 이전처럼 다시 훌륭한 지도자로 일어서기를 바란다. 성경에 보면 하나님의 희망은 시들지 않고 약해지지 않는다 했다(고전 13:7 참조).

대조적으로 오늘날 많은 사람들이 자기 목사가 죄를 지었다는 소문을 듣고 교회를 떠난다. 안 될 일이다. 우리는 소문에 흔들려서는 안 된다. "장로에 대한 고발은 두세 증인이 없으면 받지 말 것이요"(딤전 5:19).

증인이란 법정에서 인정할 만한 증거를 가진 사람이다. 두 사람이 함께 공모하거나 몇 사람이 똑같은 소문을 퍼뜨리는 것이 아니다. 아니 두세 사람에게 각각 별도의 증거가 있어야 한다. 바울은 왜 이 말을 썼을까? 우리를 보호하기 위해서다.

우리가 지도자에 대한 소문을 믿는 순간 거기서 의심이나 부정확한 생각의 문이 열린다. 경멸이 우리 마음속에 쉽게 들어온다. 지도자를 경멸하면 우리는 하나님이 그 지도자를 통하여 주시려는 보상을 더 이상 받을 수 없다. 수많은 서구인들이 하나님한테서 잘 받지 못하는 이유가 거기 있다. 우리 세대에 사역자들의 스캔들이 아주 많이 있었고, 그것이 대중의 마음속에 의심을 조장했다. 오늘 교회 안에는 진저리를 치며 아예 냉소에 빠진 사람들이 많다. 이는 존중에 전혀 도움이 되지 않는 태도로, 우리를 가로막아 천국의 수혜 통로인 하나님의 지도자들에게서 떼어 놓으려는 원수의 책략이다.

탐욕과 식탐에 물든 엘리의 삶은 결국 폭로되고 심판이 임했다. 한나는 고약한 성품의 엘리한테서 "술 취했다"는 매정한 소리를 들으면서도 냉소적인 태도를 보이지 않고 자기 마음을 지켰다. 한나는 엘리의 모욕에 반응하지 않고 주도적으로 행동했다. 그런데 서구 교회의 일부 지도자들이 실패하여 쓰러지고 있고, 또 오늘날 많은 사람들이 그런 실패의 상처에 그저 반응만 하고 있다.

장기간 사역에 몸담으면서 지도자들에 대한 부정적인 소식을 수없이 들었다. 그러나 내게는 위에 말한 디모데전서 말씀에 뿌리를 둔 개인적 확신이 있다. 부정적인 소식의 출처가 딱 한 사람이거나 또는 적어도 두 사람의 구체적인 증거가 없다면, 나는 그것을 무시해 버린다. 적어도 두 사람한테서 별개의 증거가 있어야만 그 소식을 믿는다. 그런 소식에 조금이라도 무게를 두면, 천국에서 오는 것들을 받는 내 역량에 방해가 되기 때문이다. 모든 지도자들은 천국에서 오는 보상의 통로다. 나는 하나님이 내게 주시려는 것을 하나도 잃고 싶지 않다.

## | 하나님과 깊은 교제를 누리는 복

그간 나는 지도자들을 존중하여 전심으로 사랑과 헌신을 바치는 사람들을 교회에서 많이 알게 되었고 더욱 사랑하게 되었다. 그 가운데에는 교회 직원들도 있고, 해당 지도자의 부교역자들도 있으며, 다수는 교회 교인들 내지 그 사역자의 후원자들이다. 세월이 가면서 하나님이 그 사람들을 높여 주시는 모습을 지켜보는 것은 기쁨이었다. 때로 그들의 진급이나 직분 상승이 신속해 보이지 않을 때도 있다. 그러나 그들 다수를 오랜 세월 죽 지켜보면서 그들의 삶이 모든 좋은 면으로 꾸준히, 그리고 확실히 나아지는 것을 보았다.

하지만 앞에 말한 이전의 그 목사를 비판했던 많은 사람들은 비참한 결과를 당했다. 더러는 이혼했고, 더러는 자녀들이 끔찍한 일을 당했고, 더러는 재정 파탄을 겪었고, 더러는 교회를 넘겨받거나 개척하여 몇 년씩 수고했으나 교회는 더 이상 성장하지 않았다. 극단적인 경우로, 나와 함께 봉사했던 한 여성도가 텔레비전에 나가 내 목사(교회를 몽땅 잃은 목사)를 비방했던 일이 기억난다. 그녀는 건강이 멀쩡했으나 불과 두 달 만에 동맥 관련 질환으로 갑자기 죽음을 맞았다.

이것이 우연일까? 아니다. 바울은 많은 신자들이 주의 몸을 분별하지 못하며, 그 때문에 "너희 중에 약한 자와 병든 자가 많고 잠자는(일찍 죽는) 자도 적지 아니하니"(고전 11:30)라고 했다. 바울이 이 말을 쓴 것은 성

142

만찬 때였다. 그러나 이 진리는 그리스도인 삶의 다른 영역에도 적용된다. 주의 몸을 분별함은 포도 주스를 마시고 과자를 먹는 것 훨씬 이상이다.

반면에 이전 그 목사 밑에서 고생하면서도 그를 향하여 사랑과 존중의 마음을 지킨 많은 사람도 지켜보았다. 현재 그들은 하나같이 사역에, 사업에, 인생에 형통하고 있다. 그들의 결혼생활은 튼실하고, 자식들도 끝까지 하나님을 사랑하며 형통했다. 존중하는 마음으로 정직하게 행했기에 그들은 지금 풍성하고 충만한 삶을 누리고 있다. 그들은 자기 마음을 지켰고 자기 입에 파수꾼을 두었다. 그들은 하나님의 마음을 기쁘시게 했다.

하나님이 우리에게 간절히 주시려는 복된 삶을 원치 않을 까닭이 무엇인가? 비판적, 냉소적이 되거나 진저리를 치는 것은 정말 가치 있는 일인가? 거기서 나오는 열매가 무엇인가? 장기적인 결과를 볼 때 그런 식의 태도는 전혀 필요가 없다. 내가 지도자에게 어떤 대우를 받았든 상관없다. 성경에 보면 지도자를 존중한 사람들이야말로 하나님 마음에 가까이 머문 사람들이다. 그것이 내게는 가장 큰 보상이다. 그분의 마음을 알고 그분과 깊은 교제를 누리는 것이다. 우리 인생에 그보다 큰 것은 없다.

모든 지도자들은 천국에서 오는 보상의 통로다.
하나님이 당신에게 주시려는 것을 하나도 잃지 말라.

*Honor's
Reward*

# 3부

# 존중하는
# 인생이 형통하다

## 1장

# 사역자 존중하기

예수님이 보내시는 사람들을 대하는 우리의 자세가 바로 그분을 대하는 자
세요 또한 하나님 아버지를 대하는 자세다.

권위와 관련하여 "배나 존중하라"는 말은 성경 전체
를 통틀어 여기에만 나온다.

> 잘 다스리는 장로들은 배나 존경(존중)할 자로 알되 말씀과 가르침에 수고하는
> 이들에게는 더욱 그리할 것이니라 성경에 일렀으되 곡식을 밟아 떠는 소의 입에
> 망을 씌우지 말라 하였고 또 일꾼이 그 삯을 받는 것은 마땅하다 하였느니라(딤
> 전 5:17-18).

복음 사역자들에게는 다른 지도자들에게 하는 것보다 갑절의 존중을
보여야 한다. 그리스도인 지도자들에게 말하고 행동할 때는 더없는 존
중의 태도로 해야 한다. 그들 쪽에서 따로 말이 없는 한 그들을 "목사
님," "선생님," "여사님" 등으로 예의를 다하여 불러야 한다. 대화 중에

는 늘 눈을 마주쳐야 한다. 그들이 보내기 전에 또는 그들의 말이 다 끝나기 전에 자리를 떠서는 안 된다.

지도자가 말씀을 가르칠 때는 귀 기울여 들어야 한다. 잡념에 빠지는 것은 지도자를 경멸하는 것이다. 예배 중에 옆 사람과 얘기하는 것은 성령 자신은 물론 말씀 전하는 자를 경멸하는 것이다. 모든 사적인 대화는 예배가 끝난 후로 미루어야 한다. 정식으로 폐회하기 전에는 친구에게 문자 메시지를 보내거나 휴대전화를 사용하거나 밖으로 나가서도 안 된다. 집회나 예배에 지각해서는 안 된다. 만약에 아침마다 15분씩 늦게 출근한다면 고용주가 어떻게 반응하겠는가? 직장 출근 시간은 정확히 지키면서 정해진 예배 시간은 어떻게 그리 가벼이 생각하는가?

또 스스로 알아서 지도자를 섬길 길을 찾아야 한다. 지도자를 위해서 미리 계획하고, 예기치 못한 장애물에 대비하라. 우리는 늘 일을 더 잘, 더 높은 기준으로 하고자 힘써야 한다. 지도자를 대변하는 모든 일에 탁월하고자 노력해야 한다.

지도자가 무언가 부탁했다면, 정시에 가서 최선을 다하라. 옷차림도 단정히 하고, 자동차도 말끔히 세차하라. 당신이 지도자를 대변하기 때문이다. 전에 한번 공항으로 나를 태우러 온 사람들의 차가 쓰레기로 너저분했던 적이 있다. 그때 생각

> 스스로 알아서 지도자를 섬길 길을 찾아야 한다. 지도자를 위해서 미리 계획하고, 예기치 못한 장애물에 대비하라. 우리는 늘 일을 더 잘, 더 좋은 기준으로 하고자 힘써야 한다.

했다. '이 기관의 지도자가 자기 직원이 이런 식으로 손님을 태우러 온 것을 안다면 기분이 어떨까? 이 사람은 나만 경멸한 것이 아니라 나를 대접하라고 한 자기 목사까지 경멸한 것이다.'

아내와 내게는 약 50명의 훌륭한 직원들이 있다. 그들이 우리를 대하는 방식을 보면 놀랍다. 사무실에 도착하면 언제나 책상 위에 정수된

시원한 물이 놓여 있다. 그들은 내가 보지 않을 때 내 차 열쇠를 가져가 주유소에 가서 기름을 넣어 주기도 하고, 늘 깔끔하게 세차도 해 둔다. 우리 사무실 건물에는 내 전용 주차 공간이 없으나 직원들은 늘 현관에 제일 가까운 공간을 우리 부부를 위하여 비워 둔다.

그들은 나를 '목사님'이라고 부르며, 내가 사무실에 들어가거나 회의실에 들어서면 자리에서 일어난다. 그들은 어떤 문제를 내게 가져오기 전에 반드시 철저히 연구한다. 내 질문을 예상하고, 내가 묻기 전에 답변을 준비해 둔다. 내가 무슨 요청이라도 하면 늘 신속히 수행한다. 한쪽 길이 막혀 일을 끝낼 수 없으면, 계속 다른 길을 두드려 기필코 해낸다. 일이 이루어지지 않는 때는 원래 불가능한 경우뿐이다. 그러나 그 소식조차도 그들은 상상 가능한 모든 길을 다 타진해 본 후에야 내게 가져온다. 그리고 본래 요청에 준한 다른 대안을 제시한다.

그들이 우리에게 보이는 존중은 확고하며 목적이 있다. 그 목적이 내 머릿속에서 변질되지 않도록 내가 늘 기억하는 것들이 있다. 첫째로, 그들은 나를 존중함으로 예수님을 존중한다. 둘째, 그들은 분명 보상을 받을 것이다. 셋째, 나는 그들이 우리를 섬기는 이유를 명심한다.

그들은 우리 부부가 본업에서 벗어난 일에 에너지를 쏟지 않게끔 배려하는 것이다. 아내와 내가 하나님이 부르신 일에 주력할수록 더 많은 사람들이 섬김을 받는다. 중요한 것은 하나님 나라의 섬김이다. 서로 존중함으로써 우리 각자가 더 효과적으로 하나님을 기쁘시게 하는 것이다.

아내와 나는 우리를 존중해야 한다고 일부러 강조하지 않는다. 지도자가 존중을 구하거나 요구하는 것은 하나님 마음에 어긋나기 때문이다. "나는 사람에게서 영광(존중)을 취하지 아니하노라"(요 5:41).

예수님은 아버지한테서 오는 영광만 구하셨다. 그분은 당대의 지도자들을 이렇게 꾸짖으셨다. "너희가 서로 영광(존중)을 취하고 유일하신 하나님께로부터 오는 영광(존중)은 구하지 아니하니 어찌 나를 믿을 수 있느냐"(요 5:44).

이 지도자들은 자신의 체면과 자존심, 통제 기질을 채우기 위해 사람들에게서 칭찬과 존중을 구했다. 예수께서 인간에게 존중을 받으신 것은 그들을 위해서, 그리고 가장 중요하게 아버지를 위해서였다.

우리들도 자신이 받는 존중을 마음속에서 예수님과 아버지께 돌려 드려야 한다. 또한 우리에게 존중을 베푸는 이들을 위해서 기뻐해야 한다. 우리를 존중하는 자들을 다시 아버지께서 존중하실 것을 우리는 잘 알고 있다. 그들은 보상을 받을 것이다.

이 점은 아무리 강조해도 지나치지 않다. 하지만 당신이 누구이든 상관없이, 만일 그밖에 다른 이유로 존중받으려 한다면, 당신은 생명과 경건에 이르지 않는 길로 내닫는 것이다.

> 자신이 받는 존중을 마음속에서 예수님과 아버지께 돌려 드려야 한다. 또한 우리에게 존중을 베푸는 이들을 위해서 기뻐해야 한다. 우리를 존중하는 자들을 아버지께서 존중하실 것이기 때문이다.

## 갑절의 재정 지원

복음 사역자들을 "배나 존중하는" 길은 여러 가지가 있다. 그러나 나는 디모데전서 5장 17-18절에 성령께서 사도 바울을 통해서 구체적으로 하고 계신 말씀을 아직 다루지 못했다. 본문을 계속 읽어 보면 바울이 특별히 재정 문제를 언급하고 있음을 알 수 있다.

바울은 이렇게 말을 맺는다. "일꾼이 그 삯을 받는 것은 마땅하다." NLT에는 "일을 잘하는 장로들은 보수를 잘 받아야 한다"고 되어 있다. CEV에는 "일을 잘하는 교회 지도자들은 갑절의 보수를 받아야 하며, 설교와 교육으로 수고할 때 특히 그렇다"고 했다. TEV에는 "지도자 일을 잘하는 장로들은 갑절의 보수를 받기에 합당한 자로 여겨야 한다"고 했다. 마지막으로 AMP에는, 직무를 잘 수행하는 장로들은 "충분한 재정 지원"을 받기에 배나 합당한 자로 여겨야 한다고 되어 있다.

이 영적 원리는 예수님이 제자들에게 주신 말씀에도 나온다. "내가 진실로 진실로 너희에게 이르노니 내가 보낸 자를 존중하는 자는 나를 존중하는 것이요 나를 존중하는 자는 나를 보내신 이를 존중하는 것이니라"(요 13:20, 영접이라는 말을 존중으로 바꾸었다).

"내가 보낸 자"라는 말에 주목하라. 자신과 연결시키고 계시는 예수님을 볼 수 있다. 다섯 가지 지도자가 임명되고 파송되는 방식에 대한 바울의 묘사에서도 그것을 볼 수 있다.

> 그(예수 그리스도)가 (친히 임명하시어 우리에게) 어떤 사람은 사도(특별한 메신저)로 어떤 사람은 선지자(영감을 입은 설교가와 주해가)로 어떤 사람은 복음 전하는 자(복음 설교자, 순회 선교사)로 어떤 사람은 목사(그분 양떼의 목자)와 교사로 삼으셨으니(엡 4:11).

"그가 친히 임명하셨다"는 말을 잘 보라. 다섯 가지 사역자를 예수님이 직접 주신다. 이들이 곧 그리스도의 몸 된 교회에서 "말씀과 가르침에 수고하는"(딤전 5:17) 장로들이다. 하나님은 이들을 존중하여 "갑절의 보수"(TEV)를 주어야 한다고 구체적으로 밝히신다.

20년 넘게 순회 사역을 하면서 이 명령에 한 번도 예외를 보지 못했다. 목사와 부교역자들이 보수를 잘 받지 못하는 여러 교회에 가 보았다. 그들은 구식 차를 몰고 셋방이나 별 볼일 없는 집에 산다. 그러는 내내 그 교회 많은 교인들은 더 좋은 집에 살고, 더 좋은 차를 몰고, 자녀들이 더 좋은 학교에 다닌다. 그러나 얄궂은 사실이 있다. 교인들의 재정 상태를 살펴보면, 대부분 고생한다는 것이다. 사업하는 남녀들은 늘 침체와 심하게는 장기적인 손실로 허덕이고 있다. 그 결과 많은 사람들이 빚더미에 파묻혀 있다. 많은 가정들이 빈번히 문제에 부딪쳐 적금을 까먹는다. 아무도 가난한 사람들을 도울 여윳돈이 없어 보인다. 이것은 신자들이 지도자들에게 보수를 잘 주라는 하나님의 명령을 무시한 결과가 아닐까?

반대 경우를 보면 원리가 더 분명해진다. 나는 목사와 부교역자들이 보수를 잘 받는 교회들에도 가 보았다. 그들은 다 좋은 차를 몰고, 좋은 집에 살고, 자식들에게도 부족한 것이 없고, 가족끼리 멋진 휴가도 보낼 수 있다. 그 밖에도 많다. 많은 경우 그 교인들은 사역자들을 위해 특별한 일을 한다. 선물을 사 주기도 하고, 좋은 저녁식사를 대접하기도 하고, 이래저래 친절을 베푼다.

이런 교회의 가정들을 전체적으로 잘 보면, 형통하여 성공적인 삶을 산다. 사업하는 남녀들은 새로운 프로젝트마다 성공하며 크게 형통한다. 그렇게 얻은 수익으로 언제나 과부들, 편모들, 가난한 가정들을 돕는다. 또한 이런 교회들은 선교 헌금도 많이 드린다. 단 한 번도 예외를 보지 못했다. 이 모두가 존중의 원리에 그대로 맞아든다.

그러니 생각해 보라. 위에 말한 전자의 교회들은 목사와 부교역자들에게 보수를 넉넉히 주지 않으면서 재정 낭비가 없다고 자랑한다. 덕분에 선교 헌금도 하고 가난한 사람들도 돕는 등 하나님 나라를 위해서 더 많은 일을 할 수 있다고 생각한다. 그러나 지도자들에게 보수를 잘 주라는 하나님의 명령을 따르지 않았기 때문에 그들은 후자의 교회들만큼 가난한 자들을 도울 능력이 없다. 사업하는 교인들마다 일이 잘 풀리지 않아 수입이 많지 않기 때문이다.

하나님의 지혜가 언제나 참된 성공의 길임을 왜 깨닫지 못하는가? 자신이 하나님의 일을 더 많이 도울 수 있다고 믿기에 우리는 하나님의 지혜의 말씀대로 행하지 않는다. 그것은 교만이요, 거짓 겸손이다. 내가 하나님보다 더 잘 안다고 간접적으로 말하는 것이다. 하나님은 가난한 사람들을 사랑하시지만, 동시에 그분 말씀으로 수고하는 자들에게 갑절의 보수를 주라고 우리에게 명하신다.

소수의 미국 사역자들이 특히 이 진리를 남용해 왔다. 돈과 재물 얘기밖에 모르는 지도자들을 보면 슬프다. 그들은 상처받은 영혼들에게 다가가기보다는 일시적인 재물과 쾌락에 찬 생활방식에 더 정신이 팔려 있다. 물론 그들에게도 일말의 진리는 있다. 그러나 그들은 사역의 핵심을 잃고 삯군의 길로 빗나갔다. 이제 그들의 설교는 비뚤어졌고, 그래서 그들은 무익한 존재가 되었다. 이런 지도자들에게 하나님이 뭐라고 말씀하시는지 들어 보라.

> 이스라엘의 파수꾼(지도자)들은 맹인이요 다 무지하며 벙어리 개들이라 짖지 못하며 다 꿈꾸는 자들이요 누워 있는 자들이요 잠자기를 좋아하는 자들이니 이 개들은 탐욕이 심하여 족한 줄을 알지 못하는 자들이요 그들은 몰지각한 목자들이라 다 제 길로 돌아가며 사람마다 자기 이익만 추구하며(사 56:10-11).

"사람마다 자기 이익만 추구"한다는 맨 끝 부분이 CEV에는 "너희는 사리사욕을 위하여 자기 양떼를 착취하는 목자들이다"라고 되어 있다. 여성도들과 돈, 이외에 사역용으로 정해진 다른 자산을 자신의 사사로운 낙을 위해 이용한 지도자들이 더러 있다. 그들은 이 존중의 진리를 패역한 상태로 전락시켰다. 그들은 어두운 사고방식에 빠졌다. 전체 취지가 변질되었다. 이제 사역은 그들을 섬기기 위한 것이 되어 버렸다. 사역의 참된 초점은 하나님의 사람들을 충분히 섬기고 잃은 영혼들에게 다가가는 것이건만, 그들은 거기서 떠났다. 그들이 변하지 않는다면 말로가 아주 참담할 것이다.

존중의 원리가 남용된 예는 고금의 사역뿐만 아니라 성경에도 있다. 하지만 그런 잘못된 예들에 발목 잡혀 하나님의 종들에게 재정적 보상을 갑절로 주라는 성경의 명령을 외면해야 되겠는가? 악에 악으로 대응하여 하나님 보시기에 선이 나온 유례는 없다.


| 놀라운 전환

교회 지도자를 재정적으로 존중하는 것을 그만둔 결과가 어떠한지 아주 생생히 목격했다. 순회 사역 초기의 일이다. 아내와 나는 사역을 위하여 교인이 약 120명 정도 되는 어느 교회에 갔다. 인근 지역 주민이 25만 명이 넘는데, 이 교회 교인 수는 35명에서 120명 사이를 왔다 갔다 했다. 지역사회에 효과적으로 다가갈 새로운 차원의 돌파구를 열지 못하고 있었다.

우리는 나흘간의 집회를 이끌도록 되어 있었다. 목사는 우리를 호텔에 투숙시키는 일이 교회 재정상 힘들 것 같다며 우리더러 자기 집에 머물러도 되겠느냐고 물었다. 순회 사역을 시작하기 오래전부터 서로 친구지간이기도 했는지라 우리는 그러마고 했다.

주일 밤에 도착해서 보니 목사 부부가 사는 곳은 월세 연립주택이었다. 차도 낡았고 살림도 별로 없었다. 그래도 그들은 있는 것은 우리에게 다 내주었다. 부인은 여태 일을 하고 있고 그 때문에 자주 집을 비워야 했다. 그 때문에 그녀는 매달 15일에서 18일을 집을 비웠다.

집회는 그런 대로 좋았다. 하지만 뭔가 분위기를 짓누르는 듯했다. 하나님의 임재와 능력과 기름부으심에 통 돌파구가 열리지 않았다. 천국에서 오는 것들을 받지 못하도록 뭔가 단단히 막고 있었다. 교인들은 진심으로 친절했고, 많은 사람들이 하나님을 깊이 사랑하는 것 같았다. 도대체 뭐가 문제인지 몰라 무척 난감했다.

집회 사흘째에 꽤 오랫동안 기도하는 시간을 가졌다. 그런데 기도 중에 자꾸만 이 목사 부부가 재정적으로 등한시되고 있다는 생각이 떠올랐다. 이윽고 하나님의 음성이 들려왔다. "오늘밤 집회에서 네가 이 문제를 다루어야 한다."

방법을 여쭙자 하나님은, 이 장벽을 뚫는 길은 교인들에게 목사를 재정적으로 축복하는 일의 중요성을 가르치는 것임을 계시해 주셨다. 순간 목사 부부를 위해서 헌금하는 시간을 가져야겠다는 느낌이 강하게 들었다. 그러면서도 그 일을 어떻게 할지는 아직 정확히 몰랐다.

그날 오후, 목사가 내게 말했다. "존, 오늘밤 자네 사역기관을 위한 헌금 시간을 내가 인도하지 않겠네. 자네가 하게."

나는 이제 문이 열렸음을 알고 씩 웃었다. 우리 사역기관 대신 나는 목사 부부를 위해서 헌금하게 할 참이었다. 그날 밤 내가 목사의 소개를 받고 연단에 올라설 때 그가 내게 귓속말로 말했다. "잊지 말게, 존. 헌금 인도는 자네 마음일세."

나는 그냥 웃기만 했다. 내 행동을 보면 그는 틀림없이 놀라 나자빠질 것이었다. 교인들에게 성경 디모데전서 5장 17절을 펴게 했다. 이어 목사를 재정적으로 잘 돌보는 일의 중요성을 45분에 걸쳐 가르쳤다. 이 말이 거만하게 들리지 않기를 바라지만, 나는 그 회중을 엄히 꾸짖었다. 중간에 이렇게 말했다. "여러분의 목사 사모님이 왜 바깥일을 하느라 한 달의 절반을 돌아다녀야 합니까? 사모님이 집에서 목사님 곁에 계시려면 부부가 재정적으로 충분히 안정되어야 합니다."

목사는 얼굴이 홍시처럼 달아올랐다. 그는 자기가 내게 그렇게 시켰다고 교인들이 생각할까 봐 두려웠고, 몇몇 가정이 교회를 떠날까 봐 우려했다. 분명히 밝혀 둔다. 현지 지도자가 내 메시지에 동의하지 않는 경우, 나는 어느 교회에 가서든 근본 교리가 아닌 내용은 전하지 않는다. 하지만 이 경우 나는 몰랐다. 다만 메시지가 진행되면서 목사의 얼굴에 퍼지는 우려를 보았을 뿐이다.

다행히 그날 밤 교인들은 하나님이 내 마음에 주신 말씀을 받아들였다. 메시지를 마치면서 이렇게 말했다. "오늘밤 저는 우리 사역기관을 위한 헌금 시간을 가지라는 부탁을 받았습니다. 하지만 그렇게 하지 않겠습니다. 오늘밤의 헌금은 직접 목사님 부부에게 갈 것입니다. 아울러 이번 헌금에는 여러분이 세금 공제를 받으실 수 없습니다. 하나님의 선물인 여러분의 목사님에게 여러분의 감사하는 마음을 보여 주시기 바랍니다."

집회를 마치고 내가 몇몇 사람들과 대화를 나누는 사이 목사는 슬쩍 교회 사무실 쪽으로 빠져나갔다. 씩 웃으며 물었다. "헌금이 얼마나 되었나?"

그가 말한 숫자를 듣고 기절할 뻔했다. 그 교회 역대 주일 최다 헌금의 세 배가 넘었던 것이다. 결과가 좋을 줄이야 알았지만, 그가 밝힌 액수는 그만한 규모의 교회로서는 내 상상을 훨씬 초월했다.

다음 주 월요일에 그 목사에게서 전화가 왔다. 그는 흥분한 목소리로 말했다. "존, 주일 예배 녹음 테이프를 자네한테 보내겠네."

뜬금없는 말에 나는 이렇게 답했다. "좋지. 자네의 어제 설교를 잘 들음세."

그가 재빨리 되받았다. "존, 난 설교하지 않았어. 꼬박 두 시간 동안 우리 교인들이 자진해서 연단에 줄줄이 올라가, 지난 주에 자기 가정과 사업체에 있었던 놀라운 재정적인 기적들을 간증했다네. 나는 감탄했지만 놀라지는 않았네. 하나님께서 놀라운 일을 하실 줄 알았으니까. 그래도 이렇게 빠를 줄은 몰랐지."

3년 후에 나는 그 교회에 다시 갔다. 그들은 어느 고등학교로 이사하여 새 단장을 했다. 그게 다가 아니다. 교인 수는 다섯 배로 늘었다. 목사가 재정적으로 존중받은 덕분에 부인은 일을 그만둘 수 있었다. 그 결과 교인 가정들과 사업하는 사람들은 형통했다.

영적 지도자를 재정적으로 존중하면 우리 자신의 삶이 형통한다. 대한민국 서울에 있는 세계에서 가장 큰 교회인 여의도순복음교회 조용기 목사를 보라. 그는 오래전에 허름한 곳에서 교회를 개척했는데, 이 글을 쓰는 현재 그의 교인들 가운데 거부가 5만 명이 넘는다는 말을 그의 두 당회원에게 들었다.

나는 몇 차례 그와 만나 함께 골프도 치고, 그와 그의 출장 동행자들과 더불어 식당에서 식사도 했다. 대개 그는 사업가들과 부교역자들을 몇 명 데리고 온다. 이 사람들은 그를 잘 보살피는 데 만전을 기한다. 그에게 필요한 것은 무엇이든 사 준다. 그가 앉기 전에는 먼저 식탁에 앉지 않는다. 도시의 아주 가난한 지역에서 시작된 교회에 부자 교인들이 이토록 많아진 것은 그들이 목사에게 그와 같은 존중을 보이기 때문이 아닐까?

앨 브라이스라는 내 친구는 미국에서 목회하고 있으며 우리 사역기관의 지도 위원회에 속해 있다. 앨은 1980년에 미국 아마추어 골프 토너먼트에 출전했다. 골프 실력이 아주 좋다. 조용기 목사는 자신의 많은 부교역자, 친구들과 함께 골프 치는 것을 즐긴다. 그래서 그는 앨을 특히 마음에 들어 했다.

한번은 조 목사와 그의 부교역자들이 이곳 미국에서 앨과 함께 골프를 치기로 되어 있었다. 조 목사와 함께 온 사람 하나가 렌터카에서 내려 조 목사의 골프채들을 꺼냈다. 조 목사는 뉴욕 5번가에 갔다가 값비싼 디자이너의 골프 가방을 새것으로 막 구입한 터였다. 앨은 예의상 그 가방이 참 멋있다고 말했다. 그러자 조 목사가 새 가방에서 자기 골프채들을 꺼내기 시작했다. 앨은 깜짝 놀랐다. 가방을 다 비운 그는 앨의 가방에서 골프채들을 뽑아다 그 가방에 꽂기 시작했다. 앨이 조 목사를 말리며 말했다. "아니, 이러지 마십시오. 왜 이러십니까?"

조 목사는 말했다. "나는 당신을 존중합니다. 그래서 이 가방을 당신에게 드리고 싶습니다."

몇 달 후에 앨은 한국에 갔다가 다시 조 목사와 그의 부교역자들과 함께 골프 칠 준비를 하고 있었다. 그때 그가 프로 숍에 있는 멋진 골프화 한 켤레를 보고 이렇게 말했다. "와, 멋있는 신발이네요!"

그러자 조 목사의 사람들 가운데 하나가 즉시 선반에서 그 신발을 내려 계산대로 갔다. 앨은 말했다. "아니, 아닙니다. 저는 신발이 필요 없습니다. 그냥 멋있다고 말한 것뿐인데요."

그 사람은 말했다. "목사님, 저는 당신을 존중합니다. 가지십시오."

내게 이 일을 들려주던 앨은 따뜻하게 웃으며 말했다. "조 목사 사람들 곁에서는 뭘 좋아한다는 말을 해서는 안 된다는 걸 배웠네. 그럼 나한테 사 줄 테니까 말일세."

이 신자들은 차원 높은 존중을 베풀고 있으며, 그 때문에 복을 받고 있다.

지금은 주님 곁으로 간 잭이라는 친구가 있다. 그는 아주 성공적이고 영향력 있는 삶을 살았다. 수많은 사람들이 그의 사역에 큰 영향을 입었다. 잭이 젊어서 사역을 막 시작할 때, 그의 목사에게도 미국에 아주 명망 높은 교회가 있었다. 몇 년 동안 자기 목사를 섬긴 후에 잭은 국내 다른 지역으로 파송을 받아 교회를 개척했다.

교회는 몇 년 내로 5천 명 수준에 이르렀다. 나는 그의 교회에서 자주 설교했고, 우리는 함께 지내기를 아주 좋아했다. 그가 내게, 이전의 자기 목사를 말할 수 없이 사랑하고 중시하고 존경한다고 말하던 날이 지금도 기억에 선하다. 잭은 그를 자신의 영적 아버지로 지칭했다. "존, 내 목사님을 뵐 때마다 나는 꼭 그분께 수표로 천 달러를 드린다네." 그 존중의 수준이 참으로 놀라웠다.

그가 섬기던 교회 교인들은 그를 깊이 사랑했다. 사실 그의 장례식은 네 시간이 넘게 걸렸고 참석한 사람들이 5천 명도 더 되었다. 교인들만 아니라 그의 교회에 다니지 않았던 그 도시의 많은 일꾼들도 왔다. 지역사회의 많은 사람들이 그를 존경했다.

한편 잭은 교회에서 주는 보수를 받지 않고 도로 사역에 기부했다. 현명한 투자 덕분에 그는 교회 사례비를 받을 필요가 없었기 때문이다. 이 사람처럼 하나님의 복 가운데 산 사람을 많이 보지 못했다.

그의 아내와 딸들은 그를 사랑했다. 그는 아름다운 집에 살았고 친구들이 많았다. 잭은 자신의 영적 아버지를 재정적으로 존중했고, 덕분에 삶의 다른 많은 부분에서 아주 후한 보상을 누렸다.


| 사역자들을 대접하는 자세

전 세계 교회들을 돌아다니며 사역하면서 느낀 것이 있다. 우리 팀을 환대하며 챙겨 주는 교회들과 우리를 평범한 방문자로 대하는 교회들에 나타난 사역의 결과가 천양지차였다는 것이다.

그중에는 도대체 왜 나를 오라고 했는지 의문이 드는 곳들도 있었다. 그들은 우리를 허름한 숙소에 묵게 했다. 방 안에는 물병이나 간식도 없었고 룸서비스도 받을 수 없었다. 목사 사무실에 가도 따뜻하게 맞아

주지 않았고, 온 것을 감사하지도 않았다. 그보다는 "당신이 이러는 건 당연하다"는 태도에 더 가까웠다. "우리는 여기서 중요한 일을 하고 있고 당신이 여기서 말씀을 전하는 것은 특권이다"라는 태도로 대하는 사람들도 더러 있었다.

나를 소개하면 교인들은 앉아서 냉담한 표정으로 나를 쳐다보았다. 그들의 생각이 거의 들릴 정도였다. '다 들어 본 내용이다. 당신이라고 다를 것 있겠느냐?'

말씀을 전하면서도 꼭 시험받는 기분이었다. 이런 집회를 마치면 완전히 탈진하고 만다. 갈급한 심령들에 이끌린 것이 아니라, 처음부터 끝까지 저항에 맞서 영적 쟁기질을 했기 때문이다. 그때 목사가 내게 헌금 수표를 건네는데 액수가 어찌나 작은지 그 교회의 헌금 액수가 매주 그 정도라면 살아남을 수 없을 정도다. 다행히 이런 일은 잦지 않다.

특히 기억나는 일이 있다. 다른 사역자와 함께 꼬박 일주일 동안 어느 집회에서 말씀을 전해 달라는 부탁을 받았다. 그곳 목사는 집회에서 25만 달러의 헌금이 들어왔다고 말했다. 그들에게 잘된 일이다 싶어 아주 기뻤다. 그러나 내가 떠날 때 그들이 우리 사역기관에 건넨 사례비는 600달러였다. 간신히 여행 경비를 충당했다.

하지만 이런 일은 우리 사역기관에 아무런 영향을 주지 못한다. 우리의 필요를 하나님이 다른 통로를 통하여 늘 채워 주시기 때문이다. 지금까지 교회들이 이런 식으로 사례비를 줄 때마다 우리는 그 주에 어떤 개인에게서 우편으로 거액의 헌금을 받았다. 아니면 다음번 가는 교회에서 거액의 헌금을 준다. 나는 그것이 너무 좋다. 마치 하나님께서 우리에게 "내가 안다"고 말씀하시는 것 같기 때문이다.

나는 우리에게 공급해 주시는 하나님의 신실하심을 보았고, 그래서 이런 일로 잠을 설친 적이 한 번도 없다. 다만 부스러기를 주는 교회들을 생각하면 슬플 따름이다. 그들은 예수께서 자기들에게 보내신 사람을 존중하지 않았고, 그로써 큰 보상을 받을 수 있는 기회를 놓쳤다.

반대로 공항에 태우러 오는 순간부터 다시 공항에 데려다 주는 순간까지 나를 설렘으로 대하고 지극한 친절과 진정한 환대를 베푼 그런 집회들도 있었다.

숙소에 도착하면 일주일을 먹어도 될 만한 과일과 음료와 간식이 큰 바구니에 담겨 있다. 또 내가 무슨 간식을 좋아하는지도 이미 우리 사무실에 알아보았다. 양초나 고급 펜, 셔츠나 향수 같은 선물들이 준비되어 있었던 적들도 있다. 그들은 나를 그 지역 최고급 호텔에 투숙시키고, 여행 중의 삶이 좀 더 편안하도록 룸서비스와 그 밖의 편의를 제공받게 해 준다. 내게만 아니라 내 여행 비서들에게도 똑같이 해 준다.

내가 강단에 올라서면 사람들은 일어나서 우레 같은 박수로 맞아 준다. 그들은 자기들에게 그분의 한 메신저를 보내 주신 하나님께 감사하며, 하나님 말씀을 들으려고 잔뜩 기대에 부풀어 있다. 그들은 말씀을 경청한다. 집회 중에 아무도 움직이거나 말하지 않는다. 하나라도 놓치고 싶지 않기 때문이다. 그들은 사역 시간 중에 하나님의 임재를 반기며, 끝으로 우리 자료 테이블로 달려가 책들과 커리큘럼들을 더 모은다.

이런 교회들은 몇 달이나 몇 년 후에 우리에게 이런 말을 남긴다. "당신이 오셨을 때 우리는 전환점을 맞았습니다." "우리 교역자들과 교회는 그 뒤로 달라졌습니다. 마치 다른 차원으로 올라간 것 같습니다."

그런 말을 듣고 때로 속으로 웃을 때가 있다. 바로 전 주에 우리를 평범한 방문자로 대하는 교회에 갔던 기억이 떠올라서 나는 똑같은 목적으로 가서 똑같은 주제로 사역했으나 결과는 극히 미미했다. 내가 떠난 후에 들려오는 반응도 없었다. 여기서 다시 한 번 알 수 있듯이, 이것은 나와는 아무 상관없고 그들이 나를 영접하는 자세와 관계된다.

예수님은 말씀하신다. "너희를 영접하는 자는 나를 영접하는 것이요 나를 영접하는 자는 나를 보내신 이를 영접하는 것이니라."

예수님이 당신 교회의 목사라면, 또는 그분이 어느 주말에 당신 교회에 강사로 오신다면, 당신은 그분이 어떤 대접을 받으시기 원하는가? 사실 그분이 보내시는 사람들을 대하는 우리의 자세가 바로 그분을 대하는 자세요 또한 바로 하나님 아버지를 대하는 자세다.

## | 하나님을 존중하라

하나님은 말씀하신다. "나를 존중히 여기는 자를 내가 존중히 여기고 나를 멸시하는 자를 내가 경멸하리라"(삼상 2:30).

이 성경말씀을 영혼에 새기라. 하나님을 존중하는 자들은 그분이 다시 존중하신다. 큰 소리로 말해 보라. "내가 하나님을 존중하면 그분도 나를 존중하신다." 몇 번이고 복창하라. 묵상하라. 마음속 깊이 스며들게 하라. 하나님을 존중하는 것은 그분의 존중을 당신에게 끌어내는 것이다. 놀라운 사실이다! 이 진리를 좀 더 깊이 살펴보자.

> 하나님은 말씀하신다. "나를 존중히 여기는 자를 내가 존중히 여기고 나를 멸시하는 자를 내가 경멸하리라"(삼상 2:30). 이 성경말씀을 영혼에 새기라. 하나님을 존중하는 자들은 그분이 존중하신다.

네 재물과 네 소산물의 처음 익은 열매로 여호와를 공경(존중)하라(잠 3:9).

우리의 재물로 하나님을 존중하라고 했다. AMP에는 "네 (정당히 수고하여 번) 자산과 재력으로 그리고 네 모든 수입의 첫 열매로 주님을 존중하라"고 되어 있다. CEV에는 "네 돈을 드려 여호와를 존중하라"고 했다.

하나님을 존중하는 한 가지 길은 그분께 우리의 돈을 드리는 것이다. 그분은 돈을 사용하지 않으시는데, 어떻게 그분께 돈을 드릴 수 있는가? 바로 그 돈을 그분이 보내시는 사람에게 주는 것이다.

십일조와 헌금을 드리는 목적은 크게 세 가지다. 첫째는 우리를 섬기는 위임받은 종들을 부양하기 위함이다. 그들은 "갑절의 보수"를 받을 자격이 있다. 둘째는 사역을 하는 데 필요한 것들을 사역자들에게 공급하기 위함이다. 셋째는 가난한 사람들, 과부들, 고아들, 외인들을 돕기 위함이다.

각 목적과 관련된 성경구절이 많지만 그 가운데 하나씩만 소개하고자 한다. 첫 번째는 바울이 고린도 교인들에게 한 말에 나온다. "우리가 너희에게 신령한 것을 뿌렸은즉 너희의 육적인 것을 거두기로 과하다 하겠느냐 … 이와 같이 주께서도 복음 전하는 자들이 복음으로 말미암아 살리라 명하셨느니라"(고전 9:11,14).

NLT에는 이렇게 되어 있다. "기쁜 소식을 전하는 사람들은 그 유익을 누리는 사람들의 부양을 받아야 한다고 주께서 명하셨다." 구약에서도 이 원리를 볼 수 있다. 제사장들과 레위인들의 유업은 백성들의 십일조에서 나오도록 되어 있었다. 그들은 다른 부족들처럼 경작할 땅을 받지 않았다.

두 번째 요지는 바울이 빌립보 교회에 준 말에 나온다.

> 빌립보 사람들아 너희도 알거니와 복음의 시초에 내가 마게도냐를 떠날 때에 주고 받는 내 일에 참여한 교회가 너희 외에 아무도 없었느니라 데살로니가에 있을 때에도 너희가 한 번뿐 아니라 두 번이나 나의 쓸 것을 보내었도다 … 내게는 (너희가 준) 모든 것이 있고 또 풍부한지라 에바브로디도 편에 너희가 준 것을 받으므로 내가 풍족하니 이는 받으실 만한 향기로운 제물이요 하나님을 기쁘시

게 한 것이라(빌 4:15-16, 18).

그들의 재정 후원 덕분에 바울은 부름 받은 일을 이룰 수 있었다. 공적인 사역을 수행하기 위해 돈이 필요했고, 바울의 표현으로 그는 "풍족"했다. 그들은 헌금을 통해서 다른 사람들에게 복음을 전하는 그의 일에 동참했다.

세 번째 요지와 관련하여 하나님은 구약에 십일조를 레위인(사역자), 나그네, 아버지 없는 아이, 과부들에게 주라고 명하셨다(신 26:12 참조). 신약에서도 모든 지도자들의 뜻이 같았다. "다만 우리에게 가난한 자들을 기억하도록 부탁하였으니 이것은 나도 본래부터 힘써 행하여 왔노라"(갈 2:10).

가난한 자들에는 나그네, 고아, 과부가 포함된다. 사역자들에게 줌으로써 생전 만나지 못할 수도 있는 곤고한 사람들을 도울 수 있다.

앞서 말했듯이 우리가 재정으로 하나님을 존중하는 길은 하나님이 사역을 위하여 택하신 사람들에게 헌금하는 것이다. 그렇다면 오늘날 사역을 위한 헌금을 지나치게 아껴 하나님을 경멸하는 사람들이 얼마나 많은가?

십일조를 하지 않는 사람들이 많다. 자신의 삶 속에 영적 진리를 뿌려 준 일꾼들에게 헌금하지 않는 사람들이 많다. 그들은 사역자가 돈을 내라고 하면 불평을 늘어놓는다. "헌금 얘기 없이 그냥 설교만 할 수는 없는 거야? 요즘 형편도 좋지 않은데."

그들의 형편이 힘든 이유가 혹 하나님의 일을 첫 자리에 두지 않아서는 아닐까? 그러니까 사실상 그들은 하나님을 존중하는 것보다 자기 자신을 더 존중하는 것이다.

그러므로 이제 만군의 여호와가 이같이 말하노니 너희는 너희의 행위를 살필지니라 너희가 많이 뿌릴지라도 수확이 적으며 먹을지라도 배부르지 못하며 마실지라도 흡족하지 못하며 입어도 따뜻하지 못하며 일꾼이 삯을 받아도 그것을 구멍 뚫어진 전대에 넣음이 되느니라 만군의 여호와가 말하노니 너희는 자기의 행위를 살필지니라 너희는 산에 올라가서 나무를 가져다가 성전을 건축하라 그리하면 내가 그것으로 말미암아 기뻐하고 또 영광을 얻으리라 여호와가 말하였느니라 너희가 많은 것을 바랐으나 도리어 적었고 너희가 그것을 집으로 가져갔으나 내가 불어 버렸느니라 나 만군의 여호와가 말하노라 이것이 무슨 까닭이냐 내 집은 황폐하였으되 너희는 각각 자기의 집을 짓기 위하여 빨랐음이라(학 1:5-9).

우리가 흠모하는 성경 인물들이, 힘들 때 돈 얘기를 하는 사역자들에게 오늘날 많은 이들이 품는 태도를 품었다고 생각해 보라.

엘리야 시대에 큰 기근이 들어 많은 과부들이 죽었다. 그러나 한 과부는 존중의 원리 덕분에 살았다. 그녀와 그 아들에게는 마지막 한 끼 먹을 밀가루와 기름밖에 없었다. 그런데 선지자는 먼저 자기가 먹을 빵부터 만들라고 그녀에게 말했다. 요즘 같았으면 교회들과 대중매체 모두 그 선지자를 박해했을 것이다. "곧 굶어죽게 생긴 가난한 과부가 가진 것을 빼앗을 수 있지? 당신이 먼저 그 여자한테 줘야지."

그러나 하나님 말씀의 지시대로 선지자는 그녀에게, 하나님의 종을 먹임으로써 그분을 앞세우라고 말했다. 그녀가 그렇게 그를 존중하면 하나님이 그녀를 존중하실 것이었다. 그녀는 그렇게 했고 하나님은 약속을 지키셨다. 이 과부의 밀가루와 기름은 기근이 끝날 때까지 떨어지지 않았다(왕상 17장 참조).

하나님이 보내시는 사람들에게 십일조나 헌금을 아끼면 우리만 손해다. 주님을 경멸하는 일이기 때문이다. 하나님은 선지자를 통하여 친히 말씀하신다.

> 사람이 어찌 하나님의 것을 도둑질하겠느냐 그러나 너희는 나의 것을 도둑질
> 하고도 말하기를 우리가 어떻게 주의 것을 도둑질하였나이까 하는도다 이는 곧
> 십일조와 봉헌물이라(말 3:8).

둘 중 하나를 택해야 한다면 나는 하나님의 것을 도둑질하느니 차라
리 은행을 털겠다. 사람보다 하나님을 더 두려워하기 때문이다. 그러나
하나님은 말씀하신다. "너희는 나의 것을 도둑질했다!"

하나님의 종들에게 십일조와 헌금을 하지 않는 것은 하나님의 것을
도둑질하는 것과 마찬가지다. 그분이 보내시는 종들에게 아끼는 것은
곧 그분을 경멸하는 일이기 때문이다. 그분이 이어서 뭐라고 말씀하시
는지 들어 보라. "만군의 여호와가 이르노라 너희의 온전한 십일조를
창고에 들여 나의 집에 양식이 있게 하고 그것으로 나를 시험하여 내가
하늘 문을 열고 너희에게 복을 쌓을 곳이 없도록 붓지 아니하나 보라"
(말 3:10).

십일조에 대한 복이 어찌나 큰지 "쌓을 곳이 없을" 정도라고 하나님
이 친히 말씀하신다. 그러니까 사실상 그 복은 수용 불가한 품목이다.
오랜 세월 나는 사역자들이, 하나님이 우리의 재정과 재물에 더 쌓을
곳이 없도록 복을 주신다고 말하는 것을 들었다. 나는 거기에 반박하고
싶다. 돈은 수용 가능한 품목이다. 세상 모든 돈이 내게 있어도 나는 그
것을 수용할 수 있다. 그렇다면 헌금의 보상이 수용 불가하다는 하나님
의 말씀은 무엇을 두고 하신 말씀인가? 잠언에 답이 있다.

> 네 재물(이것은 당신이 사역자나 사역기관에 드리는 헌금이다)과 네 소산물(이것은

당신의 십일조다)의 처음 익은 열매로 여호와를 공경(존중)하라 그리하면 네 창고
가 가득히 차고 네 포도즙 틀에 새 포도즙이 넘치리라(잠 3:9-10).

창고는 저장하는 곳으로, 은행 잔고나 옷장, 석유통, 차고 등이 이에
해당한다. 그분은 우리 재정에 복을 주신다. 그러나 쌓을 곳이 없다는
그 복은 무엇인가? 계속 읽어 보면 답이 나온다. "네 포도즙 틀에 새 포
도즙이 넘치리라." 하나님의 복을 다 수용하지 못하는 것은 바로 넘치
리라고 그분이 말씀하시기 때문이다.

새 포도주는 무엇을 상징하는가? 성경에서 새 포도주는 늘 성령의 새
로운 임재를 상징한다. 지금 하나님이 하시는 말씀은, 당신이 그분을
존중하여 교회 지도자들에게 헌금하면, 그분의 넘치는 임재를 온전한
보상으로 받게 된다는 것이다. 이것이야말로 가슴 벅찬 약속이다.

누누이 보았듯이, 영적 지도자들을 재정적으로 존중하는 일에 후한
사람들은 물질적으로 복을 받으며, 기회 있는 대로 모든 선한 일을 할
만큼 넉넉하다. 그러나 거기서 그치지 않는다. 내가 또 목격한 것은, 그
들이 하나님의 넘치는 임재 가운데 행하는 모습이다. 이것은 하나님의
약속이다.

이 진리를 깨닫고 나서 존중에 인색한 집회에서 왜 하나님의 강한 임
재가 느껴지지 않는가에 대한 의문에 답을 얻었다. 사람들이 후하지 않
았던 것이다. 그러나 일단 그들이 후해져서 계속 그 상태로 있으면, 그
교회에 하나님의 임재가 훨씬 강해졌다.

이번 장의 진리들을 받아들이고 성경 전체를 읽어 보면, 하나님의 사
람들이 풍성히 드릴 때마다 기적과 자유와 구원과 하나님의 임재와 형
통이 넘쳐난 것을 보게 될 것이다.

우리가 하나님의 복을 살 수는 없다. 그러나 이것은 하나님이 그분의

은혜 속에 짜 넣으신 영적 원리다. 바울이 마게도냐 신자들에 대해서 뭐라고 말하는지 들어 보라. "형제들아 하나님께서 마게도냐 교회들에게 주신 은혜를 우리가 너희에게 알리노니 환난의 많은 시련 가운데서 그들의 넘치는 기쁨과 극심한 가난이 그들의 풍성한 연보를 넘치도록 하게 하였느니라 내가 증언하노니 그들이 힘대로 할 뿐 아니라 힘에 지나도록 자원하여"(고후 8:1-3).

바울은 그들의 마음이 후한 것을 하나님의 은혜 덕분이라고 돌렸다. 하나님의 은혜가 그들에게 "힘에 지나도록" 드릴 역량을 주었다. 은혜를 살 수 없듯이 호의도 살 수 없다. 그러나 그것을 받을 만한 자세는 얼마든지 갖출 수 있다. 하나님 말씀을 전해 주는 사람들에게 재정적으로 갑절의 존중을 베풂으로써 하나님의 존중을 받을 준비를 하는 것이다. 그런데 그 존중에는 은혜와 호의도 들어 있다. 이것은 영적 법칙이다.

> 하나님의 사람들이 풍성히 드릴 때마다 기적과 자유와 구원과 하나님의 임재와 형통이 넘쳐나는 것을 보게 될 것이다. 우리가 하나님의 복을 살 수는 없다. 그러나 이것은 하나님이 그분의 은혜 속에 짜 넣으신 영적 원리다.

우리가 서로 존중할수록 하나님이 기뻐하신다.

2장

# 동료 존중하기

남을 나보다 낫게 여기는 것, 그것이 존중이다.

너희를 존중하는 자는 나를 존중하는 것이요 나를 존중하는 자는 나를 보내신

이를 존중하는 것이니라 선지자의 이름으로 선지자를 존중하는 자는 선지자의

보상을 받을 것이요 의인의 이름으로 의인을 존중하는 자는 의인의 보상을 받을

것이요 또 누구든지 제자의 이름으로 이 작은 자 중 하나를 냉수 한 그릇으로라

도 존중하는 자는 내가 진실로 너희에게 이르노니 그 사람이 결단코 보상을 잃

지 아니하리라(마 10:40-42, 저자가 풀어쓴 표현)

이제 우리 수준의 사람들에게로 넘어간다. 우리가 그들 위에 있지도
않고, 그들이 우리 위에 있지도 않다. 이것은 예수께서 말씀하신 두 번
째 그룹과 일치한다. "의인의 이름으로 의인을 존중하는 자는 의인의
보상을 받을 것이요."

## | 합력하여 선을 이루다

우선 이 경우의 존중을 예시하는 간증으로 시작할까 한다. 몇 년째 나는 해마다 가족들을 데리고 크루즈 여행을 간다. 아내와 나는 전 세계를 다니며 사람들에게 하나님 말씀을 전하느라 출장이 잦은데, 그간 우리 아이들은 한 번도 불평한 적이 없다. 더구나 뒤에서 지원하는 정도가 아니라 우리의 소명에 아주 열광적이다. 해마다 연말에 이 특별 여행으로 아이들에게 보상해 주도록 하나님이 공급해 주시니 참 좋다.

휴대전화로 외부와 우리가 연결도 안 되고 이메일도 주고받을 수 없기 때문에, 네 아이들은 크루즈 여행을 아주 좋아한다. 우리 부부는 일주일 내내 컴퓨터를 아예 꺼 두고 일은 절대 하지 않기로 약속했다. 그 주간만은 우리는 온전히 아이들의 것이다.

몇 년 전, 막 크루즈 여행을 마치고, 선임 직원에게 전화를 했더니 그가 아주 낭패스런 소식을 전했다. 우리가 휴가를 간 사이에 내가 아는 우리 도시의 한 목사가 우리 기관의 한 핵심 직원을 빼내 갔다는 것이었다. 우리 책 번역의 국제 저작권 일체를 담당하던 직원이었다. 그녀는 전 세계 출판사들을 상대로 일했고, 그 직책은 상당한 훈련과 지식을 요했다. 외국 출판사들과 관계를 형성하고 신뢰를 쌓는 것이 관건인데 그 일은 시간이 걸렸다.

무척 속이 상했고, 그 목사를 향한 격한 감정들과 싸워야 했다. 그녀를 훈련하는 데 9개월이 걸렸건만, 그는 내게 예의상의 전화도 없었고 그녀를 채용해 가는 것이 우리 기관에 어떤 영향을 미칠지 알아보지도 않았다. 그가 목사가 아니었다면 그나마 이해하기 쉬웠을 것이다. 그러나 양측 지도자 간에 의논도 없이 목사가 다른 사역기관에서 사람을 빼간다는 것은 도무지 하나님 나라의 이치에 닿지 않았다. 게다가 그는 내 친구였다.

이틀 동안 기도하면서도 분노의 감정이 사그라들지 않아 애를 먹었다. 그녀를 대신할 사람을 당장 어떻게 구할 것인가? 새 직원을 다시 훈련시키느라 손해 볼 시간이 아찔하게 느껴졌다. 어떻게든 그 목사의 행동에 의미를 부여하고 싶었으나 도무지 논리가 서지 않았다. 그는 어찌 그리 둔감할 수 있단 말인가? 이삼 일 후, 기도 중에 주님이 내게 말씀하셨다. "아들아, 새로 산 네 시계를 그에게 주어라."

크루즈 여행 중에 자메이카의 한 가게에서 멋진 시계를 보았다. 태양열로 작동되는 시계였는데 정말 좋아 보였다. 몇 년째 시계를 사지 않았던 나는 그 매끈한 새 디자인에 매료되어 큰맘먹고 산 터였다.

하나님이 일단 말씀하시자 그분의 지혜를 깨닫는 데 오래 걸리지 않았다. 그분은 내게 그 목사를 향하여 마음속에 키워 온 모든 잘못된 생각을 떨치고, 그것을 존중으로 대신할 기회를 주고 계셨다. 그분은 상처를 꽁하고 품지 않도록 나를 보호하셨고, 그분과의 관계는 물론 그 목사와의 관계까지 지켜 주셨다. 기도 중에 나는 미소를 짓다가 결국 웃음을 터뜨렸다. 내 아버지의 지혜와 사랑이 놀라웠기 때문이다. 그분은 자신의 두 아들 모두를 위해 역사하고 계셨다. 나는 그분의 요구에 열렬히 화답했고, 그러자 그 목사의 행동에 대한 모든 분노와 원한이 씻은 듯이 사라졌다. 그러자 그리스도 안의 형제에게 귀한 것을 준다는 생각에 가슴이 설레였다.

다음날 저녁 그에게 전화했다. 원한이 사라졌으므로 이제 대화할 준비가 되어 있었다. 알고 보니 그의 부주의한 실수였다. 그는 자기가 충분히 생각하지 못했노라고 고백하며 깊이 사과했다. 그러나 하나님이 미리 내 마음을 다루어 주시지 않았더라면, 추하고 해로운 전화 통화가 되었을 것이다. 잘못된 말투와 태도로 우리 관계에 문제의 불씨를 지폈을 것이다.

여기서 짚어 둘 것이 있다. 잘못을 지적하는 건 좋은 일이지만 올바른 마음 자세로 해야 한다. 무엇보다 나 자신이 아니라 상대방을 위해서 해야 한다. 나는 그의 방식이 잘못되었음을 분명히 말했지만, 그 말에는 그를 향한 진정한 사랑이 가득 담겨 있었다. 그래서 그도 내 말을 쉽게 받아들일 수 있었던 것이다.

통화 끝 무렵 이유는 말하지 않고 한번 봤으면 한다면서 그의 사무실에서 만날 시간약속을 하고 전화를 끊었다. 약속한 날 내가 사무실에 들어서자, 왜 왔는지 궁금해하는 표정이었다. 그 문제라면 이미 매듭을 지었으므로 그는 내가 찾아온 이유가 의아했던 것이다. 그에게 시계를 주고 싶다고 하자 그는 놀라며 말했다. "존, 난 시계가 없어서 마침 하나 필요하던 참이었소."

그 뒤 우리는 전보다 훨씬 가까워졌고, 둘 다 서로를 깊이 존중하게 되었다. 그가 내 시계를 차고 있다고 생각하면 마음이 벅차다. 나보다 그의 손에 채워진 모습을 보는 게 훨씬 즐겁다. 그 뒤로 이전의 우리 직원도 몇 번 보았는데, 나는 그녀가 발전하는 모습을 보며 가슴이 설렌다.

그러나 그 직원의 자리가 비어 있다는 사실은 여전히 문제였다. 그래도 나는 하나님이 우리를 돌보아주실 것을 알았다. 나는 그분의 공급하심에 계속 문을 열어 두는 쪽으로 대처했다.

이제 존중의 보상을 이야기할 차례다. 몇 주 후에 우리 인사부 직원이 국제 저작권 직원 후임으로 다시라는 여성을 채용했다. 다시는 인간 호랑이다. 하나님 말씀을 전 세계 신자들의 손에 넣어 주려는 열정이 그렇게 뜨거운 사람을 나는 여태까지 보지 못했다. 그녀는 신규 사업에 착수했다. 이전에 그 자리에 있던 직원들은 일이 되기를 기다렸다. 하지만 다시는 아니었다. 그녀는 기도한 다음에 외국 출판사들을 쫓아다니며 우리 책들을 출간하게 만들었다.

물론 이전 직원도 일을 잘했다. 9개월 만에 그녀는 우리 책들이 번역되는 언어를 18개에서 23개로 늘렸다. 그런데 다시는 첫 9개월 만에 그것을 23개에서 40개로 늘렸다. 다른 직원은 우리 책들을 다섯 개의 새 언어로 확장시켰다. 같은 기간에 다시는 세 배도 더 되는 17개의 새 언어로 넓혔다. 이 글을 쓰는 현재, 우리 책들은 55개 언어로 번역되어 있다. 다시의 삶에 부으신 하나님의 은혜 덕분이다.

우리 직원을 채용해 간 그 목사를 내가 존중하지 않았다면, 이런 일은 없었을 것이다. 우리는 보상을 받았다. 우리는 하나님 말씀의 청지기인데, 이제 그 말씀이 훨씬 더 많은 사람들의 삶을 만지고 있다. 다시가 이룬 업적으로, 복음에 적대적인 세상 곳곳의 지도자들 손에 우리 책들이 수만 부씩 들어가게 된 일을 빼놓을 수 없다. 사실, 책들이 들어간 일부 지역들은 내가 우리 사역 후원자들에게도 밝힐 수 없는 곳들이다. 박해하는 그 나라들의 지도자들을 보호해야 하기 때문이다.

하나님 말씀으로 더 많은 사람들을 만질 수 있는 역량보다 더 큰 보상을 나는 생각할 수 없다. 그러나 하나님은 거기서 끝나지 않으셨다. 내가 전혀 모르고 있던 또 다른 보상이 아직 남아 있었다. 몇 달 후에 어느 도시에서 주일 아침에 말씀을 전하고 있었다. 예배 후에 목사가 내게 점심을 대접했다. 한 사업가도 우리와 함께했다. 식당 남자 화장실에서 그 사업가가 물었다. "존, 어떤 시계를 갖고 싶으십니까?"

느닷없이 물음에 약간 당황했다. 나는 약간 더듬다가 말했다. "알고 싶지 않으실 겁니다."

그는 굽히지 않았다. "아닙니다, 존. 정말 알고 싶습니다. 어떤 시계를 갖고 싶으십니까?"

그가 어찌나 집요한지 내처 말했다. "지난 몇 년 동안 내 꿈의 시계는 브라이틀링입니다."

브라이틀링 시계는 벤틀리자동차 계열사에서 만드는데, 아주 비싼데다 어느 도시에나 있는 게 아니라서 찾기도 힘들다. 나는 비행을 즐기는데, 그 시계는 원래 조종사용으로 만들어진 것이다. 언젠가 어느 큰 도시에서 그 시계를 취급하는 가게에 들어가 보았는데, 우리 부부는 값을 보고 무척 놀랐다. 시계에 그런 큰 돈을 쓰지 않기로 하고 돌아서 나왔지만, 그래도 마음에 들었다.

그런데 내 대답이 끝나기 무섭게 그 사업가는 자기 코트 소맷자락을 걷어 올려 최근에 산 최고급 브라이틀링 내비타이머 시계를 손목에서 풀었다. 그러고는 그것을 내 손목에 채워 주고 씩 웃으며 말했다. "존, 오늘 아침 예배에서 당신이 말씀을 전하는 동안 하나님이 내게 이 시계를 당신에게 주라고 하셨습니다."

나는 정신을 잃을 뻔했다. 놀라서 말이 안 나왔다. 내가 제일 좋아하는 시계가 브라이틀링임을 하나님이 말씀해 주시지 않았다면 그는 절대로 몰랐을 것이다. 그것도 최고급 비행사 스타일이었으니 금상첨화였다.

시계를 받고 첫 충격이 가라앉은 지 몇 시간 후에, 몇 달 전에 그 목사를 존중하여 내 새 시계를 주었던 일이 생각났다. 하나님이 그분의 말씀대로 도로 나를 존중하고 계심을 깨달았다. 그분의 말씀을 잊지 말라. "나를 존중히 여기는 자를 내가 존중히 여기고"(삼상 2:30). 당신은 혹 "하지만 당신은 하나님을 존중한 것이 아니라 그 목사를 존중한 것이다"라고 말할지 모른다. 예수님의 말씀을 잊지 말라. "내 종을 존중하는 자는 나를 존중하는 것이요 나를 존중하는 자는 아버지를 존중하는 것이니라"(마 10:40, 저자가 풀어쓴 표현).

이 시계를 볼 때마다 내 아버지께 받은 아름다운 선물로 보인다. 내가 직접 산 것보다, 그 사람이 그냥 값비싼 시계를 선물로 주었을 경우보다도 훨씬 의미가 깊다. 그 속에 담긴 정감 때문이다. 하나님의 종들을 존중함으로써 그분을 존중하는 모든 이들에게, 하나님은 방법만 다를 뿐 이와 똑같이 해 주실 것이다.

## | 하나님을 경외함

존중이란 진정으로 사랑하는 것이다. 참된 존중 가운데 행하려면 거룩한 경외와 무조건적인 사랑이 필요하다. 성경은 이렇게 말한다.

> 사랑에는 거짓(위선)이 없나니 악을 미워하고 선에 속하라 형제를 사랑하여 서
> 로 우애하고 존경(존중)하기를 서로 먼저 하며(롬 12:9-10).

바울은 참사랑에는 위선이 없다고 말한다. 위선의 정의는 "성격이나 동기의 본색을 감추는 것"이다(「웹스터 사전-1828년」참조). 겉으로는 존중하는 척하면서 속으로는 당신을 비난하거나 시기하거나 심지어 멸시하는 사람의 특징이 바로 위선이다. 심지어 그들은 당신이 없는 자리에서 당신을 깎아내리거나 비방하거나 중상한다.

참된 존중을 베풀려면 위선이 없어야 한다. 가식은 기만으로 이어질 뿐이고, 모조품에는 아무런 보상이 없다. 그런 맥락에서 바울은 계속하여 "사랑에는 거짓(위선)이 없나니 악을 미워하고 선에 속하라"고 말한다. 악을 미워하고 선에 속한다는 것은 곧 하나님을 경외하는 것이다. "여호와를 경외하는 것은 악을 미워하는 것이라"(잠 8:13).

하나님을 경외하면 기만에 빠지지 않는다. 하나님을 경외하면 위선적인 행동에 눈이 멀지 않는다. 이에 대한 하나님의 책망을 다시 한 번 살펴보자. "이 백성이 입으로는 나를 가까이 하며 입술로는 나를 공경

하나 그들의 마음은 내게서 멀리 떠났나니 그들이 나를 경외함은 사람의 계명으로 (기계적인) 가르침을 받았을 뿐이라"(사 29:13).

기계적인 가르침이란 "의미나 원리를 살피지 않고 말이나 소리를 되풀이하는 것"이다. 하나님은 백성이 입과 행동으로는 존중을 보이지만, 그 속에 마음이 들어 있지 않다고 말씀하신다. 그것은 위선적인 존중으로, 엄밀히 그것은 전혀 존중이 아니다. 그들은 왜 이런 행동에 빠졌을까? 여호와를 경외함이 없다 보니 "그들이 나를 경외함"은 기계적인 행위로 이루어진다. 한낱 습관이 된 것이다.

교계에서 이런 일을 많이 볼 수 있다. 예의에 너무 신경 쓰느라 마음으로부터 말하는 것을 잃어버렸다. 예를 들어 스티브는 급히 어느 모임에 가는 중이다. 꼭 정시에 가야 되는데 이미 5분 늦었다. 사람들로 붐비는 거리를 걷다가 짐을 보았다. 짐은 스티브가 몇 주 동안 보지 못한 교회 형제인데, 길 건너에서 반대쪽으로 가고 있다. 스티브는 생각한다. '아니 이런, 짐의 눈에 띄지 않았으면 좋겠다. 말할 시간도 없고, 나랑 가까운 사이도 아니잖아.'

돌연 짐과 스티브의 눈이 마주친다. 짐은 그리스도 안의 형제에게 인사하려고 즉시 길을 건너기 시작한다. 이제 스티브는 짐에게 아는 체를 해야 되는 상황이다. 그렇지 않으면 무례한 사람이 될 것이다. 그래서 스티브는 자기를 만나려고 길을 건너고 있는 그리스도인 형제 쪽으로 향한다. 스티브가 먼저 말한다. 급해서 대화를 빨리 끝내야 하기 때문이다. "짐, 하나님을 찬양하네. 만나서 반가워."

짐도 인사를 건네며 스티브에게 어떻게 지내느냐고 묻는다.

스티브는 말한다. "응, 잘 지내. 근데 말이야, 내가 지금 모임에 늦었거든. 나중에 전화할 테니 점심이나 같이하세."

짐과 나눈 스티브의 짤막한 대화를 살펴보자. 우선 첫째로 그는 "하나님을 찬양하네. 만나서 반가워" 하고 말했다. 하지만 스티브는 그 순간 하나님을 생각하고 있지도 않았다. 그건 그저 동료 그리스도인을 만날 때 자기 신앙을 보이기 위해 그의 언어 속에 들러붙은 기계적인 표현일 뿐이다. 둘째, 그는 짐을 만나 반갑지 않았다. 사실 그는 자기가 짐의 눈에 띄지 않기를 바랐다. 이렇듯 첫 한마디에서 이미 그는 일말의 가책도 없이 기만과 거짓말에 굴복했다.

다음은 스티브의 맺음말이다. "언제 점심이나 같이하세." 그는 짐과 점심을 같이할 마음이 없다. 그저 자기가 처한 불편한 상황에서 빠져나오기 위한 방편일 뿐이다. 또 하나의 거짓말이다.

스티브는 고의로 거짓말을 할까? 아마 아닐 것이다. 그렇다면 그는 왜 가책에 넘어가지 않을까? 삶속에 여호와를 경외함이 없다 보니 가식으로 사랑하는 법을 배웠기 때문이다. 거기서 나온 게 그의 기계적인 생활방식이다. 그는 사랑과 존중을 보이지만 실제로는 텅 빈 사랑의 허울뿐이다.

하나님을 경외하면, 하나님이 우리의 모든 생각과 뜻은 물론 우리가 하는 모든 말까지 소상히 알고 계시다는 사실을 의식하게 된다. 심판날 우리는 모든 무익한 말까지 다 보고하게 된다(마 12:36 참조). 성경은 말한다. "너희 자녀들아 와서 내 말을 들으라. 내가 여호와를 경외하는 법을 너희에게 가르치리로다 … 혀를 악에서 금하며 네 입술을 거짓말에서 금할지어다 악을 버리고 선을 행하며"(시 34:11,13-14).

우리에게는 진실한 사랑이 절실하다. 그리고 그것은 하나님 경외하기를 뜨겁게 사모하고 그 안에 행할 때에만 가능하다. 기만에 빠진 가식적인 삶은 비참할 뿐이다.

우리에게는 진실한 사랑이 절실하다. 그리고 그것은 하나님 경외하기를 뜨겁게 사모하고 그 안에 행할 때에만 가능하다. 기만에 빠진 가식적인 삶은 비참할 뿐이다. 하나님을 경외함만이 우리를 그 덫에서 지킬 수 있다.

하나님을 경외함만이 우리를 그 덫에서 지킬 수 있다.


## | 남을 더 낫게 여기라

"형제를 사랑하여 서로 우애하고 존경(존중)하기를 서로 먼저 하며"(롬 12:10). 존중은 다른 사람을 앞세운다. 다른 사람을 중시하고 높이기 때문이다. 바울은 다른 편지에 또 이렇게 말한다.

> 그러므로 그리스도 안에 무슨 권면이나 사랑의 무슨 위로나 성령의 무슨 교제
> 나 긍휼이나 자비가 있거든 마음을 같이하여 같은 사랑을 가지고 뜻을 합하며
> 한마음을 품어 아무 일에든지 다툼이나 허영으로 하지 말고 오직 겸손한 마음으
> 로 각각 자기보다 남을 낫게 여기고 각각 자기 일을 돌볼뿐더러 또한 각각 다른
> 사람들의 일을 돌보아 나의 기쁨을 충만하게 하라 너희 안에 이 마음을 품으라
> 곧 그리스도 예수의 마음이니(빌 2:1-5).

남을 나보다 낫게 여기는 것, 그것이 존중이다. 우리 삶의 모든 활동과 일 속에서 이 말씀을 숙고하고 묵상해야 한다. 이것을 배워 우리 안에 깊이 뿌리내리게 하면 우리는 큰 축복 가운데 행하게 된다. 그것이 참된 존중이기 때문이다.

내가 아주 어린 그리스도인이었을 때 주께서 주신 말씀을 영영 잊지 못한다. 운전 중이었는데 그분의 음성이 들려왔다. "존, 내가 너를 나 자신보다 낫게 여김을 아느냐?"

그 말씀을 듣고 깜짝 놀랐다. 나는 그것이, 내 안에 신성모독이나 교만한 생각을 뿌리려는 원수의 짓이 분명하다고 생각했다. 우주와 그 안의 모든 것을 창조하신 분이 어떻게 나같이 하찮은 사람한테, 그분 자

신보다 나를 더 소중히 여기신다고 말씀하실 수 있단 말인가? 나는 거의 "사탄아, 내 뒤로 물러가라. 너는 나를 넘어지게 하는 자로다"라고 말할 뻔했다. 그러나 내 영 깊은 곳에서 그것이 예수님의 음성임을 알았다. 그래도 확인해야 했다. "영들을 분별하라"(요일 4:1)는 하나님 말씀의 명령을 영적으로 어린 나이에도 알고 있었던 것이다.

나는 생각을 가다듬고 대답했다. "주님, 주께서 제게 신약에서 세 가지 증거를 주시지 않는 한 저는 이것을 믿을 수 없습니다."

그 말을 하면서 나는 떨렸다. 그러나 그게 옳은 일임을 알았다. 주께서 내 요청에 반감이 없으심이 느껴졌다. 사실 나는 그분이 내 청을 기뻐하심을 느꼈다. 거의 즉시 그분의 이런 음성이 들려왔다. "빌립보서 2장 3절에 뭐라고 했느냐?"

마침 외워 둔 구절이라서 소리 내서 그분께 암송했다. "아무 일에든지 다툼이나 허영으로 하지 말고 오직 겸손한 마음으로 각각 자기보다 남을 낫게 여기고."

주께서 대답하셨다. "이것이 첫 증거다."

나는 얼른 되받았다. "아니, 주님, 바울의 말은 그런 게 아닙니다. 그는 빌립보 신자들에게 서로를 각자 자기보다 낮게 여기라고 한 겁니다. 주님이 저를 어떻게 대하시고 낮게 여기시는가에 대한 말이 아닙니다."

주님은 즉시 말씀하셨다. "나는 나 자신이 하지 않는 일은 내 자녀들에게 시키지 않는다."

나는 멈칫했다. 그러자 그분이 말씀하셨다. "그것이 수많은 가정들의 문제다. 부모들은 자기가 하지도 않는 일들을 자녀들에게 시키고, 자기가 하는 일들은 자식들에게 하지 말라고 한다. 많은 부모들이 자녀들에게 싸우지 말라고 해놓고 자기들은 늘 아이들 앞에서 싸운다. 그러고는 자녀들이 왜 싸우는지 의아해한다. 나는 그러지 않는다."

나는 아직도 약간 긴가민가해서 이렇게 말했다. "아직 성경말씀이 하나뿐입니다. 두 개가 더 필요합니다."

그때 음성이 들려왔다. "누가 십자가에서 죽었느냐? 너냐 나냐?"

나는 말문이 막혔다.

그때 다시 들려왔다. "내가 너의 죄, 질병, 아픔, 가난, 심판을 지고 그 십자가에 달렸다. 너를 나 자신보다 낫게 여겼기 때문이다."

그분이 주신 관련 성경구절은 베드로전서 2장 24절이었다.

그제야 주님의 음성을 들은 것이 분명함을 깨달았다. 그분은 그분 자신보다 나를 더 존중하셨다(낫게 여기셨다). 그렇지 않고서야 그분이 내 심판을 짊어지고 내 대신 죽으실 리가 없다.

세 번째 성경구절이 남아 있음을 알았지만, 굳이 묻지 않아도 내 마음속에 들려왔다. "세 번째 증거는 이것이다. '형제를 사랑하여 서로 우애하고 존경하기를 서로 먼저 하며'"(롬 12:10). 이어서 그분은 내 마음에 말씀하셨다. "나는 많은 형제들 중에서 맏아들이다(롬 8:29 참조). 나는 내 형제자매들을 나 자신보다 낫게 여기고 존중한다."

> "내가 너의 죄, 질병, 아픔, 가난, 심판을 지고 그 십자가에 달렸다. 너를 나 자신보다 낫게 여겼기 때문이다." 주님은 그분 자신보다 나를 더 존중하셨다.

물론 이것은 나뿐 아니라 하나님의 모든 자녀에게 해당된다. 그분은 말 그대로 우리 각자를 그분 자신보다 낫게 여기시고 존중하신다. 감히 생각할 수 없는 황송한 일이다. 이것이 하나님의 참사랑이다.

이렇게 말할 수도 있다. "하지만 그건 예수님의 경우다. 우리는 절대로 그렇게 사랑할 수 없다."

그렇다면 여기 놀라운 사실이 있다. 우리는 실제로 그렇게 사랑할 수 있다. 성령께서 우리 마음속에 하나님의 사랑을 부어 주셨다고 했다(롬 5:5 참조). 바울 자신의 말에 증거가 나온다. 그가 자기 동포들에 대하여 뭐라고 말했는지 들어 보라.

> 내가 그리스도 안에서 참말을 하고 거짓말을 아니하노라 나에게 큰 근심이 있
> 는 것과 마음에 그치지 않는 고통이 있는 것을 내 양심이 성령 안에서 나와 더불
> 어 증언하노니 나의 형제 곧 골육의 친척을 위하여 내 자신이 저주를 받아 그리
> 스도에게서 끊어질지라도 원하는 바로라(롬 9:1-3).

바울의 이 말에 나는 아직도 전율을 느낀다. 그는 자기 동족 남녀들이
구원받을 수만 있다면, 자기는 영원히 그리스도 즉 구원에서 기꺼이 끊
어져도 좋다고 했다. 인간으로서 어떻게 이런 사랑과 존중 가운데 행할
수 있을까? 인간의 사랑으로는 불가능하다. 오직 하나님의 사랑만이 그
렇게 존중할 수 있다. 예수님의 동기도 바로 그 사랑이었다. 바울은 그
런 사랑과 존중을 마음속에 아주 확실히 개발했고, 그 결과 이런 부르
짖음이 터져 나왔다. 한 가지 덧붙일 게 있다. 바울의 말이 진심이 아니
라면 성령께서 절대로 그에게 이런 기록을 허용하지 않으셨을 것이다.
성경을 쓰면서 거짓말을 하고 기만을 기록할 수는 없다.

거듭난 우리 모두 안에 있는 잠재력이 보이는가? 로마서 5장 5절은
"우리에게 주신 성령으로 말미암아 하나님의 사랑이 우리 마음에 부은
바 됨이니"라고 힘주어 말한다. 그래서 예수님은 우리에게 "새 계명을
너희에게 주노니 서로 사랑하라 내가 너희를 사랑한 것같이 너희도 서
로 사랑하라"(요 13:34)고 말씀하신다. 구약 시대에는 사람들이 이런 사랑
가운데 행할 수 없었으니, 이것은 새 계명이다. 그들의 마음에는 아직
하나님의 사랑이 부어지지 않았다.

그분은 우리에게 자신을 다 내어 주셨다. "나의 하나님 나의 하나님
어찌하여 나를 버리셨나이까"(마 27:46). 우리에게 영생을 주시려고 그분

은 기꺼이 자진하여 가난해지셨고, 하나님과 분리되셨다. 그분은 최고의 수준으로 우리를 존중하셨다. 그래서 바울도 자기 동포들에 대해서 솔직하게 똑같은 말을 할 수 있었다. "오, 아버지여, 이런 사랑 가운데 행하도록 우리를 도와주소서! 아버지께서 우리에게 잠재력을 주셨으니 이제 우리가 성령께 협력하여 그것을 개발할 차례입니다."

사랑하는 형제자매들이여, 그것이 참된 존중이다. 우리는 동료 신자들을, 그리고 예수님을 필요로 하는 사람들을 귀중하고 중요하고 소중하게 여긴다. 그것이 동기가 되어 봉사, 기도, 재정 등 각방으로 하나님 나라의 일에 자신을 드린다. 그것이 동기가 되어 우리도 마게도냐 교인들이 한 일을 한다. 그들의 존중은 그리스도를 닮은 것이었다. 바울은 그들의 사랑을 예로 들어 고린도 신자들을 독려하고 있다.

형제들아 하나님께서 마게도냐 교회들에게 주신 은혜를 우리가 너희에게 알리노니 환난의 많은 시련 가운데서 그들의 넘치는 기쁨과 극심한 가난이 그들의 풍성한 연보를 넘치도록 하게 하였느니라 내가 증언하노니 그들이 힘대로 할 뿐 아니라 힘에 지나도록 자원하여 이 은혜와 성도 섬기는 일에 참여함에 대하여 우리에게 간절히 구하니 우리가 바라던 것뿐 아니라 그들이 먼저 자신을 주께 드리고 또 하나님의 뜻을 따라 우리에게 주었도다 그러므로 우리가 디도를 권하여 그가 이미 너희 가운데서 시작하였은즉 이 은혜를 그대로 성취하게 하라 하였노라 오직 너희는 믿음과 말과 지식과 모든 간절함과 우리를 사랑하는 이 모든 일에 풍성한 것 같이 이 은혜에도 풍성하게 할지니라 내가 명령으로 하는 말이 아니요 오직 다른 이들의 간절함을 가지고 너희의 사랑의 진실함을 증명하고자 함이로라 우리 주 예수 그리스도의 은혜를 너희가 알거니와 부요하신 이로서 너희를 위하여 가난하게 되심은 그의 가난함으로 말미암아 너희를 부요하게 하려 하심이라 이 일에 관하여 나의 뜻을 알리노니 이 일은 너희에게 유익함이라 너희가 일 년 전에 행하기를 먼저 시작할 뿐 아니라 원하기도 하였은즉 이제는 하던 일을 성취할지니 마음에 원하던 것과 같이 완성하되 있는 대로 하라 할 마음만 있으면 있는 대로 받으실 터이요 없는 것은 받지 아니하시리라 이는 다른 사람들은 평안하게 하고 너희는 곤고하게 하려는 것이 아니요 균등하게 하려 함이니 이제 너희의 넉넉한 것으로 그들의 부족한 것을 보충함은 후에 그들의 넉넉한 것으로 너희의 부족한 것을 보충하여 균등하게 하려 함이라(고후 8:1-14).

마게도냐 교인들이 가난한 이들에게 보인 존중을 예로 들어 바울은 고린도 신자들에게, 하나님이 모든 신자들 안에 두신 사랑을 실천하라고 촉구한다. 하나님의 사랑은 이미 우리 마음속에 있다. 그러므로 우리는 성령과 연합하여 그것을 개발해야 한다. "그건 내 성격과 안 맞는다." "난 본래 그런 사람이 아니다." 그렇게 말하지 말라. 그래 봐야 당신의 마음에 참된 보람을, 당신의 영향력 아래 있는 사람들에게 기쁨을, 그리고 이 생에서뿐 아니라 특히 내생에 큰 보상을 가져다 줄 삶에 방해만 될 뿐이다. 망설이지 말라. 동료 신자들을 존중하라. 그러기

> 하나님의 사랑은 이미 우리 마음속에 있다. 우리는 성령과 연합하여 그것을 개발해야 한다.

를 잘했다고 영원히 기뻐하게 될 것이다.

존중이란 진정으로 사랑하는 것이다.

3장

# 맡겨진 이들 존중하기

아랫사람들을 어떻게 대하느냐가 곧 우리가 예수님을 대하는 방식이다. 우리의 마음은 맡겨진 사람들의 형통함을 보고자 불타야 한다.

성경에 "작은 자"라는 표현은 어린아이들이나 우리의 위임받은 권위에 맡겨진 사람들을 가리킨다. 여기서는 후자에 중점을 두고자 한다. 가정에서 그들은 곧 우리 자녀들이다.

많은 작은 자들이 권위에 있는 사람들에게 구박과 학대를 당해 왔다. 이것은 하나님 마음을 노하시게 한다. 예수께서 분명히 경고하셨다.

> 누구든지 나를 믿는 이 작은 자 중 하나를 실족하게 하면 차라리 연자 맷돌이 그 목에 달려서 깊은 바다에 빠뜨려지는 것이 나으니라 실족하게 하는 일들이 있음으로 말미암아 세상에 화가 있도다 실족하게 하는 일이 없을 수는 없으나 실족하게 하는 그 사람에게는 화가 있도다 … 삼가 이 작은 자 중의 하나도 업신여기지 말라 너희에게 말하노니 그들의 천사들이 하늘에서 하늘에 계신 내 아버지의 얼굴을 항상 뵈옵느니라(마 18:6-7, 10).

정신이 번쩍 나게 하는 경고다. 그분은 왜 이렇게 엄하신가? 하나님은 권위를 위임하시는 분이다. 그분은 사랑이시며, 사랑과 보호를 목적으로 권위를 나누어 주신다. 그런데 그렇게 받은 권위를 작은 자들을 학대하거나 착취하거나 해치는 데 쓴다면 그것은 그분을 정면으로 모욕하는 것이다.

이렇게 생각할 수도 있다. '그것은 그분이 아니라 그분의 사람들을 정면으로 모욕하는 것이다.' 그렇지 않다. 예수께서 "내가 진실로 너희에게 이르노니 너희가 여기 내 형제 중에 지극히 작은 자 하나에게 한 것이 곧 내게 한 것이니라"(마 25:40)고 말씀하시기 때문이다. 아랫사람들을 어떻게 대하느냐가 곧 우리가 예수님을 대하는 방식이다. 당신이 자녀, 배우자, 직원들, 학생들을 대하는 방식을 생각해 보라.

권위를 위임받은 사람들은 책망하고 훈육할 책임이 있다. 어떤 지도자들은 필요할 때 책망해 주지 않아 작은 자들이 실족하기도 한다. 바울은 고린도 교인들에게 보낸 편지에 경건한 훈육의 중요성을 보여 준다. "주께서 주신 권세는 너희를 무너뜨리려고 하신 것이 아니요 세우려고 하신 것이니 내가 이에 대하여 지나치게 자랑하여도 부끄럽지 아니하리라"(고후 10:8).

고린도 교인들에게 보낸 두 편의 편지를 읽노라면, 바울이 그들을 얼마나 엄하게 가르쳤는지 알 수 있다. 그는 작은 자들을 귀히 여겨 책망하고 훈련했다. 그러나 그는 권위란 세우라고 주신 것이며, 거기에 섬김과 보호가 포함된다는 것을 분명히 밝힌다. 지도자인 당신은 이렇게 자문해야 한다. "이것이 내 동기인가?"

작은 자들을 존중한다면 그것이 당신의 동기가 될 것이다. 그러므로 필요하다면 주저없이 책망해야 한다.

그런가 하면 어떤 사람들은 권위를 이기적인 목적으로 사용함으로써 작은 자들을 실족하게 만든다. 그들이 하는 책망은 오히려 피해를 입힌다. 맡겨진 사람들을 사랑으로 대해야 하건만 그들은 기도와 묵상으로 마음속에 사랑을 개발하지 않았다. 우리의 마음은 맡겨진 사람들의 형통함을 보고자 불타야 한다.

작은 자들은 실수할 수 있다. 당신이 어리고 미숙했을 때를 떠올려 보라. 어릴 적 나는 윗사람들에게 쉽지 않은 존재였다. 하루가 멀다 하고 어리석은 실수를 저질렀고 죄를 지었다. 충분히 생각하지 않고 충동적으로 행동했다. 교만하고 터무니없는 말들을 했고, 특히나 때에 맞지 않게 그랬다. 내 지도자들이 나를 포기하지 않아서 참 다행이다.

오래전에 아내와 내가 처음으로 우리 직원들을 세울 때가 기억난다. 직원들은 적었고, 그들이 너무 실수가 잦아 골치가 아팠다. 그때 내가 아내에게 한 말이 기억난다. 우리 둘 다에게 훈계와 지식을 가져다 준 예언적인 말이었다. "여보, 하나님이 두신 아랫사람들이 우리한테서 받아야 할 것이 하나도 없다면 왜 하나님이 그들을 우리의 권위 아래 두셨겠소?"

우리는 서로 고개를 끄덕였다.


## | 복음을 타협하지 마라

그동안 수많은 교회들을 다니면서 다양한 지도자들을 접했다. 창의적으로 생각하는 지도자들을 보면 특히 마음이 설렌다. 그들은 하나님의 집을 세우는 데 있어 전통에 얽매이지 않는다. 교회 바깥 사람들에게 낯선 옛 전통적 환경보다는 불신자들이 환영받는다고 느낄 만한 분위기를 개발한다. 격식을 차린 복장, 20년 된 노래들, 교회 용어들을 버리고 있다. 광고나 행사를 알릴 때도 이전의 뻔한 방식 대신 멀티미디어를 사용한다. 덕분에 구원받지 못한 사람들이 좀 더 친근하게 느낀다. 개인적으로 나는 이것이 하나님의 지혜라고 믿는다.

이와 아울러 언제나 잊지 말아야 할 것이 있다. 하나님은 구도자에 민감한 방법에는 찬성하시지만 구도자에 민감한 메시지에는 반대하신다. 구도자에 민감한 메시지에 관하여 바울은 이렇게 말한다. "내가 … 사람들에게 기쁨을 구하랴 내가 지금까지 사람들의 기쁨을 구하였다면 그리스도의 종이 아니니라"(갈 1:10).

더 많은 사람들에게 다가간답시고 절대로 복음을 타협하여 전해서는 안 된다. 만일 그런다면 가짜 제자들로 된 교회를 세우는 것이며, 그들은 마지막 날 예수님께 "내가 너희를 도무지 알지 못하니 내게서 떠나가라"(마 7:20-23)는 말씀을 들을 위험이 있다.

그들의 피가 우리 머리 위로 돌아올 것이다. 바울은 지도자들 무리에게 "모든 사람의 피에 대하여 내가 깨끗하니 이는 내가 꺼리지 않고 하나님의 뜻을 다 여러분에게 전하였음이라"(행 20:26-27)고 고백했다. 성경의 긍정적인 부분들만 골라서 선포해서는 안 된다. 경고와 책망도 같이 전해야 한다(골 1:28 참조).

예수님은 성령께서 "죄에 대하여 … 세상을 책망하시리라"(요 16:8)고 말씀하신다. 구도자에게 친근한 메시지를 전한답시고 죄 중에 살아가는 이들을 책망하지 않는 교회는 요한계시록에 나오는 라오디게아 교회와 다를 바 없다. 그 교회는 예수님의 입에서 토해 내처지기 직전이었다. 성령의 임재를 통해서 주시는 예수님의 경건한 정화(淨化)를 받아들이지 않았기 때문이다. 그래서 그분은 이 교회에게 "볼지어다 내가 문 밖에 서서 두드리노니"(계 3:20)라고 호소하신다. 구도자에게 민감한 메시지가 얼마나 위험한지 잘 보여 준다.

그러나 구도자에게 민감한 방법에 대해서라면 바울은 이렇게 말한다.

내가 모든 사람에게서 자유로우나 스스로 모든 사람에게 종이 된 것은 더 많은 사람을 얻고자 함이라 유대인들에게 내가 유대인과 같이 된 것은 유대인들을 얻고자 함이요 율법 아래에 있는 자들에게는 내가 율법 아래에 있지 아니하나 율법 아래에 있는 자같이 된 것은 율법 아래에 있는 자들을 얻고자 함이요 율법 없는 자에게는 내가 하나님께는 율법 없는 자가 아니요 도리어 그리스도의 율법 아래에 있는 자이나 율법 없는 자와 같이 된 것은 율법 없는 자들을 얻고자 함이라 약한 자들에게 내가 약한 자와 같이 된 것은 약한 자들을 얻고자 함이요 내가 여러 사람에게 여러 모습이 된 것은 아무쪼록 몇 사람이라도 구원하고자 함이니 (고전 9:19-22).

최근에 수백 명의 목회자들에게 말하는 자리에서, 자기 교회 예배에 방문객으로 들어가 교회에 다니지 않는 사람의 관점에서 경험해 보라고 권고했다. 그리고 이렇게 말했다. "여러분이 솔직하고 정직하다면, 여러분 가운데 다수가 많은 것을 바꾸게 될 것입니다."

그리스도의 몸 된 우리는 소통과 과학 기술에서 첨단을 달려야 한다. 세상이 우리의 창의력과 혁신에 감동해야 한다. 세상 각 부문에는 탁월함이 있는데 하나님 나라만 2등급 운영에 머물 까닭이 무엇인가? 아니다. 다니엘과 히브리 청년들이 세상 최강대국의 아들들보다 지혜로웠던 것처럼 우리도 혁신적 아이디어로 세상을 선도해야 한다.

하나님의 말씀을 성령의 능력으로 선포하고 가르치자. 단, 그것을 교회에 다니지 않는 사람들이 소화할 수 있게 포장하자. 우리의 메시지는 구원받지 못한 사람들의 마음에 강력한 책망이 되어야 한다. 예수 그리스도께 완전히 복종하라고 그들에게 촉구해야 한다. 죄와 불경과 세상적 욕망을 회개하고, 우리 삶을 100퍼센트 예수님께 드려 그분을 따른다는 뜻이다.

우리의 기쁜 삶과 메시지 그리고 거기에 곁들인 혁신적인 아이디어들로 그 일을 할 수 있다. 그리스도인이 된다는 것은 열정과 창의력을 잃는다는 뜻이 아니다. 아니, 오히려 그리스도 안에서 그런 자질들을 풍성히 얻는다. 작은 자들을 존중한다면 그들을 위하여 창의적인 생각

그리스도인이 된다는 것은 열정과 창의력을 잃는다는 뜻이 아니다. 오히려 그리스도 안에서 우리는 그런 자질들을 풍성히 얻는다.

에 시간을 들일 것이다. 이것은 하나님의 마음을 기쁘시게 하는 일이다.


## | 격려하는 리더십

베드로가 교회 지도자들에게 하는 말이다.

> 너희 중 장로들(교회 목사들, 영적 지도자들)에게 권하노니 나는 함께 장로 된 자요 … 너희 중에 있는 하나님의 양 무리를 치되(양육하고 지키고 지도하고 기르되) 억지로 하지 말고 하나님의 뜻을 따라 자원함으로 하며 (직분과 관련된) 더러운 이득을 위하여 하지 말고 기꺼이 하며 맡은 자들에게 주장하는(교만하고 독단적이고 군림하는) 자세를 하지 말고 양 무리(교인들)의 본(그리스도인의 삶의 모범과 귀감)이 되라(벧전 5:1-3).

21세기 교회 안에 보이는 다양한 리더십 스타일을 여러 다른 말로 표현할 수 있다. 전통적 리더십, 진보적 리더십, 율법적 리더십, 팀워크 리더십, 독재형 리더십, 위임형 리더십, 세부관리 리더십 등 얼마든지 많다. 이 광범위한 목록은 크게 두 가지 범주로 좁힐 수 있다. 하나는 삶을 향상시키는 지도자요, 하나는 삶의 진을 빼놓는 지도자다. 차이는 지도

자의 마음 상태에 있다.

어떤 지도자들은 겉으로는 많은 업적을 이루지만, 뒤에는 멍들고 다치고 심지어 죽은 추종자들을 남길 수 있다. 반면 어떤 지도자들은 역시 많은 것을 이루지만 그러는 내내 추종자들을 세운다. 그것은 다분히 지도자 마음속에 존중이 있느냐 아니면 경멸이 있느냐로 귀결된다.

비전을 품은 남녀들은 사역을 세우는 일에 둘 가운데 하나의 방식으로 접근할 수 있다. 존중하지 않는, 즉 작은 자들을 실족케 하는 지도자는 사람들을 자기 비전에 필요한 도구로 본다. 반면, 삶을 세우는 참된 지도자는 자신의 비전을 사람들을 섬기는 도구로 본다. 이 지도자는 자기에게 맡겨진 자들을 존중한다. 놀랍게도 마음의 이런 동기는 사람들에게 정말 판이한 결과를 낳는다.

예수님은 "지혜는 그 행한 일로 인하여 옳다 함을 얻느니라"(마 11:19)고 하신다. 나는 어떤 교회들에서는(다행히 극소수다) 정서적으로 상처투성이가 된 사람들을 본 반면, 다른 교회들에서는 건강한 개인들과 가정들을 보았다. 모두가 존중에 달려 있다.

존중하는 지도자는 사람들의 발전을 격려한다. 자기에게 맡겨진 사람들이 하나님과 친밀하게 행하는 모습, 그리고 각자의 인생 소명에서 잘되는 모습을 보는 것이 그런 지도자의 가장 큰 기쁨이다. 그리스도인 삶의 이 두 가지 주요 측면이 합쳐져서 진리 안에서 행하는 삶이 된다. 자기에게 맡겨진 사람들에 대한 요한의 말을 보라. "형제들이 와서 네게 있는 진리를 증언하되 네가 진리 안에서 행한다 하니 내가 심히 기뻐하노라 내가 내 자녀들이 진리 안에서 행한다 함을 듣는 것보다 더 기쁜 일이 없도다"(요삼 1:3-4).

진리 안에서 행한다 함은 하나님을 알고 섬기는 것이다. 예수님은 심판 날에 그분의 이름으로 큰일들을 했지만 그분께 이런 선고를 들을 사람들이 있다고 하셨다. "내가 너희를 도무지 알지 못하니 내게서 떠나가라." 그들은 구원의 가장 중요한 측면, 즉 하나님을 친밀히 아는 것을 놓쳤다. 훌륭한 지도자들은 하나님과의 관계를 강조한다.

그런가 하면 하나님을 알면서도 그분을 크게 노엽게 할 사람들도 있다. 그들은 자기 역할을 다하여 그분의 집을 세우라고 은사를 받았으나 책임을 소홀히 했다. 그날 주님은 자신의 달란트를 묻어 둔 그들에게 이렇게 말씀하실 것이다. "악하고 게으른 종아!"(마 25:26)

모든 신자는 하나님의 집을 세우는 소명을 받았다. 에베소서 2장 10절에 분명히 나와 있다. "우리는 그가 만드신 바라. 그리스도 예수 안에서 선한 일을 위하여 지으심을 받은 자니 이 일은 하나님이 전에 예비하사 우리로 그 가운데서 행하게 하려 하심이니라."

하나님이 우리를 지으신 것은 어떤 존재가 되기 위해서만이 아니라 무언가 일을 하기 위해서다. 사람들이 가르침에 균형을 잃는 것은 비참한 일이다. 나는 설교자들이 이런 식으로 말하는 것을 들었다. "우리가 무엇을 하느냐가 아니라 우리가 누구이냐가 중요합니다. 인간(human being)은 말 그대로 존재지 행위가 아닙니다."

말이야 멋있지만, 이것은 그리스도인 삶의 균형을 잃은 그림이다.

신자가 되면 우리 자신의 일은 놓게 된다. 그러나 성경에 나오듯이 일단 구원받으면 우리는 그분의 일에 들어간다. 그러므로 우리는 열매를 맺어야 한다. 열매는 우리 믿음이 진짜라는 증거이기 때문이다(야고보서 2장 참조). 부름 받은 일은 무시한 채 우리의 존재만 강조하는 그 가르침은 사람들을 부추겨, 일주일에 한 번씩 교회에 나가되 하나님의 집에서 활동하지는 않게 한다. 이런 가르침을 듣고 자란 신자들은 심판 날의 경험이 즐겁지 못할 것이다. 우리는 구체적인 일들을 이루도록 그리스도 예수 안에서 지으심을 받았다. 이는 우리가 모태에서 지어지기도 전부터 예비된 것이다.

존중하는 지도자의 목표는, 작은 자들이 진리 안에서 행하고 거기서 더 나아가는 것을 보는 것이다. 진정한 부모는 자녀가 자기보다 더 잘되기를 원한다. 예수님은 우리를 향한 그분의 소원을 밝히셨는데, 그것은 우리가 그분보다 더 큰일들을 하는 것이다. 우리도 우리를 따르는 자들에게 똑같은 마음을 품어야 한다. 요한이 편지에 말했듯이, 지도자의 마음은 아랫사람들이 그렇게 되는 것을 보고자 불타야 한다. 그것이 우리의 가장 큰 기쁨 가운데 하나여야 한다.

> 진정한 부모는 자녀가 자기보다 더 잘되기를 원한다. 예수님은 우리를 향한 그분의 소원을 밝히셨는데, 그것은 우리가 그분보다 더 큰일들을 하는 것이다.

## | 맡은 영혼을 귀히 여기라

현명한 지도자는 늘 자기 성공의 공로를 자기를 섬기는 자들에게 돌린다. 물론 모든 공로와 존귀와 감사와 영광은 하나님 몫이지만, 하나님이 사람들을 쓰신다는 것을 기억해야 한다.

지도자는 팀원들의 수고를 칭찬함으로써 그들에게 존중을 보인다. 이것은 마음에서 우러나야지 피상적으로 되는 일이 아니다.

지도자로서 나는 우리의 사명을 다하도록 돕는 사람들을 늘 크게 칭찬한다. 그들은 하늘에서 온 선물들이다. 직원들에 대한 부정적인 생각을 갖지 않기 위해 늘 기도한다. 그렇게 함으로써 그들을 존중하는 마음을 잃지 않는다. 바울은 우리에게 이렇게 말한다.

형제들아 무엇에든지 참되며 무엇에든지 경건하며 무엇에든지 옳으며 무엇

에든지 정결하며 무엇에든지 사랑 받을 만하며 무엇에든지 칭찬 받을 만하며 무
슨 덕이 있든지 무슨 기림이 있든지 이것들을 생각하라(거기에 생각을 고정시키
라)(빌 4:8).

결혼생활 중에 아내에게 환멸을 느꼈던 기억이 있다. 내 못난 태도는
몇 달째 계속됐다. 불화가 계속되던 어느 날 밖으로 나가 들판으로 향
했다. 들판으로 가는 내내 나 자신과 주님께 아내에 대한 불평을 늘어
놓았다. 그런데 어느 순간 말씀이 들려왔다. "아들아, 리자가 잘하는 일
들을 생각해 보고 그로 인해 내게 감사하라."

곰곰 생각해 보니 아내는 좋은 엄마였다. 하지만 나는 속이 상했던지
라 아내의 좋은 점이 얼마나 더 있으랴 싶었다. 그런데 아내가 좋은 엄
마인 것을 일단 하나님께 감사하고 나자 다른 것이 떠올랐다. 아내의
삶의 그 부분을 인해 하나님께 감사하고 나자 또 하나가 떠올랐다. 그
렇게 한참 동안 감사가 계속되었다.

마침내 내가 정말 훌륭한 아내를 두었다는 생각에 파묻혀 버렸다. 잠
시 뒤 재미있는 일이 벌어졌다. 우리 상황이 전혀 다르게 보이기 시작
한 것이다. 그러자 그동안 내가 참 못난 남편이었음을 깨달았다. 이제
야 상황을 정확히 보고 있었다. 하나님의 눈으로 보게 된 것이다.

집으로 돌아와 아내에게 고마운 점들을 하나하나 말하기 시작했다.
말은 자꾸만 길어져 끝날 줄을 몰랐다. 들판으로 나갈 때만 해도 아내
가 무척 화가 나 보여, 관계가 회복되는 데 꽤 오래 걸릴 것 같았다. 그
런데 즉각 화해가 이루어졌다. 내가 마음으로부터 아내를 존중했기 때
문이다. 그날 이후 우리 결혼생활에 치유와 회복이 찾아들었다.

빌립보서 4장 8절에 명한 대로만 한다면 우리 자녀들, 직원들, 학생
들, 교인들과의 관계에도 똑같은 일이 벌어질 것이다. 자신에게 맡겨진

사람들의 사랑스러운 점, 좋은 점, 유쾌한 점을 생각하라. 그들이 우리 하늘 아버지께 얼마나 소중한 존재인지 생각해 보라. 그들은 그분의 아들딸이다. 만약 그들이 구원받지 못했다면, 그들은 예수께서 위

해서 죽으실 만큼 값진 존재라는 사실에 집중하라. 그렇게 한다면 우리 마음을 경멸에서 지킬 수 있을 것이다. 나아가 복을 누리게 될 것이다.

그렇다고 우리 부부가 필요할 때도 책망을 안 한다는 뜻이 아니다. 다만 책망할 때가 되면 우리는 간결하게 효과적으로 한다. 우리 아이들과 직원들은 우리가 꽁하고 속에 품지 않는다는 것을 안다. 그들이 늘 하는 말이지만, 우리는 엄할 때는 엄하되 일단 책망이 끝나면 곧바로 함께 웃거나 농담을 주고받는다. 나는 그 교훈을 하나님께 배웠다.

우리가 그분의 훈육을 받아 거기에 반응하고 나면, 우리 아버지는 속히 용서하시고 잊으신다. 그분은 수치의 흔적을 남겨 우리를 따라다니게 하지 않으신다. 그것은 원수만이 하는 일이다.

그분은 우리의 과오를 망각의 바다에 묻으신다. 그분은 단지 우리가 같은 실수를 되풀이하지 않도록 책망을 통해 배우기를 바라시는 것이다. 우리를 향한 아버지의 사랑과 존중과 희망의 생각들은 그 수가 어찌나 많은지 이 땅의 모든 모래알보다도 많다(시 139편 참조).

지도자가 작은 자들을 존중하면 그들의 삶속에 하나님의 은사가 활성화된다. 그들의 은사가 마음껏 발휘되면 지도자가 그 유익을 누린다. 기관 사람들의 모든 은사가 어우러져 지도자의 비전이 이루어진다. 아랫사람들에게 함부로 말하는 목사들을 본 적이 있다. 부려먹는

투로 험하게 말하며, 아랫사람들을 마치 바보 대하듯 한다. 그러면서 이런 말을 늘 입에 달고 산다. "더 훌륭한 직원이 필요한데 유능한 사람들을 찾을 수가 없으니."

그럴 만도 하다. 그들은 자기 사람들을 귀히 여기지 않는다. 그래서 그 경멸 때문에 아무런 보상도 받지 못하는 것이다.


## | 하나님이 공급하신다

지도자들을 재정으로 존중하듯이 작은 자들도 똑같은 방식으로 존중한다. 몇 년 전에 개인적인 재정 문제로 아내의 비서를 도와준 적이 있다. 당시 우리는 콜로라도스프링스에 있는 사역기관들이 정한 기준율대로 직원들 월급을 주었다. 그런데 그 비서의 생활비를 합산해 보니 살림이 빡빡했다. 나는 불쑥 내뱉었다. "이 월급으로는 생활하기가 힘들겠지?"

아내도 진심으로 동의했다. 나는 즉시 재무 책임자에게 전화를 걸었다. "방금 막 재정 문제로 아내의 비서를 도와줄 참입니다. 월급이 충분치 못하더군요. 그래서 모든 직원들 연봉을 이 수준으로 올려 주고 싶습니다. 소포를 발송하는 직원이든 전화를 받는 직원이든 상관없습니다."

잠시 조용하더니 재무 책임자가 입을 열었다. "그렇게 하신다면 우리는 이 도시에서 사람들이 취직하기 원하는 가장 인기 있는 사역기관이 될 것입니다."

"그런 이유에서가 아닙니다. 우리 팀원들은 우리와 함께 삶을 바쳐 하나님을 섬기고 있습니다. 그래서 아내와 나는 좋은 보수를 받아야 한다고 생각합니다."

그날 월급 인상 소식을 들은 우리 직원들은 감사했다. 한 젊은 여성은 그 주에 사직서를 내고 인디애나 주 가족들에게 돌아갈 예정이었다. 재정 상황이 너무 힘들었기 때문이다. 그런데 그날 그녀의 연봉이 5천 달러 인상되었고, 그녀는 우리 곁에 남았다. 몇 년이 지난 지금도 그녀는 우리 기관에 있으며 부서 책임자로 승진했다. 그녀는 우리의 매우 생산적이고 소중한 직원 가운데 하나다. 나는 그녀가 일취월장하는 모습을 보았다. 그녀가 재정 때문에 떠났더라면 어떻게 되었을까? 생각하면 아찔하다.

우리의 보상은 사역 전반에 나타났다. 그 시간 이후로 전 직원의 생산성이 향상되었다. 우리는 직원을 존중했고, 그 결과 더 높은 생산성을 보상으로 누렸다.

여기서 한 가지 주의할 것이 있다. 앞에서도 말했듯이 존중을 요구하는 것은 하나님 마음에 어긋난다. 우리가 존중받기를 원하는 이유는 두 가지라야 한다. 첫째, 그 존중을 마음속에서 하나님께 돌려 드리기 위해서다. 둘째, 존중을 베푸는 당사자의 유익을 위해서다. 그들이 보상받을 것을 알기에 말이다.

사역 초기에 나는 어느 대형 교회에서 부목사로 일했는데 월급이 너무 적었다. 월 총수입이 기초 생계비와 맞먹었고, 옷이나 가구를 살 여분의 돈이 조금도 남지 않았다. 하지만 우리는 더 요구하지 않았다. 우리는 요구하는 삯군이 되고 싶지 않았다.

첫해가 지나도 인상이 없었다. 2년이 지나도 인상이 없었다. 아이는 둘이 되었고, 생활비도 자연스레 더 올랐다. 그런데 받는 돈은 처음과 같았다. 그 2년 동안 친구인 다른 부목사 하나가 내 사무실에 몇 번 왔다. 그는 일부 다른 부교역자들과 함께 재정 담당자와 담임목사에게 가서 월급을 올려 달라고 할 거라면서 나도 함께 가자고 했다. 나는 그건 내가 가담할 일이 아니라고 대답했다. 그리고 그에게도 그러지 말라고 말렸다. "교회 측에 나를 존중하는 법을 알려 주는 것은 내가 할 일이 아닐세."

"존, 우리 부부는 부모님께 생활비를 보조받고 있네. 이제 더 이상은 도움을 받기가 죄송스러워."

사정을 듣고 보니 참 딱했다. 하지만 그래도 나는 계속 하나님을 신뢰하겠다고 그에게 말했다. 나는 우리의 자금원은 월급 봉투가 아니라 하나님임을 설명하며 그에게 믿음을 독려하려 했다. 하지만 통하는 것 같지 않았다.

우리 가정이 쪼들리지 않았다고는 할 수 없다. 그러나 그 기간 동안 우리는 평안을 누렸고 부족함이 없었다. 우리 집에는 가구가 별로 없었다. 머리판 없는 침대 틀, 2인용 소파 작은 것 두 개, 작은 탁자와 램프 몇 개, 식탁과 의자가 아래층에 있는 전부였다. 그러나 불과 1년 만에 하나님이 기적처럼 우리 집에 가구를 채워 주셨다. 멋있는 주문형 디자이너 가구도 많았다. 우리는 하나님의 공급에 입이 벌어졌다.

2년이 조금 더 지나 우리 목사는 우리 부부를 순회 사역자로 파송하면서 이제는 더 이상 월급을 받지 못하게 되었다. 모아 둔 돈은 300달러뿐인데, 주택과 자동차 융자 상환금은 여전히 도합 월 천 달러였다. 일이 더 흥미롭게 되려고, 주님은 기도 중에 내게 지시하시기를 전화나 편지로 목사들에게 사역할 기회를 청하지 말라고 하셨다. 주님은 내게 그분을 신뢰하라고 하셨다.

1989년 11월 말에 내가 사역하기로 예정된 곳은 두 곳뿐이었다. 하나는 사우스캐롤라이나 주의 장의사 집에서 모이는 교인 100명의 작은 교회였다. 집회 시기는 1월 첫 주였다. 또 하나는 테네시 주에 있는 교인 200명의 작은 교회로, 2월 말로 예정되어 있었다. 우리가 모교회에서 받을 월급은 12월 마지막 주로 끝나게 되어 있었다. 우리는 하나님을 믿어야만 했다.

부목사 시절 재정 문제로 하나님을 신뢰하는 법을 배우지 못했더라면 나는 새 사역의 쪼들리는 상황을 견디지 못했을 것이다. 아마도 너무 큰 걸림돌이 되었을 것이다. 하나님 대신 사람의 공급을 바라보았을 것이다. 필시 필요한 돈을 채우려고 구걸하거나 잔꾀를 부렸을 것이고, 그래서 나를 통하여 그분의 사람들에게 전하기 원하시는 하나님의 메시지들을 구하기는커녕 그런 일을 하느라 내 노력을 다 썼을 것이다.

내가 교회에서 받은 낮은 봉급은 마침내 엄청난 축복이 되었다. 우리를 대우(존중)하는 법을 담임목사에게 알려 주려 했던 친구의 말을 내가 들었더라면, 우리가 지금 이 자리에 있을지 잘 모르겠다. 순회 사역 첫해에 우리는 주 천 달러를 채워 주실 하나님을 믿었다. 그리고 이 글을 쓰는 현재, 우리는 사역기관 운영에 주 10만 달러 이상을 채워 주실 하나님을 믿게 되었다.

당신이 누군가의 밑에서 일하고 있다면, 합의한 월급으로 마음을 다하여 일하라. 당신이 100퍼센트 노력을 쏟아 일을 훌륭히 해서 고용주를 존중하면, 하나님이 당신에게 보상을 주신다. 보상은 당신의 고용주를 통해서 올 수도 있고, 하나님이 택하시는 다른 통로들을 통해서 올 수도 있다. 어쨌든 당신은 보상을 누린다.

교회가 우리에게 월급을 적게 주었을 때 하나님은 우리를 크게 존중해 주셨다. 우리 집에 가구가 넘쳤고, 좋은 차를 몰았고, 양식이 떨어진 적이 없었다. 우리는 받는 수입에 비해서 훨씬 잘 살았다. "의인의 적은 소유가 악인의 풍부함보다 낫도다"(시 37:16) 하신 성경말씀이 그대로 실현되었다. 하나님은 우리를 존중하고 계셨다.

당신이 직원이라면 명심할 것이 있다. 고용주에게 100퍼센트를 드려 하나님을 존중하면 당신은 보상을 받는다. 반대로 당신이 고용주라면 알아야 할 것이 있다. 당신이 직원들을 존중하면 그들의 재능이 활짝 피어나고, 그 유익을 당신이 누리게 된다. 고용주들과 목사들이여, 당신의 사람들 속에 하나님의 커다란 보상이 숨어 있다. 모든 면에서 그들을 존중하라.

모든 신자는 하나님의 집을 세우는 소명을 받았다.

존중

4장

# 자녀 존중하기

훈육이란 아이들로 하여금 자신의 실수에서 배우되 죄책감은 품지 않게 해
주는 것이다.

지역교회에서 7년, 순회 사역으로 거의 20년을 일하
면서 존중이 가장 절실히 필요한 곳은 교회나 직장이 아니라 우리들의
가정이라는 사실을 알았다. 사실 아버지들과 어머니들이 가정에서 존
중의 모본을 보인다면 사회와 정부와 교회 영역들 모두 큰 유익을 누리
게 된다. 가정의 존중이 자연스럽게 주변 사람들에게로 퍼져 나갈 수밖
에 없기 때문이다.

| 말의 힘

존중이란 귀히 여기는 것이다. 자녀를 귀히 여긴다면 우리는 자녀를
대하고 말할 때, 자녀의 삶이 활짝 피어날 수 있도록 할 것이다.

이따금씩 부모가 자녀에게 아주 비하하는 투로 말하는 것을 듣는다.

내 몸이 오싹할 정도다. 가녀린 딸에게 살벌하게 말하고, 경기장에서 아들의 실력을 무섭게 비난하는 아버지도 있다. 어떤 어머니는 자식이 마치 망신거리인 양 행동하며 공개적으로 자식에게 창피를 준다.

내 아내가 10대 때, 쉽게 막을 수도 있었던 일이 벌어졌다. 아내는 두 팀에 속하여 거의 1년 내내 수영을 했다. 그 덕에 아내는 마음 내키는 대로 무엇이든 아무 때나 먹어도 살찔 염려가 없었다. 그러다가 아내는 부상을 당해 고등학교 2학년 동안 수영을 쉬어야 했다. 활동량은 줄었는데 음식 섭취량은 훈련 중일 때와 계속 똑같았다.

하루는 아내가 학교에서 돌아오자 아버지가 불렀다. 그는 실망스러운 투로 아내를 위아래로 훑어보더니 뒤로 돌아보라고 했다. "허, 바지가 꽉 끼네! 너 몸무게가 얼마나 되냐?"

아내는 여름 캠프에서 잰 무게를 댔다.

"리자, 네 체중이 그것밖에 한 된다고? 말도 안 돼. 적어도 61킬로그램은 될 거다! 직접 재 봐라!"

저울 앞으로 향하는 아내의 심정은 몹시 창피하고 혼란스러웠다. 세상에나! 몸무게는 무려 63.5킬로그램이나 됐다. 아버지는 너무 살이 쪘다면서 그 체중으로는 매력이 없어 남자들이 데이트 신청도 하지 않을 거라며 한참 걱정을 늘어놓으셨다. 설교가 끝나자 아내는 자기 방으로 가 옷을 벗고 자기 몸을 찬찬히 살펴보았다. 처음으로 아내는 자기 몸이 싫었다.

그 순간부터 체중은 아내의 삶의 구심점이 되었다. 아내는 자기 몸집에 지나치게 신경 쓰게 되었고 늘 몸무게 생각밖에 없었다. 아내는 달리기를 했고 음식량을 줄였다. 서서히 노력의 결실이 나타났다. 남자들이 아내에게 눈길을 주기 시작했고 아내는 그런 시선이 좋았다. 그래서 결국 아내의 머릿속에 하나의 등식이 생겨났다. '난 날씬하면 매력 있

고 사랑과 주목을 받을 만해. 하지만 뚱뚱하면 그렇지 않아.'

이런 사고방식 때문에 아내는 계속 하향 곡선을 그려, 점차 거식증과 대식증 상태로 악화되었다. 아내와 음식은 애증의 관계였다. 아내는 먹기를 좋아했으나 뚱뚱해지는 것은 싫었다. 아내는 대소변 촉진제를 먹어 몸을 비워 냈고, 대학 3학년 때에는 몸이 거기에 중독되었다. 결국 아내는 한 달이 넘도록 대변을 보지 못해 병원에 입원했다.

스물두 살 때 하나님은 아내를 모든 면에서 치유해 주셨다. 아내의 이 감동적인 간증은 본인의 책 「체중이 당신의 전부는 아니다(*You Are Not What You Weigh*)」에 나온다. 장인어른이 아내에게 다르게 대했더라면 이런 일은 피할 수도 있지 않았을까? 그가 딸의 외모를 비하하기보다 인정과 수용의 말을 해 주었더라면 어찌되었을까? 좀 더 건설적인 접근 방법으로 건강한 체중과 식사량을 유지하게 해 주었더라면 어찌되었을까? 아내의 자아상이 달라지지 않았을까?

그렇다는 증거를 나는 우리 부부관계에서 보았다. 결혼할 때 아내의 몸무게는 52.5킬로그램이었다. 나는 항상 아내가 아름답다고, 옷이 잘 어울린다고 말해 주었다. 신혼 초 1년이 지나서도 또는 아내가 임신했거나 젖을 먹이는 기간에도 나는 아내를 칭찬하고 인정하기를 멈추지 않았다.

그저 늘 이렇게 말했다. "당신 정말 멋있어요." "결혼한 지 이렇게 오래 지나서도 내 아내가 이렇게 아름다울 거라고 나 스무 살 때 당신이 말해 주었다면 난 파티를 열었을 것이오!" "와, 당신은 결혼하던 날보다 오늘이 더 아름답구려!" 모두가 진심이었다. 나는 늘 아내를 세워 주는 길을 찾는다. 그것은 하나님이 남편인 내게 맡기신 책임의 하나다.

바울은 그것을 이렇게 자세히 설명한다. "이와 같이 남편들도 자기 아내 사랑하기를 자기 자신과 같이 할지니 자기 아내를 사랑하는 자는 자기를 사랑하는 것이라 누구든지 언제나 자기 육체를 미워하지 않고 오직 양육하여 보호하기를 그리스도께서 교회에게 함과 같이 하나니"(엡 5:28-29).

양육한다는 것은 성장에 필요한 것을 준다는 뜻이다. 나는 늘 내 말로 아내를 양육할 길을 찾는다. 이 모두가 존중의 일부이므로 여기에 대해서는 다음 장에 더 자세히 다룰 것이다.

내가 아내를 양육하는 동안, 아내는 자기가 치유 받던 때에 하나님이 주셨던 지혜와 약속들을 계속 믿었다. 하나님은 아내와 관계된 일들을 계속 온전케 하실 것이었다. 이런 외조를 통해 나는 아내가 막힘없이 하나님을 믿을 수 있는 분위기를 조성했다.

결혼생활 25년에 자녀를 넷이나 낳았지만 아내는 지금도 몸무게가 결혼할 때와 똑같다. 그렇다고 늘 운동을 하는 것도 아니다. 그래서 어떤 사람들은 아내가 유전적으로 복을 받았다고 말한다. 하지만 나는 그렇지 않음을 안다. 20대 초반에 두려움에 싸여 자기 체중과 싸우던 정서 불안의 아가씨를 알고 있기 때문이다.

| 자녀는 부모의 선포대로 자란다

부모가 적시에 칭찬이나 수용의 말을 해 주지 않는 것 또한 자녀를 경멸하는 것이다. 자녀들에게는 격려와 지도와 인정의 말을 자주자주 해 주어야 한다. 부모가 자기들을 사랑하고 귀히 여긴다는 것을 자녀들은 눈으로 볼 뿐 아니라 귀로도 들어야 한다.

아들딸들은 칭찬 받기를 원한다. 그러나 자녀의 결점이나 미숙한 부분에 집중하는 부모는 엉뚱한 메시지를 보내게 되고, 자녀의 성장과 성

202

숙에 필요한 정반대 결과를 거두게 된다. 몇 마디 인정의 말로 타협점을 찾아 상처를 피할 수 있었는데도 그러지 못해 그만 중대한 피해를 입는 것이다.

이 모든 일의 아이러니는, 부모들이 그런 결과가 맺어지게끔 부추긴다는 것이다. 부모들은 속상해서 친구들에게 자기 자식이 정말 까다롭다고 하소연한다. 그러나 부모가 비판하는 자녀의 그 부분들은 존중을 통해서 쉽게 고쳐질 수 있는 경우가 대부분이다.

아버지와 어머니의 말은 아들이나 딸의 삶에 대단히 중요하다. 패배나 실패나 약점을 들추어내면, 자녀의 삶에 작은 지장에서부터 심각한 문제들에까지 여러 후유증이 나타날 수 있다. 그러면 대개 부모들은 자녀의 행동이 악화되는 것 같아 점점 더 낙심한다. 그리하여 악순환이 시작된다. 결국 부모들은 하나님이 자녀를 통하여 주시려는 보상에서 점점 멀어진다.

> 보라 자식들은 여호와의 기업이요 태의 열매는 그의 상급(보상)이로다(시 127:3).

자녀를 통하여 약속된 보상이 이 말씀에 직접 언급되어 있다. 부모 자녀 관계에 대한 이 약속을 왜 더 많은 부모들이 누리지 않는 것일까? 오히려 상황은 정반대로 보인다. 부모들이 10대 자녀들에 대해 이렇게 투덜대곤 한다. "스무 살이 될 때까지 사춘기 우리 아이를 가두어 둘 수만 있다면 얼마나 좋을까." "어째서 10대 때를 그냥 건너 뛸 수는 없는 걸까?"

우리 집 네 아들이 아직 아장아장 걸어다닐 때 그런 말들을 들은 나는 걱정이 되기 시작했다. '얘들도 10대가 되면 괴물로 변하려나?'

그러나 나는 다른 부모들이 흔히 경험하지 못하는 통찰을 꽤 받았다. 우리 집 큰아이 둘이 걸음마쟁이였을 때 나는 중고등부 목사로 섬겼다. 그 직분을 맡아 목회 상담을 하면서 수많은 가정을 들여다볼 수 있었다. 머잖아 하나의 틀을 파악했다. 내가 본 바로는, 부모가 자녀의 부정적 행동을 혼내는 데 에너지를 집중하면 자녀는 더 악화될 뿐이었다. 반면 부모가 자녀에 대한 하나님의 약속들을 입술로 선포하면 결국 자녀는 그 선포대로 자랐다. 고린도 교인들에게 보낸 바울의 두 번째 편지에 비추어 그것은 이치에 꼭 맞는 일이다. "우리가 주목하는 것은 보이는 것이 아니요 보이지 않는 것이니 보이는 것은 잠깐이요 보이지 않는 것은 영원함이라"(고후 4:18).

하나님의 약속들은 보이지 않는 진리의 세계에 있고 그분의 불변하는 말씀에 나온다. 그것이 우리의 초점이 되어야 한다. 아내와 나는 우리 아이들에 대한 하나님의 약속을 수시로 말한다. 그들이 말을 하기도 전부터 우리는 그들을 "여호와의 교훈을 받을 (그래서 그분 뜻에 순종할 제자)"라 부르며 "네 자녀에게는 큰 평안이 있을 것"을 주장했다(사 54:13 참조). 또 그들이 우리의 화살이며(시 127:4 참조) 징조와 예표로 태어났음을(사 8:18 참조), 또 그 밖에 하나님 말씀에 나오는 놀라운 약속들을 선포했다.

우리 부부는 아이들의 이름도 신중히 정했다. 우선 어원의 의미를 살핀 뒤 기도로 하나님의 인도하심을 구했다. 맏아들 애디슨 데이비드의 이름은 '신뢰할 만한 사랑받는 자'라는 뜻이다. 둘째아들 어스틴 마이클의 이름은 '하나님을 닮은 왕 같은 자'라는 뜻이다. 우리 셋째 조슈아 알렉산더의 이름에는 '하나님이 인류를 구원하시고 변호하신다'는 뜻이 있다. 넷째의 이름 아든 크리스토퍼는 '그리스도를 닮은 불같이 뜨거운 자'라는 뜻이다.

이름을 부를 때마다 우리는 아이들에 대한 그 선포를 의식한다. 하나님은 부모인 우리에게 아이들의 삶을 축복할 특권과 권위를 주셨다. 각 아들마다 자기 이름의 특성대로 자라고 있다. 우리의 고백 때문이 아니라 그 고백대로 우리가 믿기 때문이다.

아이들이 우리의 선포와 반대로 보이는 때도 있었다. 아이들이 자기 이름과 정반대로 행동한 때들도 있었다. 그럴 때면 우리는 책망하고 훈육했다. 단, 아이들의 행동만 다루었고, 아이들에 대한 우리의 선포는 그대로 고수했다.

> ♕
>
> 하나님은 부모인 우리에게 아이들의 삶을 축복할 특권과 권위를 주셨다. 우리의 고백 자체 때문이 아니라 그 고백대로 우리가 믿기 때문이다.

## | 경건하고 일관되게 훈육하라

중고등부 목사 시절에 또 하나의 인생 교훈을 목격했다. 필요한 훈육을 하지 않아서 생기는 비극이었다. 먼저 성경의 예부터 살펴보자.

다윗 왕은 여러 부인에게서 많은 아들을 두었다. 그 가운데 맏아들 암논과 셋째아들 압살롬의 이야기다. 암논은 자신의 이복여동생이자 압살롬의 친동생인 다말에게 아주 못된 짓을 했다. 그는 꾀병을 앓으면서 아버지한테 청하여, 다말을 보내 자기에게 음식을 차려 주게 했다. 다말이 들어오자 그는 종들을 내보내고 다말을 강간했다. 그래 놓고는 다말을 꼴도 보기 싫어하며 방에서 내쫓았다. 그는 처녀 공주를 욕보이고 그 삶을 치욕스레 유린했다.

다말의 오빠 압살롬은 암논의 악행에 분개했다. 그는 자기 누이를 욕보인 이복형이 미웠다. 그는 말없이 기다렸다. 왜냐하면 틀림없이 다윗 왕이 암논을 훈육하고 처벌할 것이라 생각했기 때문이다. 하지만 시간이 흘러도 왕은 가만히 있었다. 다윗은 노여워하면서도 아무런 조치도 취하지 않았다. 압살롬은 암담했다. 그는 여동생 다말을 자기 집으로 데려다 먹여 살렸다.

한때 다말은 왕의 처녀 딸들만 입는 공주 옷을 입었건만 이제는 수치가 그녀의 옷이었다. 한때 측근들에게 금지옥엽과도 같던 어여쁜 아가씨가 은둔의 삶을 살고 있었다. 더 이상 처녀가 아닌 그녀와 누가 결혼하려 할 것인가? 너무 억울했다. 다말의 삶은 끝장났건만 이 만행을 저지른 남자는 아무 일도 없었다는 듯이 살아가고 있었다. 그 모든 짐은 다말의 몫이었다. 날이면 날마다 압살롬은 슬퍼하는 동생을 보았다. 압살롬은 1년을 기다렸으나 아버지는 아직도 아무런 조치가 없었다. 암논에 대한 증오와 아울러 아버지에 대한 원한이 압살롬의 마음속에 뿌리를 내렸다.

2년이 지나자 암논을 증오하는 마음은 급기야 살인할 생각으로 바뀌었다. 압살롬은 동생의 원수를 갚을 방법을 치밀하게 계획했다. 온당한 권위를 가진 자들이 일부러 가만히 있는데, 어찌 그렇지 않겠는가? 압살롬은 다윗의 모든 아들을 위하여 잔치를 열고 암논이 방심한 틈을 타 그를 죽이고 그술로 달아났다. 이로써 암논에 대한 복수심은 채워졌다. 그러나 아무런 조치도 취하지 않은 아버지에 대하여 그가 품고 있던 어두운 상처는 유랑 생활 중에 더욱 깊어졌다. 불에 기름을 붓는 격으로, 그는 이런 의문에 애가 탔다. '왜 아버지는 나를 부르지 않는 건가?' 이 상처는 결국 증오로 바뀌었다.

그런 원한으로 생각이 더 독해지면서 압살롬은 아버지의 약점들을 훤히 꿰게 되었다. 압살롬의 생각을 상상해 보라. '사람들은 내 아버지를 꽤나 떠받들지만 그의 진짜 본성을 모른다. 그는 하나님을 그저 은폐 수단으로 이용하는 이기적인 사람이다. 사실 그는 선왕 사울보다 더 악하다! 사울은 아말렉 족속의 왕을 죽이지 않고 가장 좋은 양과 소를 몇 마리 남겼다가 왕위에서 쫓겨났다. 아버지는 자신의 가장 충성된 신하의 아내와 간음했다. 그러고는 자기에게 충성한 바로 그 사람을 죽여서 그 죄를 덮었다. 그는 살인자다. 간음한 자다. 그래서 암논도 벌하지 못한 것이다!'

그러면서도 그는 여전히 아버지가 자기를 불러 주기를 바랐다. 하지만 다윗은 부르지 않았다. 그것이 증오를 부채질했다. 압살롬은 3년을 그술에서 보냈다. 다윗이 아들 암논이 죽은 슬픔에서 벗어나자 요압이 왕을 설득하여 압살롬을 예루살렘으로 도로 데려오게 했다.

하지만 압살롬의 증오는 세월이 흐를수록 더욱 깊어졌다. 그는 자기처럼 자기 아버지한테 불만인 사람들을 끌어 모으기 시작했다. 그러기 위해 그는 온 이스라엘에 자신을 내주었다. 그는 그들의 진정을 들어주었다. 그러는 내내 그는 자기가 왕이기만 하면 그들을 도와줄 수 있으련만 안타깝게도 그렇지 못하다는 사실을 그들 앞에서 개탄했다. 시간상 왕의 손이 못 미치는 사건들을 그가 대신 재판했다. 압살롬이 그런 사건을 재판한 것은 어쩌면 자기가 공정한 재판을 경험하지 못했기 때문인지도 모른다. 그는 백성을 위했다. 성경에 보면·압살롬이 부왕에게서 이스라엘 백성의 마음을 도적질했다고 되어 있다. 그러나 그는 정말로 백성을 걱정했던 것일까? 아니면 자기가 미워하는 아버지를 전복시킬 길을 찾고 있었던 것일까?

압살롬은 이스라엘 백성을 자기 쪽으로 끌어들여 부왕에게 반역했다. 대립이 어찌나 심했던지 다윗 왕은 필사적으로 달아나야 했다. 한동안 압살롬이 새 왕이 될 듯도 싶었다. 그러나 압살롬이 다윗을 쫓다가 죽임을 당함으로써 상황은 반전되었는데, 그것은 자기 아들에게 손대지 말라는 다윗의 명에도 불구하고 임한 심판이었다.

압살롬은 자신의 증오와 원한으로 말미암아 소멸되었다. 그는 잠재력이 참 많았던 사람이다. 한 왕위 계승자가 한창때에 죽었다. 이것은 아버지가 암논을 책망했더라면 피할 수도 있었던 일일까? 그럴 가능성이 높다. 다말은 어떤가? 결국 다말은 아마도 한을 품고 혼자 살았을 것이다. 아버지가 암논을 벌했더라면 다말의 삶은 달라졌을까? 물론이다. 내가 믿기로, 다윗이 경건한 훈육으로 자식들을 존중했다면 이 모든 비극은 면할 수 있었다. 다윗은 한 자식을 책망하지 않음으로써 모든 자식을 경멸했다.

중고등부 목사 때 겪은 일이다. 자녀들과 문제가 있어 내 사무실을 찾은 많은 부모들은 훈육에 대해 부정적이었다. 다윗 왕처럼 그들도 전혀 자녀를 징계하지 않았다. 그들은 자녀에게 '사랑'을 주면 자녀가 불순종 행위에서 헤어날 줄로 믿었다. 그러나 그런 방식은 통하지 않았고, 자녀들은 더 나빠졌다. 반항적이고 무례했다. 그런 태도는 학교, 일하는 곳, 중고등부 등 권위 인물과 관련된 모든 영역으로 퍼져나갔다.

흥미롭게도 훈육 대신 '사랑'을 받은 이 청소년들은 자기 부모를 멸시했다. 아이러니이자 비극이었다. 아이러니라 함은 부모가 하려던 자녀의 사랑을 얻는 일은 간데없고 정반대 반응만 나타났기 때문이다. 비극적인 일이란, 이 자녀들이 내린 해로운 결정들 때문에 가정마다 오래도록 혹독한 대가를 치렀기 때문이다.

한 10대 여자 아이를 엄히 책망하던 일이 기억난다. 내 사무실에 모두 모인 자리에서 자기 부모에게 하는 말투 때문이었다. 그러면서 이런 생각이 들었다. '왜 내가 이 일을 하지? 왜 자기 어머니나 아버지가 책망하지 않지?'

그들은 자녀에게 '사랑'을 주면 자녀가 악한 행동에서 헤어날 줄 알고 거기에만 매달렸다. 그러나 하나님은 자녀를 훈육하지 않는 부모는 사실은 자녀를 미워하는 것이라 했다.

> 매를 아끼는 자는 그의 자식을 미워함이라 자식을 사랑하는 자는 근실히 징계
> (훈육)하느니라(잠 13:24).

나는 그런 청소년들이 자라면서 삶이 엉망이 되는 것을 지켜보았다. 그들은 많은 문제와 고생을 자초했다. 그들은 왜 그렇게 되었을까? 이유는 "채찍과 꾸지람이 지혜를 주거늘 임의로 행하게 버려 둔 자식은 어미를 욕되게 하"(잠 29:15)기 때문이다. 그 부모들은 왜 하나님 말씀의 권고를 듣지 않았을까? 그들은 자기가 더 지혜롭다 생각한 것이다. 이는 곧 하나님과 자기 자녀들을 다 경멸한 것과 같다.

부모가 자녀를 책망하지 않으면 그 자녀는 결국 부모를 멸시했다. 반면 부모가 지나치게 엄하여 자녀를 경멸하면 그 자녀는 부모에게 분노를 느꼈다. 그런 자녀들은 대개 영혼에 상처를 입었고, 많은 아이들이 두려움과 싸워야 했다.

우리 부부는 아이들이 나쁜 짓을 할 때 훈육이 신속 간결해야 최고의 성과를 낸다는 것을 알게 되었다. 한번 훈육한 일은 그것으로 끝이었다. 아이들이 용서받고 나면 아무 일도 없었던 것처럼 된다. 하나님도 우리를 용서하시고 나면 더 이상 우리 죄를 기억하지 않으신다. 훈육이란 아이들이 자신의 실수에서 스스로 배우되 죄책감은 품지 않게 해 주는 것이다.

아내는 특히 양육, 사랑, 애정으로 아이들을 존중했다. 나는 일관된 경건한 훈육을 더 강조했다. 우리는 서로의 장점을 살리는 법을 배웠다. 나는 아내의 모본을 통해 말과 몸으로 더 애정을 표현할 줄 알게 되었고, 아내는 내 모본을 통해 훈육의 가치를 익혔다. 하나님이 우리 각

자에게 주신 장점을 취합한 결과, 여태 우리는 그분의 복이 우리 아이들의 삶을 두르는 것을 보고 있다.


## | 부모는 자녀를 맡은 청지기

우리 맏아들 애디슨은 고등학교를 우등으로 졸업하고 미국 10대 경영 대학교 가운데 한 곳에 합격했다. 그는 2005년 가을에 입학할 예정이었다. 그전에 해마다 여름이면 애디슨은 우리 사역기관에서 일했다. 대학에 들어가기 전에도 똑같이 하고 있었다. 7월 초에 그 애의 전화를 받았다. 그는 약간 떨리는 목소리로 물었다. "아빠, 뭘 좀 의논해도 될까요?"

나는 즉시 심각한 문제임을 알아차리고 마음의 준비를 했다. 그리고 대답했다. "그럼. 무슨 일이냐?"

"아빠, 꼭 이번 9월에 대학에 가야 됩니까? 이 기관에서 전임으로 계속 일하고 싶습니다. 아빠 엄마를 도와 메시지를 퍼뜨리고 싶어요."

대답하는 데 오래 걸리지 않았다. 그가 하나님과 견고히 동행하고 있으며 기도 없이는 이런 문제로 내게 의논하지 않으리라는 것을 알았다. 내게도 그 길이 옳게 느껴졌고, 감동이자 영광이었다. 나는 대답했다. "그거 좋겠구나. 네가 전임 직원이 된다면 정말 좋겠다."

그 뒤로 1년 반 동안 있었던 일을 나누고 싶다. 애디슨이 우리 기관에서 일한 지 몇 달밖에 안 됐는데, 선임 직원이 나를 찾아와 애디슨을 교회 관계부 책임자로 천거했다. 몇 년 전에 새로 생긴 이 부서는 교회들과 목회자들에게 우리 책 다수에 딸려 있는 DVD 커리큘럼과 워크북을 공급하는 업무를 맡고 있다. 이 글을 쓰는 현재, 이 자료들을 사용하는 교회가 미국에 만 4천여 개, 호주에 천 개가 넘는다.

승진 추천은 애디슨이 우리 아들이어서가 아니었다. 나는 우리 아이들을 조금도 특별대우하지 말 것을 각별히 당부했다. 사실, 가족 관계와 직원 관계를 병행해야 하니 우리 아이들 입장에서도 대개는 더 힘들 것이다. 선임 직원은 내 당부에 따라 주었다. 그래서 나는 그의 천거가 순전히 내 아들의 업무 실력과 리더십 자질에 근거한 것임을 알았다.

나는 그의 추천에 동의했는데 그 결과가 지금도 놀랍기만 하다. 다음 한 해 동안 교회 관계부는 세 배로 성장했다. 목회자들이 애디슨 부서에서 일하는 훌륭한 직원들과 관계를 맺었다는 사연이 내가 가는 곳마다 들린다. 애디슨은 동기부여의 은사가 있고 그의 열정은 전염성이 있다. 그의 리더십을 통하여 팀원들은 목회자들을 위해 기도하고, 질문들에 답변하고, 요청하는 자료를 신속히 보내 주었다.

내가 아들을 존중했더니 하나님이 그를 통하여 나뿐 아니라 우리 기관 전체에 보상을 주셨다. 예수님은 우리가 작은 자 가운데 하나를 존중하면 결단코 보상을 잃지 않으리라고 말씀하셨다. 우리 맏아들은 우리 짐을 덜어 주었고, 내가 상상도 못한 방법으로 우리의 관계를 넓혀 주었다. 실제로 그를 통해 하나님 나라의 놀라운 연줄들이 새로 맺어지기도 했다.

스무 살 청년 안에 그렇게 많은 것이 들어 있을 줄 누가 알았겠는가. 뿐만 아니라 내가 생전 방문하지 못할지 모르는 많은 교회들이 커리큘럼 자료들을 통하여 하나님 말씀을 받고 있다. 결국 이것은 더 많은 사람들의 삶이 영원히 영향을 입고 있다는 뜻이다.

나는 내 아들들 앞에서 숙연해진다. 오랜 세월 나는 기도해 왔다. "아버지, 이 아이들은 제 아들들이 아니라 아버지의 아들들입니다. 저는 아버지의 사람들을 맡은 청지기일 뿐입니다. 그러니 주님, 이 아이들을 주님 마음대로 하십시오. 이들을 지구 반대편으로 보내시려 한다 해도 주님의 뜻이 이루어지기를 빕니다. 그저 그들이 자기 인생을 향한 주님의 뜻을 다 이루기만을 기도합니다."

진심으로 하는 기도다. 물론 언젠가 우리가 서로 멀리 떨어질 가능성도 충분히 있지만, 지금까지는 하나님이 우리에게 이 아들과 가까이 일할 수 있는 특권을 주셨다. 우리의 다른 아들들도 곧 합류하겠다는 이야기를 벌써부터 하고 있다. 어떤 의미에서 우리는 자녀를 존중한 보상을 이미 조금씩 받고 있다. 이 보상은 긴긴 세월 동안 다양한 차원에서 이루어질 일이지만, 이미 나타나고 있다.

나는 자녀를 존중하는 다른 부모들에게서도 이와 똑같은 모습을 본다. 자녀를 귀히 여기면 그런 자녀들은 활짝 피어난다. 그 피어남 속에, 하나님께서 그들을 존중한 자들에게 주실 일정한 보상들이 있다. 그런 보상들 덕에 우리는 더 생산적으로 사람들의 삶에 영원한 영향을 끼칠 수 있다. 이것은 그분의 말씀이다. 그분의 계획이다. 예수께서 친히 그 입술로 말씀하신 영적 법칙이다.

하나님께 순종하여 자녀를 잘 훈육하고 잘 사랑하고 존중하는 부모에게는 경건한 수익이 약속되어 있다. 우리의 노년에 슬픔보다는 기쁨이 있을 것이다. 우리의 황혼기에는 약속하신 힘과 지원이 넘쳐날 것이다.

부모가 자녀를 귀히 여기면 자녀들은 활짝 피어난다.

5장

# 아내 존중하기

남편이 아내의 지도자로 세움 받은 한가지 이유는 아내를 위하여 자신의 목숨을 버리는 것이다. 이것이 아내를 존중하는 삶이다.

남편들아 이와 같이 지식을 따라 너희 아내와 동거하고 그를 더 연약한 그릇

(으로) … 알아 귀히 여기라(존중하라)(벧전 3:7).

어떤 남자들은 이 구절을 아내가 남편보다 영적으로 아래라고 해석한다. 하지만 그것은 잘못된 해석이다. '연약한 그릇'이란 아내가 당신보다 낮다는 뜻이 아니라, 아내의 역기 드는 실력이 당신만 못하다는 뜻일 뿐이다. 평균 여자의 체력은 평균 남자보다 떨어진다. AMP에는 이 구절이 "여자를 (신체적으로) 더 약한 자로서 존중하라"고 되어 있다. 베드로의 말을 NLT로 보면 다음과 같다. "마찬가지로 남편들은 너희 아내를 존중해야 한다. 아내를 지식을 따라 대하며 함께 살라. 아내가 너희보다 약할지 모르나 아내는 하나님의 선물인 새 생명을 받는 대등한 파트너다. 아내를 제대로 대하지 않으면 너희 기도를 듣지 않으실

것이다."

우리는 은혜의 유업을 받는 대등한 파트너요 공동 상속자다. 그러나 이 구절 마지막 부분에 기도 응답과 관련된 신기하고 놀라운 말씀이 나온다. 아내를 존중하지 않는 남편의 기도는 하나님이 듣지 않으신다는 것이다. 정말 두려운 말씀이다! 한번 생각해 보라. 당신이 아내를 존중하지 않으면 그분의 알현실이 당신의 기도에 귀를 닫으며, 당신의 말은 하나님의 귀에 닿지도 않는다. 남편 된 우리들이 심사숙고해야 할 대목이다. 기쁜 소식은, 그 거꾸로도 사실이라는 것이다. 당신이 아내를 존중하면 하나님 앞에서 담대히 기도할 수 있다.

잠시 남편들에게 말하고 싶다. 당신은 아내를 귀히 여기는가? 아내의 말을 귀담아 듣는가, 아니면 '감정적인 여자일 뿐이야'라고 생각하며 아내를 피하는가? 나는 이 교훈을 어렵게 배웠다. 결혼 초에 나는 아내의 조언을 우습게 알았다. 그러나 시간이 가면서 아내의 말이 결국 하나님의 지혜로 판명되는 일이 반복되었다. 나는 나 자신을 더 영적인 사람으로 보았다. 얼마나 틀린 생각이던가.

꽤 여러 번 다양한 주제에 대해서 아내가 옳았던 일을 경험한 후에 나는 이 문제로 기도했다. 솔직히 나는 따졌다. "하나님, 저는 때로 하루에 두 시간씩 기도하고 아내는 한 20분 정도, 그것도 대개 샤워할 때 기도합니다."

이것까지도 내가 잘못 알았다. 아내는 일상생활 속에서 하나님과 꾸준히 소통하며 기도의 삶을 살고 있다. 나는 그런 방법을 나중에 배웠다. 나는 계속했다. "그런데 중요한 문제에 아내가 옳을 때가 많고 저는 틀리니 어찌된 일입니까?"

주께서 즉각 대답하셨다. "아들아, 종이에 원을 하나 그려 보아라."

그렇게 했다.

"원 안에 온통 가위표를 해 보아라."

그것도 했다.

그분은 계속하셨다. "원 한가운데에 선을 그어 둘로 나누라. 가위표가 대략 50퍼센트는 한쪽 절반에 있고 나머지는 반대쪽에 있을 것이다."

나는 수긍했다.

그러자 주께서 말씀하셨다. "가위표는 내 지혜와 권고로, 네가 지혜로운 결정을 하는 데 필요한 정보다. 원은 하나인데 절반으로 나뉘어 있다. 한쪽 반은 너고 다른 쪽은 네 아내다. 너희는 한 몸 즉 온전한 원이다. 비록 여전히 각각의 반원인 두 개인이지만 말이다. 그런데 네가 네 절반만 보면 원은 온전하지 못하다."

그분은 말씀을 이으셨다. "보다시피 지혜와 권고의 절반은 네 아내 쪽에 있고 다른 절반은 네 쪽에 있다. 지금까지 너는 가정의 모든 결정을 필요한 정보의 절반, 즉 네 쪽에 준 내 지혜에만 근거하여 내렸다. 네 아내 쪽에 준 내 정보에는 기대지 않았다. 나는 너한테나 네 아내한테나 각각 필요한 정보를 준다. 그러나 네가 지혜로운 지도자라면 내가 네 아내한테 준 내 것을 끌어낼 줄 알아야 한다. 그리고 가장으로서 최종 결정을 내리기 전에 그 일로 함께 의논할 줄 알아야 한다."

하나님과의 이 한 번의 만남으로 내 결혼생활은 완전히 변했다. 나는 그제야 깨달았다. 독신일 때는 내가 온전한 원이었지만, 이제 결혼하여 아내와 한 몸이 되었으니 더 이상 독신일 때처럼 살아서는 안 되었던 것이다.


| 함께 사는 법을 배우다

베드로의 말을 다시 보라. "남편들아 이와 같이 지식을 따라 너희 아

내와 동거하고 그를 더 연약한 그릇이요 또 생명의 은혜를 함께 이어받을 자로 알아 귀히 여기라 이는 너희 기도가 막히지 아니하게 하려 함이라"(벧전 3:7).

우리는 지식을 따라 아내와 동거해야 한다. 앞에 나누었듯이, 기도 중에 들려주신 하나님 말씀은 내게 아내와 성공적으로 동거하는 데 필요한 지식을 주었다.

아내와 성공적으로 동거하는 법에 대해서 하나님 말씀에서 얻을 지식이 얼마든지 더 많이 있다. 남자들이 시간을 내서 남녀 차이에 관한 지혜를 구하기만 했어도 많은 이혼을 피할 수 있었을 것이다. 남성과 여성을 취하여 둘을 합하면 하나님 형상의 온전한 반사체가 된다. 남성이나 여성 하나만 보아서는 하나님의 속성을 볼 수 없다. 성경이 그렇게 말한다. "하나님이 자기 형상 곧 하나님의 형상대로 사람(인류, 인간)을 창조하시되 남자와 여자를 창조하시고"(창 1:27).

하나님이 자기 형상대로 '인간' 을 창조하셨는데 '인간' 은 '남자와 여자' 로 상술되고 있다. 성경이 구체적으로 말하듯이, 인간을 대변하려면 남성과 여성이 필요하며, 인간은 하나님의 형상대로 지음 받았다. 그래서 바울은 "그러나 주 안에는 남자 없이 여자만 있지 않고 여자 없이 남자만 있지 아니하니라"(고전 11:11)고 말한다.

베드로는 남편은 아내를 두 가지 방식으로 존중해야 한다고 말한다. 첫째는 더 연약한 그릇으로서 존중하는 것이고, 둘째는 생명의 은혜를 받을 공동 상속자로서 그렇다. 첫째부터 간략히 살펴보자. 우리는 아내를 더 연약한 그릇으로서 존중해야 한다. 아내를 숙녀로 대해야 한다는 뜻이다. 남자는 강하다. 우리는 그 힘을 아내를 보호하는 데 써야 한다. 이 교훈은 간단한 일들에도 똑같이 적용할 수 있다. 예를 들면 아내에게 문을 열어 주고, 식당에서 아내가 앉기 전에 의자를 빼 주고, 아내를 무례한 사람들한테서 지켜 주는 것 등이다.

남편은 가정의 머리이므로 아내를 앞세워야 한다. 특별한 일이 있어 새 옷을 사야 하는데 한 벌밖에 살 돈이 없다면, 자기 것보다는 꼭 아내의 옷을 사 주어 아내를 중시한다는 것을 보여라. 휴가 갈 곳을 정할 때 아내와 당신이 원하는 곳이 다르다면 아내의 선택에 따르라. 하나님 나라에서 이끄는 것은 군림이 아니라 섬김이다. 남편의 결정이 아내의 원함보다 앞서야 할 때는, 그것이 아내나 가정이나 하나님 나라를 위한 최선의 길이라는 확신이 섰을 때뿐이다. 그런 경우가 아니라면 언제나 아내가 바라는 대로 하라. 당신이 아내의 지도자로 세움 받은 한 가지 이유는 바로 그것, 즉 아내를 위하여 당신의 목숨을 버리는 것이다. 이것이 아내를 존중하는 삶이며, 당신은 복과 보상을 받을 것이다.

베드로에 따르면 아내를 존중해야 하는 또 하나의 이유는 아내가 생명의 은혜를 받을 공동 상속자이기 때문이다. 아내의 지위도 하나님 앞에서 대등하다는 뜻이다. 남자라고 하나님 앞에서 유리한 게 아니다. 이런 허튼 소리는 남성 우월주의자들이 만들어 냈거니와 그들도 언젠가 하나님의 보좌 앞에 서서 보고해야 한다.

> 하나님 나라에서 이끄는 것은 군림이 아니라 섬김이다. 남편의 결정이 아내의 원함보다 앞서야 할 때는, 그것이 아내, 가정, 하나님 나라를 위한 최선의 길이라는 확신이 섰을 때뿐이다.

성경 연구와 20년 가까운 순회 사역을 통해서 내게 분명해진 것이 있다. 여자를 남자보다 영적으로 열등하게 여기는 가정이나 교회들은 하나님의 은총을 받지 못한다. 사실 그런 곳들에서는 영적인 압박, 짓눌림, 굴레를 볼 수 있다.

몇 가지 생각해 봐야 할 것들이 있다. 일부 교회들에서 여자가 지도자 팀에 포함되지 않는 이유는 무엇인가? 주일 아침 사역이 여자에게 허용되지 않는 것은 왜인가? 일부 교회들의 목회 팀에 여자가 포함되지 않는 이유는 무엇인가? 지도자 구성을 보면 왜 아버지의 목소리만 있고 어머니의 목소리는 없는가? 어머니의 목소리가 없는 교회는 어머니 없이 아버지 혼자 자녀를 기르는 가정과 다를 바 없다. 가능한 일이긴 하지만, 아주 중요한 영향력이 빠져 있어 자녀가 고생한다. 어머니가 안타깝게 세상을 떠났거나 혹 집을 나간 가정의 경우, 하나님은 남자에게 은혜를 주셔서 자녀를 건강하게 기르게 하신다. 그러나 교회가 어머니의 목소리를 막으면 은혜가 결핍된다. 교회가 하나님의 지혜를 막았기 때문이다.

이렇게 반박할 수도 있다. "하지만 성경에 지도자는 한 아내의 남편이어야 한다고 했다." 바울의 말을 살펴보자. "감독(교회 지도자)은 책망할 것이 없으며 한 아내의 남편이 되며"(딤전 3:2).

이는 성(性) 중립적인 말이 아니라 한쪽 성에 한정된 말이다. 지도자는 한 아내만을 두어야 한다. 그러나 우리는 이 말을 성경 전체에 비추어 충분히 생각해야 한다. 바울은 지금 구약성경을 읽는 데 익숙했던 사람들에게 이 글을 쓰고 있다. 구약에 보면 남자들이 아내를 여럿 둔 경우가 많이 나온다. 그 가운데 몇만 꼽자면 아브라함, 다윗 왕, 솔로몬, 야곱, 엘가나(한나와 브닌나의 남편)가 있다.

그러나 구약에 여자가 남편을 여럿 둔 경우는 단 한 번도 없다. 그것은 관습이 아니고 허용되지도 않았으며 법에 어긋났다. 그러니 바울이 여자가 교회 지도자가 되려면 한 남편만 두어야 한다고 쓰는 것은 불필요한 말이었다.

내가 확대 해석하고 있다고 생각할 수도 있다. 그러나 바울의 말에 너무 문자적으로 집착한다면, 독신 남성들도 교회 지도자 직분에서 제외시켜야 한다. 한 아내의 남편이 아니기는 그들도 마찬가지니 말이다.

만일 그 말이 맞는다면 바울 자신도 교회 지도자에서 제외될 텐데 이는 말도 안 되는 논리다.

문제는 성이 아니라 한 사람의 인생을 향한 하나님의 소명과 은사다. 자기 아내나 교회 여자들을 각자의 소명대로 사역하지 못하게 막은 남자들은 자기 가정과 사역기관에 하늘의 창을 닫은 것과 같다. 물론 부분부분 복이 있을 수 있으나 하늘의 온전한 복은 놓치게 된다.

여자들을 존중하지 않은 탓에 그리스도의 몸은 절름발이가 되었다. 그러나 기쁜 소식이 있다. 교회는 그 상태로 머물지 않을 것이다. 선지자 요엘과 사도 베드로가 둘 다 성령으로 말미암아 예언했듯이, 마지막 때에 교회 사역에 여자들이 온전히 회복될 것이다. 이들은 말했다. "하나님이 말씀하시기를 말세에 내가 내 영을 모든 육체에 부어 주리니 너희의 자녀들은 예언할 것이요 너희의 젊은이들은 환상을 보고 너희의 늙은이들은 꿈을 꾸리라 그때에 내가 내 영을 내 남종과 여종들에게 부어 주리니 그들이 예언할 것이요"(행 2:17-18).

남자들과 여자들 모두 하나님 말씀을 선포할 것이라 했다. 시편기자도 똑같이 예언했다. "주께서 말씀을 주시니 소식을 공포하는 여자들은 큰 무리라"(시 68:11).

하나님 말씀을 공포하는 자들은 구체적으로 누구인가? 다른 번역을 보면 그 답을 더 확실히 알 수 있다. "주께서 (능력의) 말씀을 주시니 (그 소식을) 전하고 퍼뜨리는 여자들이 큰 무리라"(시 68:11, AMP).

여기 시편기자의 초점은 남녀들이 아니라 여자들이다. 다른 역본들을 더 보자. "주께서 명하시니 많은 여자들이 소식을 전했다"(CEV). "주께서 승리를 공포하시니 수많은 여자들이 기쁜 소식을 외친다"(NLT).

하나님 말씀을 선포하는 일이 여자들의 몫이다. 그것도 같은 여자들에게만 아니라 남자들에게도 선포한다. 이 진리를 예수님에게서 확인

할 수 있다. 최초의 복음 전도자가 마리아 막달라였음은 흥미로운 일 아닌가? 그녀를 임명하신 분은 예수님이었다. "예수께서 이르시되 나를 붙들지 말라 내가 아직 아버지께로 올라가지 아니하였노라 너는 내 형제들에게 가서 이르되 내가 내 아버지 곧 너희 아버지 내 하나님 곧 너희 하나님께로 올라간다 하라 하시니 막달라 마리아가 가서 제자들에게 내가 주를 보았다 하고 또 주께서 자기에게 이렇게 말씀하셨다 이르니라"(요 20:17-18).

한걸음 더 나가 보자. 누가복음에 보면 마리아가 대표 발언자로 나온다. 예수님은 마리아만 아니라 일단의 여자들을 보내셔서 사도들에게 주님의 부활을 선포하게 하셨다. "이 여자들은 막달라 마리아와 요안나와 야고보의 모친 마리아라 또 그들과 함께 한 다른 여자들도 이것을 사도들에게 알리니라"(요 24:10).

메시아가 오셨음을 성전에서 다른 사람들에게 처음 말한 사람 또한 여선지자 안나였다. 요셉과 마리아에게 처음 말한 사람은 시므온이었지만, 성전 안의 무리에게 처음 말한 사람은 안나였다. "(안나가) 마침 이때에 나아와서 하나님께 감사하고 예루살렘의 속량을 바라는 모든 사람에게 그에 대하여 말하니라"(눅 2:38).

빌립의 네 딸도 주의 말씀을 전했음은 흥미로운 일 아닌가? 성경에는 "그에게 아직 미혼인 딸 넷이 있었는데 그들이 하나님의 메시지를 선포했다"(행 21:9)고 했다. 그들은 성령의 감화를 받아 주의 말씀을 선포했다. 그리스도의 몸의 절반을 존중하여 그 소명을 다하게 하지 않고서야 우리가 어찌 지상명령을 이룰 수 있겠는가? 자기 아내의 인생을 향한 하나님의 소명을 잘 발현시켜 줄 때 남자들은 큰 보상을 받는다. 내가 직접 경험했다.

(*주의 : 지금까지 내가 한 말과 표면상 상충되어 보이는 구절들이 신약에 몇 군데 나온

다. 다시 말하지만 이런 말씀들은 잘 연구하여 그 기록 의도를 파악해야 하는데, 이 주제를 깊이 다루는 것은 본서의 취지가 아니다. 다행히 이런 구절을 철저히 연구한 명망 높은 지도자들의 탁월한 자료들이 있다. 로렌 커닝햄과 데이비드 조엘 해밀턴의 「여자라고 왜 안 되나?(*Why Not Women?*)」도 그 가운데 하나다.)


## | 소명에 순종하도록 도우라

아내 리자는 다섯 살 때 한쪽 눈을 잃었다. 망막 모세포종이라는 병에 걸렸는데 쉽게 말해서 망막암이었다. 학창 시절 내내, 그리고 지금까지도 아내는 오른쪽 눈에 의안(義眼)을 하고 있다. 당연히 아내는 학교에서 조롱과 놀림을 당했다. 철없는 급우들은 아내를 그리스 신화에 나오는 외눈박이 거인 키클롭스라고 부르며 놀렸다. 아내는 수업이 채 끝나기도 전에 울면서 집으로 돌아온 적도 많았다. 장모님은 마음을 강하게 먹고 불량배들을 무시하라고 아내에게 지혜롭게 타일러 주었으나 그래도 상처를 어쩔 수는 없었다.

고등학교를 졸업하려면 두 가지 필수과목을 들어야 했는데 리자는 다른 모든 과목보다도 그 둘이 두렵고 힘들게 느껴졌다. 하나는 웅변이고 하나는 타자였다. 둘 다 해 보았으나 잘 안 되자, 리자는 진로 지도 교사를 찾아가 두 필수과목을 면제시켜 달라고 부탁했다. 리자가 어떻게 사람들 앞에 서서 제대로 말할 수 있었겠는가? 공간 감각을 다 상실했기 때문에 타자도 거의 불가능했다. 교사는 너그러이 승낙하여 리자에게 그 두 과목을 면제시켜 주었다. 대신 다른 과목들로 대체했다.

앞장에 말한 것처럼 리자는 대학을 마칠 무렵 예수 그리스도를 알게 되었다. 그 뒤로 우리는 곧 결혼하여 텍사스 주 댈러스로 이사하여 어느 큰 교회에 나갔다. 당시 리자는 내성적이어서 성도들과 교제를 잘 나누지 못했다. 여성도들은 리자의 행동거지가 도도하고 건방지다고 수근거렸다. 그러나 리자의 실상은 겉보기와는 딴판이었다. 리자는 의안을 한 뒤로 생겨난 두려움과 그 뒤로 학창시절 내내 계속된 조롱을 아직도 속에 잔뜩 품고 있었다.

결혼 초에 우리는 맞벌이를 했다. 그래서 리자는 어느 화장품과 피부용품 직판 회사에 들어갔다. 나도 리자의 강습에 몇 번 가 보았는데, 아내는 그 분야에 재능이 있었고 제품들에 대한 실용 지식이 풍부했다. 그런데도 리자는 주눅이 들어 있었다. 사람들에게 제품에 대해서 말하기가 두려웠던 것이다. 그래서 연락하고 설명하는 일을 내가 시작해 주어야 했다.

1년 후에 댈러스의 한 고급품 백화점에 함께 들어가면서 내가 말했다. "여보, 화장품 부서로 입사 원서를 내 보지 그래요. 여기서 화장품을 팔며 발라 주는 모든 여자들보다 당신이 더 나아요."

아내는 내 말이 틀렸다고 반박했지만, 마침 그 주에 그 백화점 다른 점포에서 출장 근무를 하게 되어 있었다. 백화점에 들어설 때마다 내 말이 아내의 귀에 메아리쳤다. 그래서 아내는 몰래 가서 원서를 냈는데 정말 취직이 돼서 본인도 놀랐다.

리자는 유명 회장품 매장 판매원으로 고용되었다. 전에 있던 여직원은 애를 먹었는데 리자가 와서 불과 몇 주 만에 재고품을 거의 다 팔아 치웠다. 하루는 카운터에 "쾅" 하고 서류가방을 놓는 소리가 나 그쪽을 돌아보았다. 회사 간부였다. "리자, 점심 먹으러 갑시다. 이제 당신은 이곳과 작별입니다!"

그날 그의 요청대로 리자는 면접을 보았고, 거래처 관리자로 승진했다. 댈러스와 포트워스의 16개 점포, 뉴멕시코 주의 1개 점포, 오클라호마 주의 1개 점포를 관리하게 된 것이다. 2년도 안 되어 아내는 회사

판촉 요원으로 다시 승진하여 8개 주를 관할하게 되었다. 연봉도 많이 인상되었고 몇 가지 큰 부대 혜택도 따랐는데, 회사에서 나온 새 차도 거기 포함되었다. 그 차에 동승하고 때로 운전도 한 사람이 누구일까? 연봉 인상의 혜택은 또 누가 누렸을까? 나였다. 존중의 보상을 받은 것이다.

2년 후에 우리는 플로리다 주로 이사했고, 나는 아주 큰 교회의 승고 등부 목사 직분을 맡았다. 몇 달 후에 우리 학생들에게 다음 주에는 내 대신 리자가 말씀을 전할 거라고 말했다. 주께서는 리자 안에 참 많은 것을 주셨다. 리자는 집에서 의사소통과 교육을 잘했다. 사람들 앞에서도 똑같이 할 수 있음을 나는 알았다.

말할 것도 없이 내 발표는 상당한 저항을 불렀다. 학생들의 저항이 아니라 아내의 저항이었다. 아내는 일주일 내내 항변했다. "나한테 시키면 안 돼요! 난 학생들 앞에서 말 못해요. 할 말도 없고요."

할 말이 있다고, 그리고 하나님이 도와주실 거라고 아내를 다독였다. 나는 아내 속에 있는 은사를 보았고, 그것이 묻혀 있기를 원치 않았다.

일주일 후에 아내는 말씀을 전했는데 아주 잘했다. 학생들은 리자의 말을 듣고 매우 좋아했다. 이후 몇 달 동안 나는 몇 번 더 그렇게 했다. 그때마다 똑같은 저항이 뒤따랐다. "내가 아는 것은 이미 다 그 학생들에게 설교했어요."

그래도 아내에게 별 위안이 되는 것 같지 않았다. 그러나 매번 아내는 말씀을 전했고 갈수록 내용이 더 풍성해졌다. 학생들은 아내를 아주 좋아했다.

우리 목사가 나를 현재의 사역으로 파송한 뒤에도 나는 똑같이 하기 시작했다. 여러 지역의 작은 집회들에서 말씀을 전할 때면 이따금씩 다음 강의는 리자가 할 거라고 발표하곤 했다. 물론 아내에게 미리 물어 보지 않고 그렇게 말했다. 처음 그랬을 때 리자는 너무 화가 나서 새벽까지 나를 못 자게 했다. "당신 마음대로 강의를 나한테 넘기다니 믿어지지 않아요. 이건 당신의 중고등부가 아니라 다른 지역 집회예요. 난 못해요. 당신이 하세요."

그러더니 아내는 나더러 어떤 내용으로 강의했느냐고 물었다. 아내는 방에 남아 아이들을 재우느라고 몰랐다. 내가 대답했더니 아내는 기겁했다. "내 유일한 메시지를 당신이 오늘밤 집회에서 전해 버렸어요. 그러니 내일 아침에 난 무슨 말을 하라는 거예요?"

"여보, 하나님이 당신에게 가르쳐 주신 이야기는 얼마든지 있어요. 그들에게 그 이야기를 들려주면 돼요."

그래도 아내는 굽히지 않았고, 새벽 세 시가 되었다. 마침내 나는 웃음을 터뜨리며 말했다. "여보, 당신은 아침 아홉 시에 말씀을 전할 사람이오. 여섯 시간밖에 안 남았으니 좀 자 두는 게 좋을 거요."

그래도 이튿날 아침 리자는 홈런을 날렸다. 아내의 메시지는 놀라웠고 사람들은 아주 잘 받아들였다. 나는 여러 도시에서 계속 그렇게 했고, 아내의 사역은 날로 더 강력해졌다.

분명히 말하지만, 아내에게 그 일이 쉬웠다는 말은 아니다. 아내가 대학생과 직장인이 섞인 젊은 층에게 처음 말씀을 전하던 때, 소수의 남자들이 여자의 가르침은 듣지 않겠다며 시끄럽게 일어나 나가 버렸다. 그 순간 리자도 나가 버리고 싶었다. 아내가 자진해서 사람들 앞에 선 것도 아니었다. 아내는 하나님께 순종하는 마음으로 섰다.

책 쓰는 일에서도 똑같이 했다. 그때 나는 세 권의 책을 썼는데 아내가 편집 과정을 도와주었다. 나는 아내에게 글쓰는 재주가 있음을 알아보았고, 내 세 번째 책 「존 비비어의 관계(*The bait of Satan*, NCD 역간)」은 베스트셀러가 되었다.

나는 출판사를 찾아가 말했다. "제 아내에게 메시지가 있습니다. 하나님께서 삶의 특정한 부분들에서 제 아내를 두려움과 통제에서 구해주셨지요. 리자에게 저술에 대해 말해 보십시오. 단, 저를 통해서 하지 말고 리자에게 직접 가시기 바랍니다."

몇 주 후에 출판사 사람이 우리 집에 왔다. 내가 아니라 자신을 찾아왔다는 말에 아내는 "이게 어찌된 일이에요?" 하는 얼굴로 나를 쳐다보았다.

그 사람은 편집회의를 주선하여 직원들 앞에서 리자의 가슴속에 있는 말을 해 달라고 부탁했다. 얼마 후에 그가 말했다. "당신 남편은 당신에게 책으로 내야 할 아주 중요한 메시지가 있다고 믿고 있더군요. 직접 들어 보니 저도 같은 생각입니다."

현재까지 아내는 책을 여섯 권 썼는데 그 가운데 다섯 권이 베스트셀러가 되었다. 그 책들의 영향력으로 리자는 온 세계 사람들의 삶에 감화를 주고 있다. 현재 아내는 해마다 수만 명의 사람들 앞에 서고 있고, 200개국으로 방영되는 우리 텔레비전 프로그램을 공동 진행하고 있다.

생각해 보라. 여기 웅변과 타자를 중도 포기한 여자가 있다. 그런 그녀가 지금 꾸준히 어떤 일을 하고 있는가? 연단(演壇)과 텔레비전과 그 밖의 통로들을 통하여 수많은 사람들에게 말하고 있다! 그녀는 하나님 은혜의 능력으로 두려움에 직면했다. 하나님의 딸 속에 있는 그분의 은사를 알아보고 존중해 준 남편의 격려 덕분에, 많은 사람들의 삶이 복을 받고 있다. 그러니 교회의 모든 남편들이 자기 아내를 존중하기 시작한다면 어떻게 될까?

아내를 존중해서 내가 받은 보상은 무엇일까? 너무 많아서 다 기록할 수도 없다. 아내의 삶은 비단 사역에서만 아니라 모든 차원에서 활짝 피어났다. 사람이 자유로워지면 정말 자유로운 법이다. 나는 하나님의 은혜가 아내에게 문들을 열어 주었다고 생각했는데, 이제 아내의 은사가 내게 똑같이 해 주고 있다. 아내 덕분에 전 세계의 중요한 문들이 내게 많이 열렸다. 나를 초청한 곳 지도자들에게서 나는 이런 말을 많이 듣는다. "당신 부인이 우리 여자들의 삶에 아주 깊은 영향을 끼쳐서 당신도 초청하게 되었습니다."

또 하나의 보상은 나와 함께 사는 여자가 만족감을 누리고 있다는 사실이다. 자기 인생을 향한 하나님의 소명 가운데 살지 않는 사람은 마음이 무겁다. 자신을 지으신 하나님의 목적을 표현하지 못하고 있기 때문이다. 그들은 짓눌린다. 그러나 당신이 하나님의 뜻 가운데 있으면, 예수님은 그분의 짐이 가볍다고 말씀하신다(마 11:28-30 참조).

그분을 위한 수고에는 기쁨이 있다. 공격들이 더 거세고 더 잦을지라도 하나님의 계획 안에 사는 삶이 더 쉽다. 아내는 하나님의 딸로서, 아내로서, 엄마로서, 복음 사역자로서 훨씬 더 행복하고 열정적이 되었다. 그 가운데 한 요소라도 빠지면 다른 부분들이 피해를 입는다.

아내는 신중히 우선순위를 바로 지켜 왔다. 사역보다 가정이 먼저다. 또한 가족들의 놀라운 은혜가 있어 아내는 자유로이 돌아다니며 자신의 소명을 다할 수 있다. 우리의 결혼생활은 이렇게 충만했던 적이 없고 우리의 사랑은 이렇게 공고했던 적이 없다. 우리들의 인생을 향한 하나님의 소명에 순종한 결과다.

가장 큰 보상이 또 있다. 아내가 하나님 말씀을 전한 결과 수많은 사람들의 삶이 선한 영향을 입었다. 먼 훗날 우리는 하나님 보좌 앞에서 아내가 한 수고의 크고 원대한 파장을 보는 특권을 누릴 것이다.

언젠가 우리 아이들에게 물었다. "얘들아, 너희는 엄마 아빠의 잦은 사역 출장이 싫으냐? 우리를 빼앗긴 것같니? 아니면 긍정적으로 생각하니? 너희 몫의 사역으로, 즉 온 세상의 곤고한 사람들의 삶 속에 너희

엄마 아빠를 심은 것으로 보느냐?"

맏아들이 제일 먼저 대답했다. "아빠, 저희는 그것을 저희 몫의 사역으로 봐요. 아직 어린 저희들이 하나님 나라를 위해 사람들의 삶에 영향을 미치는 길이지요."

다른 세 아들도 동의했다. 그 순간 아내와 나는 말할 수 없는 기쁨으로 서로를 바라보았다. 하나님께 단순히 순종하는 종들에게 그분의 은혜가 얼마나 큰지 우리는 깨달았다. 우리 아이들은 이생에서만 아니라 그리스도의 심판대 앞에서도 큰 보상을 받을 것이다.

존중의 보상을 보는 일은 얼마나 놀라운가. 우리도 처음에는 보상이 보이지 않았으나, 보상은 하나님 말씀에 약속된 대로 우리에게 이르렀다. "네가 네 하나님 여호와의 말씀을 삼가 듣고 내가 오늘 네게 명령하는 그의 모든 명령을 지켜 행하면 … 네가 네 하나님 여호와의 말씀을 청종하면 이 모든 복이 네게 임하며 네게 이르리니"(신 28:1-2).

우리가 존중함은 보상을 얻기 위해서가 아니다. 우리가 존중함은 그것이 하나님의 마음이요 우리의 기쁨이기 때문이다. 그러나 존중의 보상은 씨앗이 열매를 맺는 것보다 더 확실하다. 모든 참된 존중에는 보상이 따른다. 그러니 남편들이여, 지체하지 말라. 아내를 존중하되 그것이 삶의 방식이 되게 하라. 하나님이 아내를 통해서 당신에게 주실 보상이 당신의 생각보다 훨씬 많다.

> ♛
> 우리가 존중함은 보상을 얻기 위해서가 아니다. 우리가 존중함은 그것이 하나님의 마음이요 우리의 기쁨이기 때문이다.

그분을 위한 수고에는 기쁨이 있다.
공격들이 더 거세고 더 잦을지라도 하나님의 계획 안에 사는 삶이 더 쉽다.

*Honor's*
*Reward*

# 4부

# 존중하면
# 예수님을 닮는다

1장

# 영혼을 세워주는 삶

성령 안에서 살자. 우리가 그저 존재하는 것이 아니라 하나님의 초자연적 능
력 안에 살며 사람들에게 생명을 가져다 주는 대사(大使)임을 믿자.

이번에는 우리가 일상생활 속에서 부딪치는 사람들,
그러니까 가정이나 교회나 직장 바깥의 사람들을 존중함에 대하여 살
펴보자. 베드로는 간단하게 이렇게 말한다.

뭇 사람을 공경(존중)하며(벧전 2:17).

이보다 더 명백할 수는 없다. 다른 번역들을 보자. "모든 사람을 존중
하라(정중히 대하라)"(AMP). "누구를 만나든 품위 있게 대하라"(MSG). "모두
를 존중하라"(NLT). 이들은 예수께서 애정으로 우리 '이웃'이라 일컬으
신 자들이다. 그 유명한 선한 사마리아인 이야기를 당신도 들어 보았을
것이다.

"한번은 어떤 사람이 예루살렘에서 여리고로 가고 있었다. 도중에 그는 강도들의 습격을 받았다. 그들은 그의 옷을 벗기고 때려서 반쯤 죽은 채로 버려두고 갔다. 다행히 한 제사장이 같은 길로 내려갔으나 그를 보고는 다른 쪽으로 꺾어서 지나갔다. 이어서 레위 사람인 종교인이 나타났다. 그 역시 부상당한 사람을 피했다. 그 길로 여행하던 어떤 사마리아 사람이 그에게 이르렀다. 그는 그 사람의 처지를 보고 딱한 마음이 들었다. 그는 상처를 소독하고 붕대를 감아서 응급조치를 했다. 그리고 그를 자기 나귀에 태워 여관으로 데리고 가서 편하게 해 주었다. 아침에 그는 은전 둘을 꺼내서 여관 주인에게 주며 말했다. '이 사람을 잘 돌보아 주시오. 비용이 더 들면 내 계산서에 올리시오. 내가 돌아오는 길에 갚겠소.' 네 생각은 어떠하냐? 세 사람 중에 누가 강도들의 습격을 받은 사람에게 이웃이 되었느냐?" "친절을 베푼 사람입니다." 종교 학자가 대답했다. 예수께서 이르셨다. "너도 가서 똑같이 하라"(눅 10:30-38, MSG).

제사장과 레위 사람은 거의 죽게 된 그 사람을 귀히 보지 않았으나 이방인인 사마리아 사람은 그리 보았다. 성경에 보니 그에게 "딱한 마음이 들었다"고 했다. 역시 모든 참된 존중은 마음에서 비롯된다. 그는 시간을 내서 꼭 필요한 조치를 취해 부상자의 목숨을 건졌다. 그리고 거기서 더 나아가 그를 여관에 들이기까지 했다. 사실 그는 생전 처음 보는 사람을 위하여 이틀 치 품삯에 해당하는 돈을 치렀다. 그는 이 일로 하나님 말씀을 들을 필요도 없었고 기도할 필요도 없었다. 다른 사람들을 사랑하고 긍휼히 여기고 존중하는 마음으로 그는 꼭 필요한 일을 했다. 이는 모든 사람을 존중하는 전형적인 예다.

| 친절을 생활화하라

내 친구 빌 윌슨에게 이런 예를 보여 주는 일이 일어났다. 빌의 어머니는 열한 살 난 아들 빌을 배수구에 앉혀 두고 가 버렸다. 그녀는 빌에게 자기가 돌아올 때까지 꼼짝 말고 있으라고 했다. 그러고는 영영 돌아오지 않았다. 어느 그리스도인 남자가 빌을 발견하여 여름 캠프에 참석할 비용을 대 주었다. 그 남자의 그 이타적인 행위가 시발점이 되었다.

세월이 흘러 빌 윌슨은 도시 선교회를 창립했고 지금도 이끌고 있다. 매주 2천 명이 넘는 뉴욕 시의 아이들에게 복음을 전하는 기관이다. 그는 지금도 버스를 직접 운전하여 간사들과 자원봉사자들과 함께 극빈 지역들을 찾아가 말과 행동으로 복음을 전한다. 그는 놀라운 사역으로 뉴욕 시뿐 아니라 다른 지역에서도 수많은 생명을 구원했다. 빌은 국내외 사람들에게 어린이를 귀히 여기도록 감화를 끼쳤고, 전 세계에 많은 도시 선교회를 세웠다.

혜택 받지 못한 사람들이나 힘없는 사람들에게 복음을 전하는 빌 같은 사람들이 많다. 우리도 그들을 도울 수 있다. 하나는 기도나 돈으로 그들의 전도를 후원하는 것이다. 기독교를 믿는다고 고백하는 사람들이 모두 그런 사역에 매달 뭔가를 드린다면 어떤 일이 벌어질지 상상이 가는가? 얼마나 많은 사람들이 하나님 나라에 새로 들어올지 상상이 되는가? 예수님의 비유에 나오는 부상자를 죄인으로, 사마리아 사람을 참된 신자로 생각해 보라. 보살핌을 받은 후에 그는 사마리아 사람이 전하는 복음을 즐거이 들었을 것이다. 그러나 레위 사람이나 제사장이 그리스도인이었다면 그 부상자는 복음을 들을 마음이 조금도 없었을 것이다.

우리 마음속에 하나님의 사랑이 불타면, 우리는 모든 사람을 존중하며 이런 사역기관들에 재정적으로 동참하게 된다. 그런 기관들은 극빈자들을 도우면서 동시에 그들에게 복음의 기쁜 소식을 전하고 있다.

또 다른 길은 그런 팀에 들어가 직접 일하는 것이다. 빌의 선교회 같은 사역기관 본부가 있는 뉴욕 브루클린이나 다른 먼 도시까지 굳이 가지 않아도 된다. 당신이 속한 지역 교회의 전도팀에 들어가라. 한 달에 단 하루라도 그런 조직을 통하여 어려운 사람들을 찾아가 삶에 영향을 줄 수 있다. 함께하면 혼자보다 훨씬 많은 일을 할 수 있다.

물론 사마리아 사람이 본을 보인 개인적인 노력도 그쳐서는 안 되겠지만 말이다. 성경은 다른 사람들과 협력할 때 얼마나 더 많은 일을 이룰 수 있는지 강조하고 있다. "또 너희 다섯이 백을 쫓고 너희 백이 만을 쫓으리니"(레 26:8).

함께 힘을 합하면 효율성이 더욱 커진다. 하나님이 교회의 효율성을 위해 우리를 서로 필요한 존재가 되게 하셨음을 잊어서는 안 된다. 바울은 모든 지체가 함께 일할 때 그리스도의 몸이 자란다고 했다(엡 4:16 참조). 이것은 조직화된 지역 교회에 심겨져야 할 또 다른 중요한 이유다. 아무튼 모든 신자가 개인적으로, 그리고 사역팀을 통해 자기 몫을 다한다면, 빌 윌슨 같은 사연들이 얼마나 더 많이 나오겠는가?

빌의 전도도 중요하지만 우리는 거기서 그쳐서는 안 된다. 가난하지 않은 사람들도 무수히 많다. 그들은 조금도 부족함 없이 살지만 정작 영혼이 아프고 곤고하다. 이런 사람들은 빈민촌에만 아니라 부유한 동네에도 있다. 한마디로 그들은 어디에나 있다. 식품점에서, 백화점에서, 일터에서 그들을 만날 수 있다. 그들은 외롭거나 상처 입은 사람들이며, 귀히 여김 받기를 간절히 원한다. 그들도 우리의 이웃이다.

우리는 날마다 이런 사람들과 마주친다. 그저 자기 일에 몰두해 있느라 그들의 필요를 알아차리지 못하는 것이다. 나는 나이가 들수록 이런 사람들에게 다가가기가 얼마나 쉬운지 깨달았다. 모든 사람을 존중하라는 명을 마음속에 받아들이면, 민감해진 우리 마음이 무의식중에 성령의 인도를 받는다. 일상생활이 곧 사역이 되는 것이다.

당신이 사람들을 존중하면, 하나님이 만나게 해 주시는 이들을 무시하거나 그들에게 무례히 말하지 않게 된다. 오히려 목마른 심령에 천국의 생수를 흘려 주는 거룩한 물줄기 속에 행하게 된다. 이런 사람들과 관련하여 내가 사랑하고 오래도록 붙들어 온 성경말씀이 하나 있다. "주 여호와께서 학자들의 혀를 내게 주사 나로 곤고한 자를 말로 어떻게 도와줄 줄을 알게 하시고 아침마다 깨우치시되 나의 귀를 깨우치사 학자들같이 알아듣게 하시도다"(사 50:4).

믿어도 될 하나님의 약속이다. 자기가 엉뚱한 말을 할까 두려워 사람들에게 입을 다무는 이들이 많다. 단순히 이 구절의 하나님 말씀을 믿는다면, 당신의 말이 지치고 곤고한 영혼들에게 생명과 치유와 힘을 가져다 줄 것을 확신할 수 있다.

하지만 아직 끝나지 않았다. 범위가 그보다 더 넓기 때문이다. '뭇 사람'이라는 말은 곤고한 자들에서 그치지 않는다. 우리가 누구를 만나든 상대를 존중한다면, 그 사람은 피어날 것이다. 마음에서 우러난 모든 친절한 말이 듣는 이들에게 생명을 선사할 것이다. 승강기에서 마주치는 사람일 수도 있고, 비행기 승무원일 수도 있고, 전화 교환원일 수도 있다. 따뜻한 인사 한마디나 그저 진심 어린 미소로 우리는 그들을 존중할 수 있다.

얼마 전 런던의 어느 공원을 거닐고 있는데 한 늙은 중동 여자가 고개를 숙이고 내 쪽으로 오고 있었다. 문득 그녀를 긍휼히 여기는 마음이 들었다. 평소 그녀가 특히 남자에게 귀히 여김을 받지 못했으리라는 생각이 들었다. 나는 안쓰러운 마음에 일부러 따뜻하고 쾌활하게 아침 인사를 건넸다. 그녀는 믿어지지 않는다는 듯 나를 쳐다보았다. 그녀의 생각이 들리는 듯했다. '서양 남자가 왜 낯선 사람, 그것도 여자한테 이렇게 친절하게 말을 거나?'

그러나 그런 문제를 생각할 겨를도 없이, 존중받고 싶은 마음이 그녀를 이겼다. 그녀는 얼굴이 싹 바뀌었다. 주뼛주뼛 답례도 했다. 아마 나는 평생 그녀를 다시 보지 못할 것이다. 그러나 내 마음에서 나간 하나님의 사랑이 그녀 안에 영원한 씨앗을 심었고 거기서 언젠가 열매가 맺히리라 믿는다. 성령 안에서 살자. 우리는 하나님의 초자연적 능력 안에 살며 사람들에게 생명을 가져다 주는 대사(大使)임을 믿자.

사람들에게 미소를 짓기가 어려운가? 모르는 이들에게 친절한 말을 하기가 힘든가? 당신의 모든 말이 생명의 사역임을 믿기가 너무 어려운가? 만약 그렇다면 당신에게 하나님의 능력을 믿는 믿음과 모든 사람을 존중하는 마음이 부족해서일 것이다. 그러나 그분이 위하여 죽으신 사람들을 진정으로 존중하는 마음을 부어 달라고 하나님께 기도하고 구하면, 그분이 하신다. 그것이 그분의 소원이기 때문이다.


| 존중하는 마음 구하기

모든 사람을 존중하는 마음을 부어 달라고 하나님께 기도하고 나면 당신의 삶 전체가 달라질 것이다. 웨이터나 웨이트리스를 대하는 태도가 달라질 것이다. 그저 식단을 보고 음식만 주문하는 것이 아니라, 그들이 식탁에 처음 다가올 때 눈을 보며 인사를 건넬 것이다. 주문하기 전에 그 사람 이름을 물을 것이고, 부를 때마다 이름으로 부를 것이다.

만약 팁을 놓게 된다면 기준보다는 좀 더 높게 하라. 그 웨이터가 얼마나 소중한 사람인지 자문해 보라. 그 사람은 예수님이 위해서 죽으실 만큼 소중한 사람이다.

당신을 섬기는 사람들을 존중하면 많은 경우 특별대우를 받는다. 양도 많고, 음식도 더 주고, 서비스도 더 좋고, 기타 뜻밖의 선물도 나온다. 신자들은 그런 이유로 존중해서는 안 되지만 그래도 그것은 복이다. 아내와 나는 공항에서 대리 주차를 이용할 때가 많다. 우리가 워낙 자주 다니다 보니 그들은 우리 차를 알아본다. 현장에 직원이 몇 명 있으면 서로 먼저 우리를 섬기려고 거의 경쟁하다시피 우리 차로 달려온다. 왜 그럴까? 우리가 팁을 많이 주기 때문이다. 우리는 또 그들에게 말도 걸고 가족들의 근황을 묻기도 한다. 우리 공항의 대리 주차 공간에는 지붕이 있어 악천후에서 보호되는 곳도 있고, 지붕이 없어 악천후에 노출된 곳도 있다. 내 차는 언제나 지붕 밑에 있다. 이것을 두고 존중의 보상이라 한다.

우리 동네 식품점에서도 마찬가지다. 타지에서 온 손님들이 우리 부부와 함께 그곳에 가면, 직원들이 "이 가게에 당신들을 모르는 사람이 없지요"라고 말하곤 한다. 우리가 알려진 저자나 사역자여서가 아니다. 사실 대다수는 우리가 어떤 일을 하는지 모른다. 그보다는 우리가 그들에게 말을 걸고 근황을 묻기 때문이다. 우리의 직업을 아는 일부 사람들은 어려울 때 우리에게 기도를 부탁하기도 한다. 우리가 들어가면 그들의 얼굴이 환해진다. 그리고 많은 경우 우리는, 남들에게는 없는 덤을 얻기도 한다. 역시 우리는 덤이나 얻자고 그들을 존중하는 것인가? 아니다. 천만의 말이다. 우리가 존중함은 하나님이 우리에게 모든 사람을 존중하라고 명하셨기 때문이다.

사람을 만나거든 눈을 보고, 친절하게 부르고, 그가 당신에게 중요한 존재임을 알게 하라. 주문, 신청, 구입 등 그냥 당신의 용건만 처리하려 하지 말라. 잠시 얘기하며 상대의 근황을 물으라. 시간이 허락한다면, 달랑 한 번만 질문하고는 끝나지 말고 더 자세히 물어 상대에게 중요한 것이 무엇인지 알아보라. 상대에게 진심으로 관심이 있다는 것을 일단 상대가 알게 되면, 이제 가장 귀한 선물인 예수 그리스도의 복음을 소개할 문이 열린 것이다. 그러나 상대를 중시하는 마음을 보이지 않고 복음을 전하려 하면, 그들은 대개 이용당하는 기분이 들 것이다.

사람들에게 기대 이상으로 해 줄 수 있는 일이 무엇이 있는지 생각해 보라. 작은 선물을 주라. 일을 거들어 주라. 쓰레기 치우는 사람에게 음료수를 건네라. 당신 집에서 공사하는 사람에게 먹을 것을 주라. 옆집 앞의 눈을 치워 주라. 하면 할수록 사람들을 존중하는 일이 재미있어질 것이다. 전혀 예기치 못한 일일 때 특히 그렇다. 이런 작은 일들이 당신을 달라 보이게 하고, 그들은 예수 그리스도의 메시지를 들을 마음이 생긴다.

가장 중요한 것은 모든 사람을 참으로 존중하는 마음을 부어 달라고 하나님께 구하는 것이다. 존중하는 마음 없이 존중하려 하면 가식이 될 뿐이다. 그렇게 얻은 결과는 당신이 바라는 바와 정반대가 될 것이다. 위선은 쉽사리 눈에 띄어 거의 누구나 알아차릴 수 있다.

> 가장 중요한 것은 모든 사람을 참으로 존중하는 마음을 부어 달라고 하나님께 구하는 것이다. 존중하는 마음 없이 존중하려 하면 가식이 될 뿐이다.

사람을 만나거든 눈을 보고, 친절하게 부르고, 그가 당신에게 중요한 존재임을 알게 하라.

2장

# 하나님만 높이는 인생

궁극적인 목표는 하나님을 존중하는 것이다. 사람을 존중함이 하나님을 존중하고 순종함을 대신한다면 그것은 우상숭배다.

참된 존중 가운데 행하는 유일한 길은 맨 먼저 하나님을 늘 존중하는 것이다. 영원한 존중이란 그분을 그 무엇이나 누구보다 귀히 여길 때만 가능하다. 잠언 3장 9절은 우리에게 "여호와를 공경(존중)하라"고 명한다.

우리는 그분을 그 누구나 무엇보다 중시하고 높이고 존경하고 공경해야 한다. 하나님보다 그 누구나 무엇을 중시하면 그분을 경멸하는 것이다. 그분은 위대하신 왕이다. 우리의 모든 존중을 받으시기에 합당하신 분이다. 오직 하나님 한 분께만 우리의 존중은 예배로 승화된다.

궁극적인 목표는 하나님을 존중하는 것이다. 권위를 가진 자들, 우리 수준의 사람들, 작은 자들을 향한 우리의 존중은 예수님께로, 궁극적으로 아버지께로 돌아간다. 그러므로 사람을 존중함이 하나님을 존중하고 순종함을 대신한다면 그것은 영원한 존중이 아니라 덧없는 존중이나 우상숭배가 될 뿐이다.

## | 덧없는 존중

엘리는 대제사장이었다. 그는 사무엘이 어렸을 때 성막의 책임자였다. 그런데 엘리의 아들들은 하나님과 그분의 백성, 자기들의 제사장 직무를 우습게 안 불량배였다. 그들은 제물의 제일 좋은 부위를 자기들 몫으로 취했으며, 예배자들이 내놓기를 불평하면 억지로 빼앗곤 했다.

엘리는 제물을 갈취하는 아들들의 불충 행위는 물론, 성막 입구에서 섬기는 젊은 여자들을 그들이 범하는 것도 알고 있었다. 그래서 그는 그들을 책망했다. "너희가 어찌하여 이런 일을 하느냐 내가 너희의 악행을 이 모든 백성에게서 듣노라 내 아들들아 그리하지 말라 내게 들리는 소문이 좋지 아니하니라"(삼상 2:23-24).

그러나 지적만 했을 뿐 그는 아들들이 제사장 일을 계속하게 두었다. 엘리의 탐욕스런 식습관이 아들들의 행동 덕에 채워지고 있었던 것이다. 엘리가 진정 하나님을 존중했다면 아들들을 해임시키고 하나님과 백성을 참된 마음으로 섬기는 의로운 사람들로 그 자리를 대신했을 것이다. 결국 선지자를 통하여 엘리에게 하나님의 말씀이 임했다.

> 하나님의 사람이 엘리에게 와서 그에게 이르되 여호와의 말씀에 너희 조상의 집이 애굽에서 바로의 집에 속하였을 때에 내가 그들에게 나타나지 아니하였느냐 이스라엘 모든 지파 중에서 내가 그를 택하여 내 제사장으로 삼아 그가 내 제단에 올라 분향하며 내 앞에서 에봇을 입게 하지 아니하였느냐 이스라엘 자손이 드리는 모든 화제를 내가 네 조상의 집에 주지 아니하였느냐 너희는 어찌하여 내가 내 처소에서 명령한 내 제물과 예물을 밟으며 네 아들들을 나보다 더 중히

여겨(존중하여) 내 백성 이스라엘이 드리는 가장 좋은 것으로 너희들을 살지게 하느냐"(삼상 2:27-29).

선지자는 엘리의 동기를 파헤쳤다. 억지로 다그쳐 최상의 제물을 취하는 그 이득을 엘리는 정직한 성품보다 더 앞세웠다. 하나님은 선지자를 통하여 말씀하시기를, 엘리가 하나님보다 자기 아들들을 더 존중한다고 하셨다. 그렇게 함으로써 그는 아무런 보상도 받지 못했을 뿐 아니라 오히려 정반대로 큰 손실을 입었다. 선지자를 통하여 이어지는 하나님의 말씀을 들어 보라.

그러므로 이스라엘의 하나님 나 여호와가 말하노라 내가 전에 네 집과 네 조상의 집이 내 앞에 영원히 행하리라 하였으나 이제 나 여호와가 말하노니 결단코 그렇게 하지 아니하리라 나를 존중히 여기는 자를 내가 존중히 여기고 나를 멸시하는 자를 내가 경멸하리라 보라 내가 네 팔과 네 조상의 집 팔을 끊어 네 집에 노인이 하나도 없게 하는 날이 이를지라 이스라엘에게 모든 복을 내리는 중에 너는 내 처소의 환난을 볼 것이요 네 집에 영원토록 노인이 없을 것이며 내 제단에서 내가 끊어 버리지 아니할 네 사람이 네 눈을 쇠잔하게 하고 네 마음을 슬프게 할 것이요 네 집에서 출산되는 모든 자가 젊어서 죽으리라 네 두 아들 홉니와 비느하스가 한 날에 죽으리니 그 둘이 당할 그 일이 네게 표징이 되리라 내가 나를 위하여 충실한 제사장을 일으키리니 그 사람은 내 마음 내 뜻대로 행할 것이라 내가 그를 위하여 견고한 집을 세우리니 그가 나의 기름부음을 받은 자 앞에서 영구히 행하리라 그리고 네 집에 남은 사람이 각기 와서 은 한 조각과 떡 한 덩이를 위하여 그에게 엎드려 이르되 청하노니 내게 제사장의 직분 하나를 맡겨 내게 떡 조각을 먹게 하소서 하리라(삼상 2:30-36).

하나님은 충실한 제사장을 일으키겠다고 하셨다. 그 제사장은 자기 잇속을 챙기거나 사람들의 환심을 사기보다는 하나님께 순종할 사람이다. 이것이 참된 존중이다. 엘리를 대신할 이 제사장이 받을 보상은, 자손 대대로 영구히 직분을 잃지 않고 풍성한 복을 누리는 것이다.

아브라함이 하나님을 그렇게 존중했다. 그에게 이삭보다 중요한 사람은 없었다. 25년이나 기다려서 받은 약속의 아들이었다. 그는 그를 그 무엇이나 누구보다도 사랑했다. 그런데 하루는 하나님이 아브라함에게 오셔서 아들보다 그분을 더 존중할 것을 요구하셨다. 그에게 이삭을 죽이라 하신 것이다.

아브라함의 애끊는 심정이 상상이 되는가? 그에게 이보다 더 포기하기 힘든 것은 없었다. 그런데 하나님은 하필 그것을 명하셨다. 후손을 이을 자를 포기하느니 차라리 전 재산을 버리는 편이 쉬웠을 것이다. 그런데 아브라함의 모습은 엘리와는 정반대. 성경에 "아브라함이 (이튿날) 아침에 일찍이 일어나"(창 22:3)라고 되어 있다. 그는 머뭇거리지 않았다. 하나님이 명하신 일을 행하려고 이튿날 아침 일찍 길을 떠났다.

아브라함은 그 무엇보다도 하나님을 더 존중했다. 그러자 그가 이삭을 죽이기 직전에 천사가 그를 불렀다. "그 아이에게 네 손을 대지 말라 그에게 아무 일도 하지 말라 네가 네 아들 네 독자까지도 내게 아끼지 아니하였으니 내가 이제야 네가 하나님을 경외하는 줄을 아노라"(창 22:12).

모든 참된 존중은 거룩한 경외의 부산물이다. 이제 이 지고한 존중의 행위로 말미암아 아브라함이 받은 보상을 들어 보라.

여호와의 사자가 하늘에서부터 두 번째 아브라함을 불러 이르시되 여호와께서 이르시기를 내가 나를 가리켜 맹세하노니 네가 이같이 행하여 네 아들 네 독자도 아끼지 아니하였은즉 내가 네게 큰 복을 주고 네 씨가 크게 번성하여 하늘의 별과 같고 바닷가의 모래와 같게 하리니 네 씨가 그 대적의 성문을 차지하리라 또 네 씨로 말미암아 천하 만민이 복을 받으리니 이는 네가 나의 말을 준행하였음이니라 하셨다 하니라(창 22:15-18).

존중에는 언제나 보상이 따른다. 하나님을 직접 존중했을 때나 그분의 종들을 존중하여 간접적으로 했을 때나 마찬가지다.

## | 하나님이 최우선이다

모세도 하나님보다 다른 것을 더 존중하다가 하마터면 모든 것을 잃을 뻔했다. 그는 큰 과오를 저질렀고, 하나님이 몹시 노하셔서 모세의 목숨이 끊어지기 직전까지 갔다. "모세가 길을 가다가 숙소에 있을 때에 여호와께서 그를 만나사 그를 죽이려 하신지라"(출 4:24).

얘기를 계속하기 전에 우선 배경을 살펴보자. 하나님은 방금 막 불붙은 떨기나무에서 모세에게 나타나셨다. 그분은 온 이스라엘을 이집트에서 구원할 자로 모세를 택하셨다고 발표하셨다. 모세는 산에서 내려와 아내와 자녀들을 모았다. 그리고 명령을 받들고자 이집트 여정에 올랐다.

그들이 야영하던 첫날밤, 하나님이 오셔서 모세를 죽이려 하셨다. 이게 무슨 말인가? 방금 막 그분의 백성을 구원할 자 하신 그를 죽이시다니? 어찌된 일인가?

모세가 불붙은 떨기나무에서 하나님을 만나고 산에서 내려오자 그의 아내가 제일 먼저 그를 맞이했다. 그녀는 모세에게 뭔가 심오한 경험이 있었음을 직감하고 무슨 일이냐고 물었다. 둘의 대화는 아마 이런 식이었을 것이다.

"여보! 하나님이 내게 나타나셔서 하시는 말씀이, 내가 이집트로 돌아가서 우리 민족을 바로의 압제에서 구원해야 된다 하셨소. 그러니까 우리가 늘 말하던 그 구원자가 나였소."

그의 아내 십보라가 대답한다. "여보, 놀라워요. 저도 함께 가겠어요. 언제 떠나지요?"

"당장 갑시다. 헌데 그전에 한 가지 할 일이 있소. 산 위에서 하나님은 아브라함과 맺으셨던 언약을 내게 되짚어 주셨소. 그러면서 우리 두 아들에게 할례를 행해야 한다 하셨소."

"그야 문제없지요. 큰아들 게르솜부터 합시다."

이어 십보라는 모세가 할례를 행하는 것을 지켜본다.

여기서 잠시 할 말이 있다. 나는 우리 셋째 알렉의 포경수술을 지켜보았다. 수술이 시작되기 전에 의사는 알렉이 무척 고통스러워할 테니 우리더러 각오를 단단히 하라고 경고했다. 의사가 포피를 배는데, 알렉의 온 몸이 세포 하나하나까지 비명을 질러대는 것이 보였다. 그렇게 고통스러워하는 아들을 지켜보며 나도 괴로웠다.

그것을 십보라에게 적용해 보자. 그녀는 맏아들이 고통스러워 비명을 지르고 울부짖으며 몸부림치는 모습을 지켜본다. 아마도 그녀는 기겁했을 것이다. 사랑하는 아들에게 남편이 어찌 이런 일을 할 수 있는가? 그녀는 자기가 결혼한 남자에 대해 의문이 든다. 산 위에서 그에게 도대체 무슨 일이 있었던 걸까? 그가 만난 하나님이 이렇게 잔인하고 살벌할 수 있단 말인가?

그래서 십보라는 모세와 막내아들 엘리에셀 사이에 끼어든다. 두 손을 허리에 짚고 두 발로 버티고 선다. '단 한 발짝도 다가오지 말아요'라는 그녀의 뜻이 그대로 느껴진다. "이번에는 못해요. 애는 내 아기예요. 당신은 게르솜한테 이 잔인하고 부당한 고문 행위를 했어요. 그걸 지켜본 것만으로도 충분해요. 그러고도 당신이 아빠라고 할 수 있어요?"

그저 상상일 뿐이지만, 엄청난 부부 싸움이 터졌으리라. 그녀는 따지고, 그러다가 소리 지르고, 모세에게 위협까지 했을 것이다. 싸움은 온종일, 밤새도록, 이튿날까지 계속된다. 먹을 것도 만들지 않는다. 위협은 시시각각 더 심해진다. 모세가 보기에 끝이 없어 보인다. 모세는 안달이 난다.

결국 모세는 아내의 저항에 질려 버린다. 그래서 생각한다. '싸우는 것도 지겹다. 난 할 일이 있다. 민족 전체를 구원해야 하는 내 인생의 사명이 있다. 어서 시작해야 한다.' 그래서 그는 포기하고 말한다. "좋소. 그냥 갑시다."

그 일로 이집트로 가는 길에 하나님이 그들의 숙소에 오셔서 모세를 죽이려 하신다. 그가 하나님보다 자기 아내를 더 존중했기 때문이다. 친히 택하신 지도자에게 하나님이 그것을 그냥 두실 리 없다. 그분은 모세를 죽이고 다른 사람을 찾으실 것이다. 그러나 모세의 아내는 남편에게 닥치려는 일을 깨닫자, 머리를 써서 아들에게 할례를 행한다. 성경에 이렇게 되어 있다. "(분명히 모세는 아내의 반대로 한 아들에게 할례를 주지 못했는데, 남편의 생명이 위태로워진 것을 본) 십보라가 돌칼을 가져다가 그의 아들의 포피를 베어 그의 발에 갖다 대며 이르되 당신은 참으로 내게 피 남편이로다 하니"(출 4:25).

그녀가 그렇게 하고 나자 "여호와께서 그를 놓아 주"(출 4:26)셨다. 하루는 기도 중에 하나님이 내게 물으셨다. "내가 모세를 죽이러 갔느냐, 아니면 그 아내를 죽이러 갔느냐?"

나는 진지하게 대답했다. "모세입니다."

그러자 하나님께서 말씀하셨다. "맞다. 내가 모세더러 아들들에게 할 례를 주라 명했는데, 가장인 그가 내 요구보다 자기 아내의 요구를 더 존중하기로 했기 때문이다. 모세의 책임이다."

이를 통하여 나는 권위상 아랫사람을 기쁘게 하려고 진리를 타협해서 는 안 된다는 중요성을 깨달았다. 모세는 화평하게 하는 자가 아니라 평화를 지키는 자로 행동했다. 예수님은 "화평하게 하는 자는 복이 있 나니"(마 5:9)라고 하셨지 "평화를 지키는 자는 복이 있나니"라고 하신 적 이 없다. 평화를 지키는 자는 거짓된 평화의 느낌을 유지하기 위해서 진실을 타협하는 사람이다. 지도자들은 이 덫에 쉽게 빠질 수 있다. 본 질상 이것은 보이는 자를 보이지 않는 그분보다 더 중시하는 것이다. 하나님은 이런 행동을 미워하신다.

반면, 화평하게 하는 자는 참평화를 이 루기 위해 필요하다면 잘못을 지적하는 사람이다. 그래서 예수님은 "세례 요한의 때부터 지금까지 천국은 침노를 당하나니 침노하는 자는 (그것을 값진 상으로) 빼앗느니 라(하늘 나라의 지분은 가장 뜨거운 열정과 간절한 노력으로 구하는 것이나라)"(마 11:12)고 하셨다. 하나님 나라는 평강이다(롬 14:17 참조). 참 평화를 이루려면 때로 잘못을 지적해야 한다.

> 평화를 지키는 자는 거짓된 평 화의 느낌을 유지하기 위해서 진실을 타협하는 사람이다. 지 도자들은 이 덫에 쉽게 빠질 수 있다. 이것은 보이는 자를 보이 지 않는 그분보다 더 중시하는 것이다. 하나님은 이런 행동을 미워하신다.

평화를 지키려는 자들의 동기는 대개 사리사욕이다. 그들은 자기 삶 이 불편해지기를 원하지 않거나, 또는 잘못을 지적해야 할 대상들한테 서 오는 이득을 밝힌다. 엘리가 그 아들들에게 그랬던 것처럼 말이다.

모세는 이 사건을 통해서 배웠고, 이후로 다시는 사람의 요구를 존중 하려고 진리를 타협하지 않는다. 사역 초기의 이 실패가 그에게 하나의 지표요 교훈이 된 것이다. 이 일을 계기로 그의 마음속에 확신이 굳게 섰고, 그는 위대한 지도자가 되었다.

하지만 엘리는 달랐다. 그는 모세처럼 신참 지도자가 아니라 노련한 베테랑이었다. 그는 자신의 소행을 정확히 알고 있었다. 반면 모세는 아마도 그냥 좋은 남편이 되려고 했을 것이다. 그는 진정이었으나, 진정으로 틀렸다.

이번 장에 예로 든 모든 사건은 가정 안에서 벌어진다. 엘리와 아브라함의 경우는 상대가 자녀였고, 모세의 경우는 아내였다. 이 대목에서 가정에 관한 예수님의 말씀이 분명해진다.

> 내가 세상에 화평을 주러 온 줄로 생각하지 말라 화평이 아니요 검을 주러 왔노라 내가 온 것은 사람이 그 아버지와 딸이 어머니와 며느리가 시어머니와 불화하게 하려 함이니 사람의 원수가 자기 집안 식구리라 아버지나 어머니를 나보다 더 사랑(존중)하는 자는 내게 합당하지 아니하고 아들이나 딸을 나보다 더 사랑(존중)하는 자도 내게 합당하지 아니하며 (마 10:34-37).

설령 상대가 내 가족이라 해도, 사람을 존중하기 위해 하나님 말씀에 계시된 그분의 뜻을 타협한다면 하나님께 죄를 짓는 것이다. 예수님의 말씀은 직선적이고 엄하다. 그 이유를 앞에 소개한 예들에서 볼 수 있다. 엘리는 자기 집안에 선고된 심판을 면할 수 없었다. 하나님보다 자기 아들들을 더 존중한 대가는 매우 참혹했다.

사람들이 하나님보다 인간을 더 존중한 예는 그 밖에도 성경 도처에 많다. 어느 경우든 결과는 좋지 않았다. 앞에서는 권위상 아랫사람을 더 존중한 결과를 보았다. 같은 수준의 사람이나 윗사람을 존중하는 경우도 마찬가지다.

나는 열왕기에 나오는 젊은 선지자와 늙은 선지자 이야기를 통해 깊은 경각심을 얻었다. 유다 출신의 젊은 선지자는 벧엘로 가서 여로보암 왕이 제사를 드리고 있는 제단을 향해 외치라는 하나님의 명을 받았다. 그는 그대로 했고 하나님은 제단을 쪼개셨다. 그러자 젊은 선지자의 말대로 재가 쏟아졌다.

여로보암 왕은 하나님의 사람의 말이 그렇게 신속히 이루어진 것과 자신의 손을 성하게 한 하나님의 능력에 크게 놀랐다. 그래서 왕은 음식도 대접하고 보상도 하려고 선지자를 왕궁으로 초대했다. 거기에 선지자는 이렇게 대답했다. "왕께서 왕의 집 절반을 내게 준다 할지라도 나는 왕과 함께 들어가지도 아니하고 이곳에서는 떡도 먹지 아니하고 물도 마시지 아니하리니 이는 곧 여호와의 말씀이 내게 명령하여 이르시기를 떡도 먹지 말며 물도 마시지 말고 왔던 길로 되돌아가지 말라 하셨음이니이다"(왕상 13:8-9).

그래서 그는 다른 길로 나가 유다로 돌아가는 여정에 올랐다. 그런데 한 늙은 선지자가 도중에 그를 만나 자기 집에 가서 음식을 먹자고 초대했다. 이번에도 젊은 선지자는 먹거나 마시지도 말고 왔던 길로 되돌아가지도 말라 하신 하나님 말씀을 늙은 선지자에게 들려주며, 자기는 함께 갈 수 없노라고 했다.

그러자 늙은 선지자가 말했다. "나도 그대와 같은 선지자라 천사가 여호와의 말씀으로 내게 이르기를 그를 네 집으로 데리고 돌아가서 그에게 떡을 먹이고 물을 마시게 하라 하였느니라 그러나 노인의 말은 거짓말이었다(왕상 13:18).

젊은 선지자는 늙은 선지자의 말을 존중하여 함께 집으로 갔다. 집에 가서 먹고 있는데 하나님께서 젊은 선지자에게 말씀하셨다. 그가 불순종했으므로 조상의 무덤에 장사되지 못할 거라는 말씀이었다.

그 후에 그는 유다로 떠났는데 도중에 사자가 나와 그를 죽였다. 그런데 사자는 선지자의 시체를 먹지 않았고, 그가 타고 있던 나귀도 잡아먹지 않았다. 젊은 선지자의 종말을 전해 들은 늙은 선지자는 확신 있게 말했다. "여호와께서 그에게 하신 말씀과 같이 여호와께서 그를 사자에게 넘기시매 사자가 그를 찢어 죽였도다"(왕상 13:26).

젊은 선지자는 늙은 선지자를 공경했다. 이렇게 노인을 공경하는 자세는 어릴 때부터 몸에 뺐을 것이다. 자기보다 오랫동안 하나님을 섬긴 선배들을 존중함은 그에게 지당한 소신이었다. 그리고 그것은 훌륭한 덕목이다. 그러나 바른 균형을 유지해야 한다. 젊은 선지자의 중대 과오는 늙은 선지자의 말을 하나님의 말씀보다 더 존중한 것이다. 그 대가는 혹독했다.

신약에서는 베드로의 삶에서 그 예를 볼 수 있다. 사도 바울은 이렇게 기록했다.

> 게바(베드로)가 안디옥에 이르렀을 때에 책망 받을 일이 있기로 내가 그를 대면하여 책망하였노라 야고보에게서 온 어떤 이들이 이르기 전에 게바가 이방인과 함께 먹다가 그들이 오매 그가 할례자들을 두려워하여 떠나 물러가매 남은 유대인들도 그와 같이 외식(外飾)하므로 바나바도 그들의 외식에 유혹되었느니라(갈 2:11-13).

유대인 아닌 신자들과 함께 거리낌 없이 음식을 잘 먹던 베드로와 바나바와 그 밖의 유대인 신자들이 왜 그들을 떠나 물러갔을까? 그들이 진리보다 친구들을 더 존중했기 때문이다. 그 결과 그들은 두려움에 차서 위선적인 행동을 보였다.

베드로는 진리를 잘 알았다. 욥바에 있을 때 환상으로 그에게 계시되었다. 주님은 그에게 말씀하셨다. "하나님께서 깨끗하게 하신 것을 네가 속되다 하지 말라"(행 10:15).

눈에 보이지 않는 그분보다 눈앞에 있는 사람을 존중하기가 때로 더 쉽다는 것을 나도 안다. 그러나 그래서는 안 된다. 우리 삶의 소신에도 한계를 두어 우리의 반응을 조절해야 한다. 그러니까 우리가 존경하거나 사랑하는 사람이 우리더러 명백한 하나님 말씀을 거역하라고 시키거나 꾀거나 설득하려 들 경우, 그들의 소원을 하나님의 소원보다 존중해서는 안 된다.

## | 겸손한 마음 지키기

존중을 거두어야 할 때도 있다. 드물기는 하지만 꼭 짚고 넘어가야 죄에 빠지지 않는다.

> (자기를 믿는) 미련한 자에게는 영예(존중)가 적당하지 아니하니 마치 여름에 눈 오는 것과 추수 때에 비 오는 것 같으니라(잠 26:1).

> 미련한 자에게 영예(존중)를 주는 것은 돌을 물매에 매는 것과 같으니라(잠 26:8).

돌을 물매에 매면 결국 자기밖에 다치는 사람이 없다. 이것을 일상생활에 어떻게 적용할까? 첫째, 미련한 자란 누구인가? 미련한 자란 그 마음으로 하나님이 없다 하는 자(시 53:1 참조), 중상하는 자(잠 10:18 참조), 행악으로 낙을 삼는 자(잠 10:23 참조), 늘 자기가 옳은 줄 알고 경건한 권고를 구하지 않는 자(잠 12:15 참조), 교만한 말로 허풍을 떠는 자(잠 14:3 참조), 자기만 믿고 지혜와 지식과 훈계를 업신여기는 자다(잠 15:5,18:2 참조). 이는 성경이 말하는 미련한 자의 특징 가운데 몇 가지에 지나지 않는다. 신약에서는 이런 사람을 가리켜 종종 적그리스도라 한다. 예수 그리스도의 길과 가르침에 완전히 어긋나게 살기 때문이다.

이런 우매한 사람을 존중하면 해를 입는다. 우리가 물매에 맨 돌이 도로 우리를 치는 것이다. 사도 요한이 두 번째 서신에 분명히 밝혔다.

누구든지 이 교훈을 가지지 않고 너희에게 나아가거든 (그는 예수 그리스도의 가르침을 배반하는 자니) 그를 (너희) 집에 들이지도(영접하거나 반기거나 받아들이지도) 말고 인사도 하지 말라 그에게 인사하는(그를 격려하거나 성공을 빌어 주는) 자는 그 악한 일에 참여하는 자임이라(요이 1:10-11).

그리스도의 교훈에 어긋나는 존중받지 못할 행동이나 신념을 존중하는 것은 지혜롭지 못한 일이다. 그렇게 하면 우리도 그들의 죄에 참여하는 자가 되고 만다.

앞서 말했듯이 존중을 요구하는 것은 하나님 마음에 어긋난다. 남편이 존중에 대한 메시지를 듣고 집에 가서 아내와 자녀들에게 존중을 요구한다면, 그는 메시지의 골자를 놓친 것이다. 권위의 지위에 있는 다른 사람도 다 마찬가지다. 성경은 어떻게 하면 삶에 존중을 끌어들일 수 있는지 가르치고 있다.

지혜를 얻으며 명철을 얻으라 내 입의 말을 잊지 말며 어기지 말라 지혜를 버리지 말라 그가 너를 보호하리라 그를 사랑하라 그가 너를 지키리라 지혜가 제일이니 지혜를 얻으라 네가 얻은 모든 것을 가지고 명철을 얻을지니라 그를 높이라 그리하면 그가 너를 높이 들리라 만일 그를 품으면 그가 너를 영화롭게(존중받게) 하리라(잠 4:5-8).

지혜를 품으면 존중을 얻는다. 지혜의 출발점은 하나님을 경외함이다. 하나님을 경외하면 삶의 모든 영역에서 하나님 말씀을 믿고 그대로 순종하게 된다. 그분의 모든 명령과 계율에 항상 순종하고 싶어진다.

성경을 자신의 생활 방식이나 신념에 맞추려는 사람들이 있다. 그래서 그들은 성경을 읽을 때, 읽은 대로 믿는 것이 아니라 믿는 대로 읽는다. 전자는 하나님을 경외함이며 거기서 지혜가 나온다. 하지만 후자는 기만이다.

> 지혜를 품으면 존중을 얻게 된다. 지혜의 출발점은 하나님을 경외함이다. 하나님을 경외하면 우리는 삶의 모든 영역에서 하나님 말씀을 믿고 그대로 순종하게 된다.

정의롭게 살고 자비를 사랑하며 하나님 앞에 겸손히 행하려 힘쓰는 사람들은, 회개하고 믿기에 빠른 사람들이다. 필요하다면 책망도 잘 받아들인다. 성경에 "훈계를 저버리는 자에게는 궁핍과 수욕이 이르거니와 경계를 받는 자는 존영(존중)을 받느니라"(잠 13:18)고 했다.

수욕 즉 수치의 반대는 존중이다. 책망을 물리치라. 그러면 경멸이 임할 것이다. 그러나 일신상의 안위나 쾌락보다 진리를 사랑하면 존중을 얻게 된다.

이는 단순히 이 말씀으로 귀결된다. "겸손과 여호와를 경외함의 보상은 재물과 영광(존중)과 생명이니라"(잠 22:4).

당신이 경건에 힘쓰면 하나님은 존중을 약속하신다. 당장 오지 않을지는 모르나 반드시 오게 되어 있다. 수십 년간 사역에 몸담으면서 하나님의 지속적인 복 가운데 행하는 사람들을 보았다. 신실한데도 한동안 보상이 없는 듯 보이는 사람들이 더러 있으나, 꾸준히 인내하면 그들도 마침내 큰 존중과 복을 얻게 된다.

존중을 지키려면 겸손한 마음을 잃지 말아야 한다. 하나님이 아무리 풍성한 복을 주실지라도 늘 기억해야 할 것이 있다. 우리에게 있는 것 치고 하나님께 받지 않은 것은 하나도 없다는 사실이다.

순회 사역을 처음 시작할 때 아내와 나는 가진 것도 별로 없었고 오라는 데도 없었다. 우리는 어디든 하나님이 문을 열어 주시는 곳에 우리의 전부를 줄 작정이었다. 그런데 우리의 필요는 아주 급박한 상황에 처해서야 채워졌다. 그렇게 몇 년이 지난 후 하나님이 기도 중에 내게 말씀하셨다. "아들아, 이제부터 내가 너와 네 가정과 네 사역에 네 상상을 초월하는 복을 주겠다. 네게 공급이 풍성할 것이고 네 사역의 영향력도 훨씬 커질 것이다. 그러나 이것이 네게 시험도 될 것이다. 곤고한 시절에 너는 무슨 말씀을 전해야 할지, 돈을 어떻게 써야 할지, 어디로 가야 할지 등 모든 일에 나를 신뢰했다. 내가 네게 풍성한 복을 주면 너는 그때부터 네 생각을 전하겠느냐? 아니면 전할 내용을 계속 내게 묻겠느냐? 돈을 아무데나 쓰겠느냐? 아니면 계속 내 지혜를 구하겠느냐? 어디로 가서 무엇을 할지 더 이상 내게 묻지 않겠느냐? 네 근본을 잊어버리겠느냐?"

이어 하나님은 말씀하셨다. "아들아, 넘어진 사람들은 대부분 곤고한 시절이 아니라 풍성한 시절에 그리되었다."

나는 하나님이 기도 중에 주신 말씀을 아내에게 말했다. 아내는 나를 보며 진지하게 말했다. "여보, 당신이 만일 하나님이 우리에게 큰 복을 주실 거라는 앞부분만 말했다면 난 지금 춤을 추고 있을 거예요. 하지만 경고를 들으니 거룩한 두려움이 밀려오네요."

나도 동의하며 고개를 끄덕였다.

바울은 평생 자신을 "사도 중에 가장 작은 자," "모든 성도 중에 지극히 작은 자," "죄인 중에 괴수"로 칭했다. 그는 자신의 근본을 잊지 않았고, 자기에게 있는 것을 다 하나님이 주셨다는 영원한 진리를 잊지 않았다. 그래서 그는 "누가 너를 남달리 구별하였느냐 네게 있는 것 중에 받지 아니한 것이 무엇이냐"(고전 4:7)고 썼다. 이런 자세로 하나님 앞에 겸손히 살아갈 때 우리는 자신이 수고한 것을 잃지 않는다.

이 책 첫머리에 말했던 성경구절을 다시 떠올려 보라. "너희는 스스로 삼가 우리가 일한 것을 잃지 말고 오직 온전한 상을 받으라"(요이 1:8).

수고의 열매를 잃지 않으려면 다음과 같이 하라고 성경은 권고한다.

> 사람이 교만하면 낮아지게 되겠고 마음이 겸손하면 영예(존중)를 (지키)리라(잠 29:23).

지킨다는 말에 주목하라. 하나님을 경외하며 살고 참된 겸손 가운데 행하면, 우리가 받는 존중이 그대로 지켜질 뿐 아니라 더 커진다. 예수께서 당신을 얼마나 큰 죽음에서 건지셨는지 잊지 말라. 그분의 사랑도, 그리고 당신이 접하는 모든 개인의 가치도, 그만큼 크다는 것 또한 잊지 말라. 그러니 그분이 자기 목숨을 내주심으로 그들을 존중하신 것처럼 당신도 그들을 존중하라. 그러면 당신은 존중을 얻고 보상을 받으며, 그 받은 바를 계속 지킬 수 있을 것이다.

예수님이 자기 목숨을 내주심으로 사람들을
존중하신 것처럼 당신도 그들을 존중하라.

# 맺는 말

모든 참된 존중은 마음에서 비롯됨을 거듭 강조했다. 우리 마음이 변화되는 가장 확실한 방법은 진실한 기도다. 하나님의 사랑, 거룩한 경외, 존중하는 마음이 당신 마음에 풍성하게 해 달라고 날마다 하나님께 기도하라.

그래서 이 책을 기도로 마치고 싶다. 이 책은 끝나지만 당신 마음속에 새겨진 메시지는 끝나지 않고 계속해서 당신의 삶에 열매를 맺을 것이다.

하나님은 당신의 삶속에 사람들을 불러들이신다. 그 사람들을 진정으로 존중하는 마음을 부어 달라고 함께 기도하고 싶다. 그간 당신이 누군가를 존중하지 못했을 경우를 위해 먼저 회개 기도부터 할 것이다. 함께 기도하자.

"하늘에 계신 아버지, 이 책을 통하여 제게 말씀해 주시니 감사합니다. 주님 앞에 나아와 먼저 용서를 구합니다. 주께서 제 삶속에 보내신 사람들을 그간 제가 존중하지 못한 것을 용서해 주소서. 제 위의 권위 있는 사람들을 존경하고 그들에게 복종하지 못한 것, 제 수준의 사람들을 존중하지 못한 것, 제게 맡겨진 권위 아래 있는 사람들을 귀히 여기지 못한 것을 용서하소서. 끝으로, 살면서 접하는 모든 사람을 존중하지 못한 것을 용서하소서. 특정한 개인들을 향한 제 둔감한 태도를 회개하오니 예수님의 피로 저를 깨끗케 하여 주소서.

제 마음과 영혼을 참된 존중으로 푹 적셔 주시기를 기도합니다. 여호와를 경외함과 하나님의 사랑을 제 마음에 흠뻑 부어 주시기를 소원합니다. 사람들이 사랑받고 존경받고 존중되는 모습을 보고자 주님 마음이 갈급하시듯이, 제 마음도 불타게 해 주소서. 이 시간 믿음으로 구하고 또한 받습니다. 예수님의 이름으로 기도합니다. 아멘."

날마다 이렇게 기도하고 하나님 말씀에 순종하며 살라. 그리고 당신 자신이 하나님 나라의 더 훌륭한 대사로 변화되는 것을 지켜보라. 큰 보상이 따를 것이다. 마음에 기쁨과 만족이 넘쳐날 것이다.

우리의 왕을 사랑하고 섬기는 당신에게 감사를 전한다.

능히 너희를 보호하사 거침이 없게 하시고 너희로 그 영광 앞에 흠이 없이 기쁨으로 서게 하실 이 곧 우리 구주 홀로 하나이신 하나님께 우리 주 예수 그리스도로 말미암아 영광과 위엄과 권력과 권세가 영원 전부터 이제와 영원토록 있을지어다 아멘(유 1:24-25).